生活·实践教育系列成果

南京教育文库

和谐的古典舞
——诚实教育与美好生活

李亚娟 著

丛书顾问 周洪宇
丛书主编 刘大伟

南京出版传媒集团
南京出版社

育文库

张明远题

南京教

图书在版编目（CIP）数据

和谐的古典舞：诚实教育与美好生活 / 李亚娟著.

南京：南京出版社, 2025. 2. -- (南京教育文库).

ISBN 978-7-5533-5164-3

Ⅰ. G633.951.2

中国国家版本馆CIP数据核字第2025BL1949号

丛 书 名	南京教育文库
丛书顾问	周洪宇
丛书主编	刘大伟
书　　名	和谐的古典舞——诚实教育与美好生活
作　　者	李亚娟
出版发行	南京出版传媒集团
	南 京 出 版 社
社　　址	南京市玄武区太平门街53号
邮　　编	210016
联系电话	025-83283873、83283864（营销）　025-83112257（编务）
策划统筹	朱天乐　王晓晨
责任编辑	王晓晨
装帧设计	张　淼
责任印制	杨福彬
排　　版	南京新华丰制版有限公司
印　　刷	江苏凤凰通达印刷有限公司
开　　本	787 毫米 × 1092 毫米　1/16
印　　张	15
字　　数	220千
版　　次	2025年2月第1版
印　　次	2025年2月第1次印刷
书　　号	ISBN 978-7-5533-5164-3
定　　价	60.00元

不忘本来　吸收外来　面向未来

　　南京作为六朝古都，历史悠久，底蕴深厚，自古以来就是东南一带的政治、经济、文化中心。南北朝时期，宋文帝首开中国古代教育分科先河，在南京开设儒学馆、史学馆、文学馆和玄学馆，以分科的形式传经授道；梁代的五经博士以考试选拔人才，为隋唐科举制的实施奠定了基础。南京教育在明代更是达到了一个巅峰，不仅全国最高学府国子监设立于鸡鸣山下，且乡试、会试考场也设置于秦淮河畔的夫子庙，"天下文枢"也因此而闻名宇内。与官学相颉颃，私学在南京也有着悠久的传统，宋代的明道书院，明代的江干书院、新泉书院、崇正书院，清代的钟山书院、惜阴书院等，为学术思想的传承、学术流派的形成打下了扎实的基础。

　　民国以来，南京成为中西方教育思想汇聚的交融地，一大批本土教育家和海归教育家以南京为基点，加入了绘制中国近现代教育改革的蓝图大业中。张謇、沈恩孚、江谦、袁希涛、黄炎培、郭秉文、陶行知、陈鹤琴、邰爽秋、吴贻芳、俞子夷等一批学贯中西的教育家致力于南京教育的改革与发展，"生活教育""活教育"等教育思想在南京萌芽、丰富与完善，铸就了传承至今的晓庄学院、鼓楼幼儿园等一批教育实践的典型代表。这些源于南京的教育思想与实践以中国基本国情为基础，对西方教育思想与实践进行了创造性转化与创新性发展，走出了一条独具中国特色的教育改革发展之路，一改民初

"仪型他国"的社会风气，也为随后很长一段时间的中国教育改革与发展指明了方向。如果说，北京是近现代中国思想变革的策源地，那么南京一定是近现代中国教育思想变革的策源地，也是中国式教育现代化的起源地。

"敢探未发明的新理，敢入未开化的边疆"，这是我对南京教育的一个直观看法。这既有陶行知、陈鹤琴等教育先辈们对我的影响，也有我与南京教育人交往后的感触。早在 1982 年，我因为编撰《陶行知全集》，就多次来到南京市晓庄师范学校、南京大学、南京图书馆查找资料，认识了一批南京教育界的朋友。近年来，由于工作的关系，我常常有机会参加南京的基础教育活动，也因此与南京教育界的各位人士结下了深厚的友谊，对新时代以来南京教育的高质量发展有了深厚的感悟。在学前教育普惠优质发展方面，南京普惠性幼儿园覆盖率达 89%，优质园覆盖率达 92%，率先全市域创成"江苏省学前教育改革发展示范区"；在义务教育优质均衡发展方面，南京义务教育优质资源覆盖率达 98.6%，学校标准化率保持在 100%，率先全市域通过"全国义务教育发展基本均衡县（市、区）"评估；在高中教育多样特色发展方面，南京整体规划和建设学术型、特色型、综合型普通高中，实施高中布局优化行动计划，全市达省定三星级以上的公办普通高中比例达 95.5%；在特殊教育融合优质发展方面，南京建立了特殊教育工作联席会议制度，建立起从学前教育到高等教育全纳性的现代特殊教育体系，实现了全市所有街（镇）学前、义务教育阶段学校融合教育资源中心全覆盖。

南京教育能够取得如此优异的成绩，既有教育行政部门在方向上的正确指引，也有每一位普通南京教育人在岗位上的默默付出，因而我们既要关注教育宏观问题，也要关注微观上每一位教师、每一件事、每一个孩子。2022年 1 月，我的学生大伟从南京晓庄学院调任南京市教育科学研究所主持日常工作，我建议他既要在宏观上发挥市教科所作为教育智库的功用，也要关注到学校的内涵发展，更要关注到每一位教师的专业发展，因为教师的发展是学校发展的基础，只有教师发展好了，学校才能发展，而最终指向的必然是孩子的发展。因此我提议他能否整理出版一套"南京教育文库",通过文库工作推动一批专家型教师梳理提炼教学主张、教育理念和学术思想,以时代为观照,立足南京教育实际,解决中国教育问题,推进南京教科研在知识创新、理论创新和方法创新上不断传承与发展。大伟很快邀请了南京一批名特优教师参与"南京教育文库"的编写工作,并规划了持续长达8—10年的发展计划,其中包括了写作指导、出版、评奖、宣传等全方位的保障体系建设。这一宏大体系建设还得到了顾明远先生的肯定与点赞,并欣然赐予墨宝"南京教育文库"六字。

"南京教育文库"的提出与推进,对于基础教育界具有非同寻常的意义,具体我认为有以下几点价值:

第一,独特性。毋庸置疑,每一个城市的教育发展都有独到之处和自身特点,但南京的教育发展与其他城市相比,其特点更加明显、风格更加独特。在江苏提出率先实现教育现代化的进程中,南京确立了"加快建设现代化教育强市、以高质量教育支撑高质量发展"这一战略目标,更加自觉地坚持教育优先发展、科学发展、创新发展。南京教育的主要发展指标已达到或超过 OECD(经济合作与发展组织)发达国家和地区的平均水平,教育现代化水平连续六年获江苏省第一,在省对设区市政府履行教育职责考评中连续三年位居江苏省前列。可以说,南京教育在江苏省甚至全国都具有标杆性的独特作用。而如何将这种独特价值展现出来,"南京教育文库"的编撰正好起到了这一作用。这套丛书通过挖掘梳理南京教育的内涵,将南京教育的独特做法与经验理论化和系统化,既是对南京教育光辉历史过往的追溯与总结,也是对南京教育未来的期待与展望,更是可以成为中国教育改革与发展的地方样本。

第二,人本性。人的发展是教育的出发点和归宿,人的活动是教育的核心和关键,这是我近些年来提出的教育活动史的一个重要观点。教师是教育发展中的人,我们各级教育行政部门应该给予他们更多的关注与关心,特别对于一批具有典型性和代表性的教师，我们应该提供各种条件帮助他们总结、凝练、宣传、推广他们的教育理论与实践。就我所知，目前国内还尚未有类似的丛书出版。南京市教科所率全国之先，关注教育活动中的人，为教师的研究提供物质保障和学术指导，帮助他们在研究中发展，在实践中成熟，在推广中完善，可谓真正地将教师置于教育活动的中心地位，实现了以人为本的目的。

第三，开放性。对于这套丛书的设计与出版，我跟大伟提议，除了考虑名特优教师的教育思想总结与凝练外，还要在未来考虑对青年教师的支持，特别是要支持一批"学带""优青"等具有基础的青年教师。南京教育近年来提出了如"宁教杰青"等一系列教师培育计划，我想我们的工作在未来还要吸收这样的教师参加"南京教育文库"的编写工作，加快对青年教师的培养速度。在学段上，我建议他要综合考虑各学段人员的配置，中学、小学、幼儿园各学段教师都要涉及，还要考虑在教师发展中心、教研室、教科所等单位工作的人员，更要考虑在学校管理岗位有丰富经验的教育管理者，这样就可以让我们这项工作更加开放、更加多元。

第四，持续性。南京教育的发展历史是一个整体，我们要做到不忘本来，吸收外来，面向未来，既要思考南京教育从哪里来，也要想好往哪里去，更要做好走向的持续性。因而对于这套丛书我还是有一个期待的，期待这套丛书能够持久地做下去，做成制度，做成系列，做成品牌，让更多的教师参与其中，享受到教育改革发展的红利，并在这项工作中得到发展、得到进步。我还希望将来"南京教育文库"能够借鉴"教育智库与教育治理50人圆桌论坛"的思路，形成一支队伍、一项制度、一套丛书、一个论坛、一个品牌的"五个一"发展思路，为南京教育的高质量发展注入持续不断的动力。当然，我也知道为了这套丛书的出版，大伟费尽了心思，他跟我说他要以陶行知办学的事迹为榜样，四处化缘筹措出版经费，找寻出版社确保进度，策划高级别平台宣传，以及筹划、参与各级各类评奖。我希望他能够保持这种工作激情的持续性，将这项工作一直做下去，实现陶公所说的"为一大事来，做一大事去"的理想目标。

合抱之木，生于毫末；九层之台，起于累土；千里之行，始于足下。"南京教育文库"的出版在不久的将来必然会成为中国教育界重要的一棵"合抱之木"、一座"九层之台"。我也衷心希望参与到文库编写工作的同志们千里之行，永不停歇！

是为序。

周洪宇

2022 年 11 月 22 日

于武昌东湖

（作序者系第十三届全国人大常委会委员、湖北省人大常委会副主任，中国教育学会副会长、中国教育发展战略学会副会长、长江教育研究院院长、华中师范大学国家教育治理研究院院长，博士生导师）

目　录

自序：做一个诚实的人

　　做一个诚实的人，在人的价值思维里，就如同一支"古典舞"，在新时代美丽悦动，可以让人能够真实地面向自己的生命、内心与情感，让人与自我、他人、周围世界建立真实的联系、真诚的情感联结，帮助人们向往、发现、感受与体验当下生活世界的和谐与美好。

　　诚实类似于长在身上的五官，是人之为人的德性，也是安身立命的依靠。诚实更是整个道德价值之网的核心与基础。"做一个诚实的人"应成为个人与社会集体的信仰与价值，更是国家与民族的核心价值追求。

　　"做一个诚实的人"是我曾连续三年在南京市第一中学 AP 班与学生、家长一起讨论的主题，也是我与自我、他人、社会及周围世界建立联系的自我价值与准则。我深深地体会到，相对于习得诚实的知识而言，习得诚实道德的过程往往是"艰难"的，即使家庭、学校、社会都在教人们学习关于"诚实"的道德知识，但我们并不能保证受教育者就拥有诚实道德行为，即使是教会别人关于"诚实"道德知识的人，也未必能时时刻刻做到保持诚实。诚实道德习得是一辈子的事情。

　　作为道德教育研究者，关注诚实道德研究，来源于读博士期间与导师朱小蔓教授的一次次对话。先生经常强调：道德教育研究不但不能脱离生活，也不可能脱离生活，而且要回归生活。在生活与实践取向下，基于儿童立场，对诚实道德研究是值得人一直做的事情，也是一个人一辈子应该坚守的价值观。因为没有诚实，其他道德与品格往往是很难实现的，诚实道德与其他道德紧密相关。做诚实教育研究与做一个诚实的人都应是日常美好生活的重要组成部分。

经过认真系统地研究思考，2009年3月，我在导师朱小蔓教授的悉心指导下完成了博士学位论文《儿童诚实与诚实教育论》，并由学校提交给盲审专家，2009年6月28日进行了博士学位论文答辩。湖南师范大学刘铁芳教授是答辩专家之一，见面时他说了一句话，令我震动。大概意思是：看到你这个人，理解了你为何写这篇论文了。我懵懂地想，难道我这个人看着有天然的诚实品质？抑或是我的观点呈现出了诚实理想主义？不论如何，我内心接收到了一种莫大的激励。美滋滋地觉得，无论水平如何，我的论文能够让高水平的专家看到了真诚、真心，这也许就是我开启诚实教育研究的一个良好开端吧？

博士论文初稿撰写结束时，朱小蔓教授审阅后说："感觉到有一些观点表达，让我想到了修女特蕾莎……"我读过《特蕾莎修女传》，难道老师从那些不成熟的文字里感受到我思想的稚嫩，但却也饱含着执着、单纯、真诚、关怀和承诺？还是说我的思想表达过于天真？不管怎么样，我还是从她真诚的眼神、鼓励的表情和信任的话语里，读到了诚实的力量。对于那时的我来说，这种信任、坦诚、激励，就是生命的力量。她也就如母亲一样永久驻足在生命之中了，在母亲面前，还有谁能做到不诚实呢？诚实与诚实教育的研究又怎能不持续呢？2009年博士毕业后，老师建议把博士论文进行修改出版，我自知很多问题并没有思考清楚，还是应该继续在实践中去深入研究思考；2011—2017年期间，我依托江苏省"十一五"教育科学规划重点资助项目"信息社会背景下的儿童诚实与诚实教育"进行持续系统研究；2018—2022年期间，尝试从评价视阈下对儿童与青少年的诚实进行理解，并在学校德育实践中多维度深入思考诚实教育的路径。

2023年7月，南京市教育科学研究所刘大伟所长建议我把博士论文进行出版，作为"南京教育文库"系列图书之一。我非常珍惜这个机会，感谢所领导的激励。十四年时间说长不长，但也不算短。如今再次系统思考"诚实与诚实教育"这么一个 big idea，将导师朱小蔓教授曾悉心指导完成的研究成果面世，算是对她的一种真诚缅怀吧。

扪心自问，我一直习惯以乐观的态度对待自己，也以乐观、审美的态度看待我们所生活的世界，这种生活态度根源于"做一个诚实的人"的价值观与教育信仰。我认为：做一个诚实的人，在人的价值思维里，就如同一支"古典舞"，在新时代美丽悦动，可以让人能够真实地面向自己的生命、内心与情感，让人与自我、他人、周围世界建立真实的联系、真诚的情感联结，帮助人们向往、发现、感受与体验当下生活世界的和谐与美好。

为何这样比喻呢？这来源于我近几年坚持每天舞蹈学习一小时以上的生命体验。舞蹈不仅仅是对当下世界与经验的表达，更是对未来进行美好想象、向往的综合。舞蹈通过空间、时间、形体、动作四个基本范畴相互交织地教会人如何辨认、即兴创作、设计舞蹈形体等。舞蹈因其唯美、和谐、优雅和有意义，逐渐地让人愿意将它作为生命中顺其自然、毫无争议的一部分，并为个人在自我实现和人类关系领域的发展中做出独特的贡献。舞蹈也会通过"个性融合""思想逻辑组织实现"来表达个人经历，增进个人创造性，完善认定理解力，也会让人在审美的过程中实现心理的力量，让生活品质因舞蹈而得到提升，有时候甚至会让人从世俗中解脱，并给经历解脱时刻的人带来乐趣。准确地说，舞蹈为人提供一种生活转换的方式，或者说舞蹈本身就可以成为一种生活方式。因此，与舞蹈相遇，会给人提供人类生活的根本部分的美学经验，让人拥有自由、和谐、完整的状态。而这不正是通过舞蹈与教育相遇，升华出的美好生活指向与真实的美好状态吗？

而坚信做一个诚实的人的价值，与"习舞"的整个过程极其类似，如同历史循环一样，共同指向完善自我、和谐关系、美好生活。所以，我决定把"和谐的古典舞——诚实教育与美好生活"作为书名。因为我相信，求真、向善、尚美应该是每一个教育者、每一个社会人都应持续饱有的必备品格。

而具有"古典"形象的诚实美德、伦理、价值观，对当今社会中每个人能够贴近美好生活、走进美好生活、体验美好生活、拥有美好生活至关重要。

更为重要的是，我也想"重新发现"教育现实与价值观教育的其他可能性，能够让真实的教育生活拥有审美的面向，"全面觉醒"与突破日常生活中道德教育的"平庸"状态。通过保持对生活的好奇与开放，形成道德教育的反思力，通过诚实道德价值习得与坚守，让人类主体获得"责任感"，让"我"通过"选择"来为自己选择的生活负责，为自我、他人的存在负责，实现真正意义上的"自我解放"。这也许就是我对诚实道德教育的"后现代想象"吧，唯愿让教育促进生活，让生活变革教育。让诚实道德教育走进人格内在世界，走进层层向上的、立体的内在世界，这里充满仁爱、信任、勇敢、坦诚与责任。

虽然，我这种乐观的态度与积极的情感也会被无情的现实挤兑。偶尔也会使自己处于一种"中间状态"。当我从无数年幼的儿童身上看到人天性诚实的一面，在那里我充满无限的冲动与希望。于是，我乐观、庆幸自己似乎还与儿童一样，保持着一颗诚实心，对自己、对他人、对社会充满着无限期待与希望。我祈愿通过家庭、学校、社会等多场域，多位一体，系统的诚实教育，为正在成长的儿童与青少年提供诚实道德养成的正向支持环境，让他们从幼年开始在思想上崇尚诚实、情感上认同诚实、行为上践行诚实。现实社会中虽然存在着无数的谎言，以及不诚实、欺骗、虚妄等情形，但越是如此，我们越应该崇尚与践行诚实道德。

当我看到有时诚实已经不是被人们口头上看重的良好道德品质，诚实就意味着吃亏，意味着傻，意味着失去，诚实甚至不被看作是道德的，诚实甚至是无关紧要的。当现实社会中存在的各种问题无时无刻不与诚实价值发生着无声的对抗时，我也会失望、彷徨。无论在研究上，还是在个人心理上，我觉得没有了根基。

就如鲍曼所言："我们已经花了很多时间来寻找道德希望的资源，但到目前为止仍是两手空空。我们唯一的收获是了解到什么地方不可能发现这样的资源。官僚机构和商业永远不会取得伦理胜地和道德学校的名声。但我们对那些打算弥补他们对人类自我的道德脊梁所造成的损害的实体几乎不抱期望。回归家庭？私人化和解除管制进程深深地延伸进了家庭生活的中心：正如主张向那些做出不良行为的孩子的父母罚款的人所希望的，甚至让父母充当无薪警察。所以它几乎不会产生这种趋势。回归共同体的羊栏？在这里道德责任更可能被深度冷冻而不是复兴。在那个为一个道德和有人性的社会制定法律的启蒙诺言产生两个多世纪之后，我们每一个人都只剩下我们自己的个人良心和责任感作为力争使生活比目前更道德的唯一资源。然而我们发现这种资源已经被巨大的力量的可怕联盟耗尽和榨干。"① 的确，在当今这个多元化的社会中，多元价值观背景下人们的生活方式也比较多元化，这样由于人性与制度等复杂原因导致人的经验结构不断地发生根本性变化，而在价值层面上，以工商为代表的实用价值颠覆了生命的价值，造成人们心灵的"失序"。鲍曼的观点有些过于悲观，如舍勒指出："哲学与信仰和科学之间的新型关系颠倒了欧洲精神形态曾经达到的真正关系，这种颠倒既深入彻底，又影响深远。但这只是构成市民阶级——资本主义核心的一切人价值秩序的内在颠覆和精神与心灵失序这一更加广泛的现象的一个特例。事实上，我们在此所见到的正是智性世界中的奴隶起义，它和道德领域里（单称个体主义反抗休戚与共原则、反抗生命价值以及超逾它们的功利价值反抗救赎价值），制度中（主要是国家反抗教会、民族反抗国家、经济机构反抗民族和国家），阶层中（阶级反抗阶级），历史观中（技术主义和经济学历史论），艺术中（目的思想反抗形式思想、手工艺术反抗高级艺术、导演戏剧反抗作家戏剧）等以下犯上的类似起义，构成了整

---

① ［英］齐格蒙·鲍曼.生活在碎片之中——论后现代道德［M］.郁见兴，等.译.上海：学林出版社，2002：324-325.

个价值颠覆的统一症候学。"① 从马克斯·舍勒的概括中，我们也可以找到建立新的人心秩序的途径。

认识世界的目的当然是要改造世界。这里我们无须构筑过于宏大的理想，而只是找到一种视角，试图寻找到为建立一个正义而道德的社会的适切途径。若要建立一个正义而道德的社会，调整人的心性结构，即寻觅与建立人心秩序必不可少，这样才能从真正意义上理解现代社会中盲从的人，改变现代人的一种"缥缈而无序"的状态，这也应该是现代道德教育的精神基础与前提，更是它的本质所在。

不管怎么样，对于诚实教育问题思考与讨论的钟爱，并不只是一种虚无的理想追求。这主要是借助于对诚实教育的关注与思考，来反思我们整个道德教育存在的问题。所以，我们不能不鼓起勇气继续思考，继续探寻。因为人性到底如何，似乎仍然无法确定。那么在任何时代对人应该过诚实、有德性的生活的努力就不能停止。

所以，我仍然相信，诚实作为一种道德品质或品格，是可以经过教育而培育的。因为，我还能够找到很多支撑性的观点与现实社会中那些信守承诺的社会人。我依然会以一颗诚实之心，不进行自我欺骗，以真诚的态度锲而不舍地追求诚实，让更多的人在交往中更加诚实，诚实不仅是一种社会价值观，更应该是我们每个人需要努力的事业。

特别是党的十八大以来，以习近平同志为核心的党中央高度重视培育和践行社会主义核心价值观。"诚信"被作为公民价值观要求之一，这激励我们去思考"培养什么样的人"等重大问题。2015 年 6 月 1 日，习近平在北京人民大会堂会见中国少年先锋队第七次全国代表大会全体代表时的讲话中强调："世界上最难的事情，就是怎样做人、怎样做一个好人。要学会做人的准则，就要学习和传承中华民族传统美德，学习和弘扬社会主义新风尚，热爱生活，懂得感恩，与人为善，明礼诚信，争当学习和践行社会主义核心价值观的小模范。"2016 年 12 月 9 日，习近平在中共中

① ［德］马克斯·舍勒．舍勒选集［M］．刘小枫，选编．上海三联书店，1999：21．

央政治局第三十七次集体学习时的讲话中强调："对突出的诚信缺失问题，既要抓紧建立覆盖全社会的征信系统，又要完善守法诚信褒奖机制和违法失信惩戒机制，使人不敢失信、不能失信。对见利忘义、制假售假的违法行为，要加大执法力度，让败德违法者受到惩治、付出代价。"

而今，诚实守信价值观不仅关乎个人品格与道德修养，更关乎社会治理体系与治理能力的现代化。诚实这一"古典"价值，不正是当下社会和谐悦动的价值之基吗？做一个诚实的人，不仅是个人的价值追求，也应该是社会信任道德的奠基，更是社会治理与变革的灵魂性道德基础。

《和谐的古典舞——诚实教育与美好生活》这本小书若能唤起追逐、忙碌、冷漠、困惑、矛盾、不安，无暇顾及生活价值思考、未能把握自己诚实价值的人们，以及无法发现有意义和令人满意的生活方式的人，诚实地面对自我，珍视诚实守信的价值观，全面与审慎地思考诚实作为个人的价值与整个社会的价值的极大力量，为集体、社会与未来真诚地传递真善美，过上和谐、真实、优雅、朴素的生活，发现自我的意义，拥有令人满意的生活方式，幸福而美好地生活。对我来说将是莫大的幸福。

本书能够出版，感谢南京市教育科学研究所刘大伟所长的真诚鼓励与帮助，感谢我的导师朱小蔓教授多年的悉心指导与教诲，感谢出版社编辑老师的认真负责编校，感谢南京市德育团队与伙伴提供的诚实教育案例，感谢本书所引用的支撑理论、思想、学术观点等的作者、译者，有了你们的全力支持与帮助，才有了本书的出版。

绪论：诚实教育指向美好生活

诚者，天之道也；思诚者，人之道也；至诚而不动者，未之有也，不诚，未能动也。

——孟子

教育到底是为什么？"如果教育按照卢梭的说法是'为人生'，那么我们就要检测当前教育中在解决生活问题时还有哪些无力和缺失的地方。比如，每个人都会遇到如何面对错误、假象、不公、人文理解和不确定性等问题。"①特别是在"互联网+"的全球化经济时代，人生的意义到底是什么？在今天的社会文明世界里，我们怎样面对被解除了"武装"的"透明状态"？如何处理与面向个体生活与公共生活？教育说到底是为了人们能够过上美好而幸福的生活。人需要过诚实的生活就如同需要过美好而幸福的生活。

生活是每一个人经历童年到小学、青年，再到中年、老年的探索与修行，整个人生旅程都可能诚实，也可能不诚实，正如有可能犯错，或者得出错误的认识，这种错误往往因为认知。"因为所有认知，从感觉到形成文字、概念、理论、信仰，都是对现实世界的翻译和重构。所有翻译和重构都有可能出现偏差。一直以来，我们都可能在毫不知情的情况下犯错。因此，我们注定需要阐释，需要掌握那些可以让我们感觉、想

---

① ［法］埃德加·莫兰.教育为人生：变革教育宣言［M］.刘敏，译.北京：北京师范大学出版社，2022：1.

法和世界观尽可能可靠的方法。"① 因此，在经济全球化时代，作为个体、公民和人类一员，我们要认识到一个很重要的问题：人需要过诚实的生活，这一认知不仅仅从阅读、写作、历史、地理、社会等知识中来，还需要包含认知学习的基础性"诚实"文化，以对抗当今时代人们不断膨胀的虚妄、忧郁、混乱等导致的仇恨情绪与盲目的行为，直面社会环境中的各种矛盾，超越那些看起来无法超越的选择。

作为个体的人，我们若要追求诚与善，就不可避免地以叙述的方式来理解和探索我们的生活世界，我们努力追求诚与善的观念与价值，因为正是这些观念在指引着我们生活的方向。

一、新时代为何关注诚实与诚实教育

"那是最美好的时代，那是最糟糕的时代；那是智慧的年头，那是愚昧的年头；那是信仰的时期，那是怀疑的时期；那是光明的季节，那是黑暗的季节；那是希望的春天，那是失望的冬天；我们全都在直奔天堂，我们全都在直奔相反的方向——简而言之，那时跟现在非常相像，某些最喧嚣的权威坚持要用形容词的最高级来形容它。说它好，是最高级的；说它不好，也是最高级的。"② 英国小说家查尔斯·狄更斯所描绘的时代图景使我深受启发，他所言的时代虽然是当时的时代，但更似我们这个时代。

在我们所生活的这个时代，人们如何面对多元的价值追求？如何真诚地面对现时代特有的精神生活秩序与道德？传统的道德价值品质是否像人们担心的那样已彻底地被颠覆？在当今社会中，人们的精神气质与道德心态变化又将导致什么样的道德结果？是否继续对普遍化的道德准则的教化作用失去信心？对于不同年龄阶段的人，如何在日常生活中抱有对诚实道德价值的追求？诚实教育如何能够使诚实这一普适性的传统美德不被遗忘和丢失？在今天，诚实还被认为是人类普遍价值吗？人们

---

① ［法］埃德加·莫兰.教育为人生：变革教育宣言［M］.刘敏，译.北京：北京师范大学出版社，2022：3.
② 节选自查尔斯·狄更斯所著《双城记》第一章"时代"。

对诚实仍然采取褒奖的态度吗？还能够做到诚实吗？诚实还有用吗？这些认知直接决定着人们是否需要过诚实的生活，是否能过诚实的生活。

毫无疑问，古今中外都把诚实看作是人的一种良好的道德品质或品格，对个体、群体来说都十分重要。而且，在当今时代，诚实的作用越来越大，即使你的认知尚未认识到，即使现实社会生活中到处充斥着不诚实，也都无法否认，人们需要过诚实的生活，人们也能过诚实的生活。

当然，随着市场经济的发展，人们的确也面临愈加严峻的诚实、信任危机。在政治、经济、文化、医疗卫生、公共生活领域都存在"诚实"的缺失。中央在政府工作报告中，提到困难和挑战时也指出"社会诚信体系不健全"的问题。其实，社会面临的经济下行压力并不可怕，而诚信危机、道德沦丧才是"心腹大患"。因为诚实、守信是考察国民素质的一个重要因素。

我们承认，在这个复杂的社会中，由于制度存在不完善，使得人们选择不诚实的手段来获得欲想的功利。但是，不诚实现象的普遍存在，主要是人从内心对诚实抱有一种无所谓的态度，诚实在一些人的认知里已经过时了，如果为了利益、金钱与满足私欲，人们都甘愿抛弃诚实这个不值钱的、"所谓"的道德品质，认为"诚实吃亏"，因为认知与态度没有对诚实道德的认同，从而出现了种种道德失范。人们在面临"两难"选择的时候，务必选择放弃高水平的道德原则，而急一时之需，违背自己的良心，却又习惯于用"善意的谎言"为自己的行为开脱。当然，也不否认一些情境下的"善意的谎言"。但是，此时被原谅的其实只是"善意"，一定不能用"善意"的有效性将"谎言"的不道德性遮蔽起来，从而使谎言成为正当。

在道德教育的过程中，我们一直把诚实作为一种良好的道德品质灌输给受教育者，力图使受教育者具有诚实的品质或品格，但其教育效果并不明显。譬如说，我们每个人从小就接受"应该诚实"的教育理念。在现实社会中，在个体、群体之间的交往过程中，由于不诚实的人能够得到更多的好处与褒奖，诚实反而"吃亏"，因此，人们开始抛弃诚实而选择功利。

不诚实不仅是成人交往过程中存在的问题，它也广泛地存在于青少年儿童的交往过程中。青少年对诚实的认识不得不引起我们深思，上海社科院青少所曾做过一次调查，16%的沪上青少年被访者认同"在马路上捡到1000元钱后私占、私分"，46.1%的青少年甚至赞同"诚实就是吃亏"的观点。[①] 诚实这种传统美德正面临着被丢失的危机。

这是人本身的问题？还是教育的问题？个体是否能够通过接受合适的诚实教育，养成"不失效"的诚实品质或品格呢？其实，人内心里是非常渴望诚实的，譬如说，当人们通过不诚实的手段获得各种利益之后，仍然存在内疚感与良心上的谴责。但是在复杂的社会化过程中，人们习惯于把诚实这种良好的道德品质"隐蔽"起来，而采用不诚实的手段来为自己获得各种利益。

道德教育研究者需要对诚实与诚实教育进行系统、深入的研究，从理论与实践全方位整合的角度进行与时俱进的思考。特别关注生活在当今时代的儿童与青少年，他们的诚实状况如何？他们如何认识诚实道德品质或品格？如何开展诚实教育？道德教育如何面对时代的挑战？如何做到有力解决道德教育效果不明显等诸多问题？这些都是本书需要阐释的问题，也是新时代的研究者、教师、家长与每个人必须面对的问题。

我绝不是把诚实教育当作一个"装饰"，更不是在自己的世界里构筑一个虚妄的诚实理想，我是把诚实教育作为认知、感知、情感、行为与想象力发展等这些人的发展不可或缺的一部分。因为，每个人的生命与周围世界的一切都是相互联结的，教育者需要这种诚实教育的"全面觉醒"，特别是身处在互联网时代的我们，只有拥有诚实的品格，才能成为对寻找生活方向有兴趣的、温暖的、可信的人。也是帮助我们敏锐地重新自我认知，冲破充满"社会刻板"的认知，在教育变革中探索一个更加开放、包容、信任、尊重，有"融合力"的世界，做一个对自己、对他人负责任的人，

---

① 内容引自东方网，网址：http://news.qq.com/a/20060413/ 002068.htm。

这应该是家庭、学校、社会教育必须追求的、真正的人的"自我解放"，进而开辟生命中的内在世界，是人格的世界、充满灵性与仁爱的世界。

我更想以一种道德想象力和社会想象力来对新时代的家庭、学校、社会生活进行审视，然后去开创人们应该过的有理想、有道德而又诚实的生活。这需要哪些能力？怎样在"社会大课堂"里让每一个"学习者"都获得尊重，有寻找弥补、完善缺陷的机会与空间？

通过诚实教育研究，也是再次对我们的时代发问：教育为了什么？教育培养什么人？为谁培养人？怎样培养人？今天的教育，如何为人能够拥有诚实的道德生活、面向生活的幸福与美好，开启一扇思想之门？

新时代的诚实教育，需要教育者始终对教育的生活世界和生活体验保持一种敏感与好奇之心，去探寻日常生活体验的教育意蕴，直接面对受教育者的生活世界与生活体验，并能够系统思考教育的改革与超越，系统建构与完善社会诚信机制，促进社会治理体系与治理能力现代化，形成教育者的敏感性和果断性，让我们的诚实教育生活逐渐变得容易。对人们的价值观与信仰来说，诚实应该被系统地保留与复兴。而如何系统保留与复兴，这些都需要进行系统思考。

二、本书内容、结构与特点

（一）本书的内容与结构安排

当今时代，人们应当诚实，做一个诚实的人，需要过诚实的道德生活。诚实作为一种良好的道德品质或品格，应该成为个人、社会与民族的价值观与信仰。学校作为公共教育机构需要用诚实的教育方式延续儿童从父母那里学到的诚实，通过道德的教育方式培养诚实的、有道德的人，让人们拥有因诚实道德而过上的幸福美好的生活。

《和谐的古典舞——诚实教育与美好生活》一书尝试打破传统的学术表达方式，让道德教育研究与每个公民的生活表达方式与道德行动发生联结。诚实不仅是一种乐观主义的世界观——世界是一个美好的地方，我们能使它更好，具有诚实感的人更乐于从事慈善捐赠和志愿工作，更强有力地支持那些面临歧视的群体，具有诚实感的社会很有可能对资源进行从富人向穷人的再分配，它的政府运行也会有更高的效率。

《和谐的古典舞——诚实教育与美好生活》分为五章进行书写与阐释。

第一章，内涵：诚实作为道德的多维理解。该章论述了诚实作为人类的普遍价值，通过对诚实的内涵进行丰富性研究，认为诚实包含两种相互区别而又联系的含义，即诚实可以在描述意义上使用，也可以在评价意义上使用。在描述的意义上，诚实表示道德个人或者个人的诚实性，也表示个性的诚实方面，不做肯定或否定的评价。而在评价意义上，诚实表示个人的诚实道德品质或品格，它是肯定的道德评价所做出的品质规定。这种诚实往往是个体的，也可以称为个体诚实。诚实的这两个方面的意义是不同的，当然也存在着密切的联系。总之，诚实既是一种良好的道德思想、良好的道德行为，也是一种良好的道德品质或品格。该章同时揭示出诚实的本质与诚实的基本特征，诚实既具有个体性、特殊性，也具有社会性与普遍性。诚实强调的是主观动机，是内心态度和内在品质。它的重心在我，涉及自身的道德水准。诚实不是人类个体的生理特征或一般心理特征，而是具体体现为一定社会道德要求的个体诚实意识与诚实行为的统一。其基本特征是，个体诚实道德意识和诚实道德行为总体上体现一定社会的道德原则和规范，并具有稳定性和一贯性倾向的根本品质属性。其特点是：社会道德关系的体现、个体道德意识与道德行为的有机统一、自觉意识的凝结、道德行为整体化的稳定倾向。该章对爱、良心、内疚等诚实的情感基础，信任、坦率、勇敢等与诚实相关的品质，虚伪、说谎与欺骗作为诚实的对立范畴进行厘析，并且针对现实论述了诚实的困境。

第二章，理解：诚实道德的多学科视阈审视。该章论述了诚实的多学科视阈理解；论述了诚实行为的生物学理解，涉及低级动物的诚实与欺骗行为、动物的互惠与利他行为，以及遗传对诚实行为影响的可能性；

论述了诚实价值的哲学理解，诚实是人的天性，诚实联结自由、美好生活与人生；论述了诚实美德的伦理学理解，指出诚实的人为自己确立了什么——个体诚实的内在价值形态；分别论述了诚实义务观念、诚实道德良心、诚实价值目标（从现有到应有的价值追求）；论述了诚实发展的心理学理解，指出诚实发展的条件，如认知发展、社会认知发展，诚实的社会道德观点，诚实发展的动力等；论述了诚实价值信仰的社会学理解，不诚实构成社会价值信仰危机，诚实是维系社会的纽带等。

第三章，回应：诚实教育的可能性与时代挑战。该章论述了诚实与教育的责任。虽然存在"教育无用论""学校教育无用论"等论调，但我们仍然需要相信"人因受教育而成为人"。该章通过对诚实教育内涵的论述，指出诚实教育的理论基础与诚实教育的可能性，认为诚实品质或品格在个体的成长发展过程中，是可以通过教育进行培育的，即诚实可教。并且通过总结世界各国的道德教育目标与内容，发现各个国家都非常重视诚实教育，而且学校在诚实教育中仍然发挥着至关重要的作用。我们可以采取"扬弃"的方式，从世界各国诚实教育中吸收养料，借鉴积极有益的经验，以丰富并完善我国诚实教育。该章也对数智时代诚实教育的全方位回应进行了论述。

第四章，路径：指向美好生活的诚实教育行动。该章论述了诚实教育的挑战与应对；论述了诚实教育并不能够孤立地存在，它会受到各种因素的制约。诚实教育面临着复杂的时代挑战：现实社会生活环境；信息社会之诚实教育的时代挑战——家庭威信日渐消退，学校魅力继续消退，社会威力更加消退。但是，任何危机与挑战都有可能滋生出新的希望。因此，诚实教育不能消极回避，而需积极应对。该章同时在家庭、学校、社会三个维度明确具体应对措施：诚实教育应正视社会现实，改造诚实教育观念；直面各种冲突，正确认识并把握诚实价值的绝对性与相对性。基于对诚实的多学科理解视阈审视，该章提出诚实教育的基本策略：以诚实行动为基础，通过参加去体验诚实道德品质的重要价值，对诚实道德问题进行伦理反应，之后分别论述了家庭、学校、社会诚实教育的具体路径。

第五章，案例：基于生活的学校诚实教育主题实施。通过学生诚实发展与诚实教育实证思考，列举关于中小学生"诚实""守信"价值观的主题班会，为广大一线中小学班主任开展主题诚实教育提供实践范例与参考。主题班会特别关注"以日常生活为中心"，把注意力集中在代表自己珍视的"诚实""守信"价值；关注"对生活现实的认可"，接受儿童与青少年的立场，相互之间开诚布公，不急于通过价值判断去理解受教育者；关注"真诚鼓励进一步思考"，鼓励儿童与青少年更加珍视、珍爱、珍惜"诚实""守信"道德价值，并整合在日常行为之中；关注"真心培养个人能力"，儿童与青少年学会价值判断，在对话、讨论、教育过程中，发现"诚实""守信"价值对生活的意义，并珍视其价值与行动，过完善的、诚实的、道德的生活。

（二）本书的特点

《和谐的古典舞——诚实教育与美好生活》一书直指当今社会背景下儿童与青少年道德发展及教育的问题，立足于学校教育如何关注儿童与青少年的诚实道德与品格成长，致力于对诚实教育使命的反思，对诚实及诚实的价值之网进行教育学立场的学理分析，关照人们在面临多元价值冲突过程中如何理解与过好个人生活与公共生活。

从学术研究角度看，诚实教育是亘古不变的话题，关注当今社会儿童与青少年价值观形成，从学理上进行多学科视阈的理解，具有开创性。

从读者阅读角度看，本书可以让不同读者从不同角度了解儿童发展与教育问题。特别是对广大中小学一线德育工作者来说，既有学理上的引领又有实践的反思，容易与广大教师的教育经验契合，达成观点与研究的共识。

从关注人内心世界的角度看，在现实生活的交往与独处过程中，人人渴望诚实，而谎言又无处不在，在这种境遇下人如何进行诚实交往与自处是每个人都关心的话题。

从教育使命角度看，本书极力倡导学校具有反思自身教育诚实性的责任与义务，使诚实教育的思考与社会诚信机制建立、信任的道德基础的探讨等相联系，诚实在此就不仅仅是个体的私德，更是公共精神与品德，诚实教育不仅关注儿童个体品格的发展，更关注社会公民道德素养，让教育追求品格的力量。

本书通过理论与实践相结合的立论与阐述，对道德教育研究者、广大中小学教师、大学教师、高校学生来说，能够满足各自的阅读需要；本书围绕社会主义核心价值观，对当下学校教育进行独特角度的分析，关注信息社会背景下的儿童发展与学校教育存在的问题与难点，关注人们的日常生活伦理与价值追求，关注新时代人的价值形成的情感基础，关注教育共同体发展及社会公共生活，这些都是本书给予的真诚与力量。

阅读本书也有一点"健康提醒"，《和谐的古典舞——诚实教育与美好生活》里充斥着我对自我、他人、集体、社会的诚与真的呼唤，但书写的并不完美，很多内容也许都没有"深描"，更没有展现出它们的意义，但这些重要的层面的确也是我想再与你一起探索的地方。而且诚实教育本身就被赋予了这样的义务，促使每个人真诚地提问，从各自不同的角度，通过各种语调与声音来发问"为什么"，共同探讨每个人作为真实存在的生命状态与对美好生活追求的价值基础。

第一章　内涵：诚实作为道德的多维理解

诚实比一切智谋更好，而且它是智谋的基本条件。

——康德

本章导读：

古今中外，教育儿童时成人都把诚实作为首选的德性品质。

"维基百科"上写道：诚实是一种美德，指人凡事忠诚于事实，不偏左右，即使自己做错事情也坦白承认，勇于承担后果。一般认为，不做不公平的行为，如不偷窃、不作弊等都是诚实的一种表现。诚实的反面就是撒谎，包括一些通过隐瞒、压制或夸大部分事实以达至不可告人之目的等卑劣行径。

诚实作为一种良好的道德思想、行为、道德品质或品格，在人与人交往的过程中形成并体现。诚实是一种基本义务。

诚实具有个体性、特殊性、社会性、普遍性。个体诚实道德意识和诚实道德行为总体上体现一定的社会道德原则和规范，并具有稳定性和一贯性倾向的根本品质属性。诚实是社会道德关系的体现，是个体诚实意识与诚实行为的有机统一，是自觉意识的凝结。

诚实的情感基础有爱、良心、内疚，信任、坦率、勇敢、信任等是与诚实相关品质；诚实的相对或相反的范畴是欺骗与说谎、虚伪。

诚实是最好的策略（Honesty is the best policy），诚实的信誉一旦建立，就会自动保护诚实者的利益。

诚实是新时代社会主义核心价值观"诚信"的基础，也应该是每个人的价值追求与信仰。

诚实作为人类的普遍价值、良好的道德思想、良好的道德品质或品格，无论是对个体还是对群体来说，都是使之过上德性与美好生活的基本因素。

第一节　诚实的内涵、本质与特征阐释

一、诚实的内涵

（一）中国文化概念体系内关于诚实内涵的阐释

诚实，作为道德品质的概念具有真诚、不虚伪、专心、纯正的含义。在中国历史上，其范围非常宽广，可以是为人之道、交友之道、处世之道。

诚实自古就散见于很多言说之中。《说文解字》中做出解释，"诚，信也"。诚，本义为真实无欺。儒家认为：诚是天道，是宇宙本原；修诚是人道，是人事之当然。孟子说过："诚者，天之道也；思诚者，人之道也；至诚而不动者，未之有也，不诚，未能动也。"这是认为人要有诚这一道德信念，其主观精神作用可以使天道与人道相通，两者可以统一。"不诚无物""至诚如神"等说法的存在，"诚"成为可以派生万物的主观精神，人修养到"至诚"的地步，就能达到通天德，懂得万物化育的道理。

诚实是自然的规律，追求诚实是做人的规律，也是做人之道。《礼记·乐记》认为：著诚去伪，礼之经也。朱熹认为，诚者，真实无妄之谓，天理之本然也。诚之者，未能真实无妄，而欲其真实无妄之谓，人事之当然也。

中国传统道德中，诚的基本含义是诚实无欺，真实务妄，既不欺人，也不自欺，是指一种真实的内心态度和内在品质。

《现代汉语词典》中对"诚实"的解释是：言行一致、表里如一的道德品质。诚实与"虚伪"相对，表现为忠诚老实，襟怀坦白，不说谎，不弄虚作假，不文过饰非，不歪曲事实真相等。社会心理学词典的解释是：诚实，一种良好的心理品质，具有这种心理品质的人为人处事往往真诚老实、言行一致、表里如一，知错就改，决不文过饰非。

（二）西方语境中关于诚实内涵的阐释

诚实的直接语源来源于德语的 Treu und Glauben，法语是 bonne foi，都与拉丁文 bonafides 有渊源，在英文中用 good faith，而在心理学领域中使用较多的普遍说法用 honesty 和 integrity 表示，基本含义是指信赖，不可能是谎言或者欺骗，是直率的。俄文是 честность，有诚实、真诚、正直、正当、清白之义。

在哲学与伦理学领域中也有关于诚实的思辨性阐释。在伦理学领域，德性论者认为诚实是一种美德；义务论者认为诚实这种美德是可普遍化的绝对价值。

古希腊哲学家亚里士多德在《尼各马可伦理学》中对"具体的德性"的论述涉及"诚实"这种适度的品质。他认为："诚实是高尚（高贵）的和可称赞的。"[1] 而且"这种品质是针对自身而言的，不守约的或涉及公正与不公正事务的那种诚实，是一个人处于语言和品行上的诚实"[2]。他把诚实的人描写为言谈和生活中都诚实的人。

康德指出，讲实话（诚实）是个义务，虽然也指明仅仅对有权利讲实话的人来说。他认为："诚实的责任对任何人都没有区别，不管是对我们有责任对他们讲实话的人而言，还是对我们可以不跟他们讲实话的人而言，都是一样有效，因此这是一个在所有环境下都生效的无条件责任。"[3]

休谟在《道德原则研究》中指出"真诚坦率"是直接令他人愉快的品质。即使是适当的无害的谎言，也通常意在使人快乐和得到消遣。人们最感快乐的是他们设想为真的那些东西。

伊曼努尔·康德在其《论教育学》中把诚实作为品格养成的部分。他认为：诚实是品格的根本特征和本质。一个撒谎的人绝无品格可言。

---

[1]［古希腊］亚里士多德.尼各马可伦理学［M］廖申白，译.北京：商务印书馆，2003：119.
[2]［古希腊］亚里士多德.尼各马可伦理学［M］廖申白，译.北京：商务印书馆，2003：120.
[3] 郑保华.康德文集［M］.北京：改革出版社，1997：417.

英国彼得斯认为，诚实也是一种道德原则，也经常起着原则的作用，它可以用来谴责诡计和许多其他形式的欺骗行为，因为它可以为一些更特殊的规则或行为提供支持和理由。他的"诚实"可以从以下几个方面理解：诚实与公正等原则一样，需要相应水平的概念发展作为条件才能发挥作用；诚实作为一项基本规则，与不害人、守约等为许多社会所遵从，作为对某种规则的内化，它又是一种品格特征或美德；诚实对理性地探讨行为的理由是必要的，因为"缺乏人人应该讲真话的普遍假设，理性的讨论是不可能的；因为作为一种普遍行为，系统化的说谎对于任何想要发现对应该做的事的共同关心，具有负面效果"①。

综上，诚实作为一种良好的道德思想、道德行为、道德品质或品格，需要在人与人交往的过程中形成并体现；诚实是一种基本的道德原则，有助于建立多维的信任关系，形成社会普遍信任，诚实也是基本的义务；诚实是一种价值观，诚实是社会主义核心价值观公民个人层面"诚信"的基础内容，也是社会主义核心价值观其他层面的基石；诚实是一种时代精神，诚实应是社会各领域需要坚守的道德，诚实也应该成为新时代的精神伦理。

二、诚实的本质特征

王边洲曾对中国人的传统诚实观进行三个层次的概括："一是忠实无欺，言而有信，成人成物的道德境界；二是内在的忠实品德与外在的不欺诈行为的统一；三是人们立身处世以及社会存在和有序发展的一种必要条件。"②这种多维度的诚实观，因具有深厚的道德底蕴而必然成为人们崇尚诚实道德的文化资源，助于我们认识、理解诚实的本质特征。

（一）诚实具有个体性、特殊性

虽然诚实是人类普遍价值之一，但是不能因此认为诚实是千篇一律

---

① ［英］彼得斯.道德发展与道德教育［M］.邬冬星，译.杭州：浙江教育出版社，2003：244.

② 王边洲.信用中国［M］.北京：中国方正出版社，2002：10.

的，因为生活在世界上的人具有个体性、特殊性。诚实具有个人的生理和心理基础。它作为个人的道德品质，是由个人内在的诚实道德意识决定的。众所周知，这种个人的诚实道德意识是伴随其心理机制和心理过程而存在的，与个人的认知、情感、意志等心理活动密切联系。"包尔生把个人的生理和心理（即冲动）称作德性的自然基础，是我们研究德性所不可忽视的因素，否则，个人就不存在的，或是一个幽灵。"[①]世界上没有完全相同的两片树叶。个人由于其生理和心理状态不同，所以是千差万别的。由于个人所处的家庭环境、社会生活环境各不同，成长的历史不同，年龄不同，所接受的教育和具有的文化素养不同，他的心理机制发展程度是不同的，诚实道德的自我意识发展程度也不同。因而个体诚实的德性品质及表现总是各不相同。

但是，也不能因此认为诚实是个人的一种天生的或者完全是个人内在意识的表现。如果把诚实看作是天赐或自然的本性，看不到它的社会内容和它的社会根源性，这也不能合理解释诚实的本质。

（二）诚实具有社会性、普遍性

综观伦理思想史上曾对德性的社会性、普遍性存在两种情况进行论述。一种是不承认德性的社会性，认为只有"内在道德"即人内心的道德才是真正的道德，任何"外在道德"即一切根源于社会的道德要求，都是欺骗和伪善。认为人的真正德性在于他善于摒弃道德规范的要求，并且仅仅以自己的良心为指导，这种良心绝对不受任何外在要求的影响。另一种观点在德性的社会性上有一定的合理因素。培根就看到了德性与社会义务的关系。他说："人们脱离社会，决不易理解德性。"[②]这些对德性的论述在某种意义上提出了德性与外部社会道德意识及其行为规范的联系，并且表明德性从属于外部社会共有的道德意识和规范准则，明确表示德性是外部共同规范表现。

---

① 王育殊．道德的哲学真义［M］．北京：中国社会科学出版社，2008：207．
② 周辅成．西方伦理学名著选集（上）［M］．北京：商务印书馆，1964：359．

　　诚实作为个人的道德品质，作为个人的内在的道德意识及其相应的行为习惯，无疑是个人的东西，具有鲜明具体的个人特征。但个人并不是孤立存在的，诚实道德实质上是人际和谐的需要和某种功能，向个人提出履行人际交往准则的要求，当社会的要求为个人所真诚接受，变成他内心特有的自我意识和行为习惯，这个人就具有了社会需要的良好诚实品质、道德、品格。诚实实际上需要社会道德意识或规范准则通过个人心灵的转化形态。诚实尽管已具有个人意识和个人行为的特征，但是归根结底有赖于社会内容和社会根源。

　　（三）诚实具有内在性、稳定性

　　道德需要和道德能力都是在交往中产生的，从而确证了德性的社会性。个人和他人的交往需要，除了物质生活的需要，还有共同体验、他人同情、相互帮助和相互支持的精神需要。同时，社会交往必须有一种特殊的调节机制，而调节机制的作用必须以个人自觉遵守调节要求为基础。个人成为自觉遵守者，必须懂得自己与社会的联系，接纳社会要求，并对此做出分析和评价，这就是所谓的道德能力。

　　诚实作为一种真道德就是人在交往需要基础上的诚与真的精神需要。诚实道德需要和诚实道德行为构成了诚实的德性基础，而诚实的德性也会反过来让人对诚实需要和诚实道德行为能力有本质的提升。

　　诚实首先需要强调的是主观动机，是内心态度和内在品质。它的重心在我，涉及自身的道德水准。正如彼得斯所言："一个人可能是愚笨或者缺乏生命力的，他不能决定自己成为这样的人。但是他能够决定自己比较诚实或比较不诚实、比较自私或比较不自私。"[①] 因此，我们无须过于强调外部世界是虚伪、欺骗、说谎的，就推理出我们每个人也不应该诚实，在一定意义上说，每个人诚实自然外部世界也会减少虚伪、欺骗与说谎。

---

① ［英］彼得斯.道德发展与道德教育［M］.邬冬星，译.杭州：浙江教育出版社，2003：19.

个体诚实道德意识和诚实道德行为总体上体现一定社会的道德原则和规范，并具有稳定性和一贯性倾向的根本品质属性。诚实是社会道德关系的体现，是个体诚实意识与诚实行为的有机统一，是自觉意识的凝结。

第二节　诚实的情感基础与对立范畴

约翰·罗尔斯认为，道德情感应建立在与之相联系的自然态度之上。他说，"我们应当问：什么是（如果有的话）与之相联系的自然态度？这里有两个互为其反的问题。第一个问题是问：当一个人不具有某种道德情感时，那种被表明是不存在的自然态度是什么？第二个问题是问：当一个人体验到一种道德情感时，与之相联系的自然态度是什么？"[①] 譬如，羞耻、懊悔与内疚的道德情感的一个必要条件是存在诸如自尊、同情与爱等自然态度。那么，从道德情感之维度审视诚实道德，与其相联系的自然态度又是什么呢？我们知道，决定个体是否诚实的影响因素相对复杂。因此，对诚实的情感基础与相关的品质进行阐释成为必要。

一、诚实的情感基础

卢梭在《爱弥儿》中指出："如果现在的时机恰当的话，我就试想指出从心灵的最初活动中是怎样产生良心的真正呼声的，从爱与恨的感情中是怎样产生善和恶的观念的，我将阐明……如果单单通过理智而不诉诸良心的话，我们是不能遵从人和自然的法则的；如果自然的权利不以人心自然产生的需要为基础的话，则它不过是一种梦呓。"[②] 如果说诚实具有最初的情感基础，那这种情感首先应该是爱与良心。换句话说，诚实道德应来自良心和爱。

---

① ［美］约翰·罗尔斯. 正义论［M］. 何怀宏，等，译. 北京：中国社会科学出版社，1988：488.
② ［法］卢梭. 爱弥儿［M］. 李平沤，译. 北京：商务印书馆，1978：326.

（一）爱：诚实秩序的基础

1. 人是爱的存在

爱作为人的一种特殊情感而被重视，是因为在一定意义上而言，人的存在从某种意义上也是一种爱的存在。马克斯·舍勒曾指出只有情感才是引导我们道德行为的唯一指南，通过对人的非逻辑层面的现象学展示来强调人类之爱。从根本上将人构想为爱的存在。他认为：人是爱的存在。"在人是思之在者或意愿之在者之前，他就已是爱之在者，人的爱之丰盈、层级、差异合力限定了他的可能的精神和他与宇宙的可能的交织度的丰盈、作用方式和力量。也就是说爱在人的存在中起到的是基本的、根本性的作用，使人认识世界并做出行动的前提条件，即人通过爱或者说在爱中与世界发生着各种交互关系。爱始终是激发认识和意愿的催醒女，是精神和理性之母。"[①] 舍勒所言的爱是一种先验的、客观的爱，它已经超出了人的意志范围，成了人的一种宿命，即人命中注定要去"爱"这个世界。[②] 可以认为这是一种先天的本性。爱，同时也存在自己的秩序，这种爱不是盲目的，而是有着明确的价值方向。爱的秩序不仅关系到道德是否可能，也关系到我们对个体、历史时代、家庭、民族、国家或社会历史群体的精神气质的把握。"谁把握了一个人的爱的秩序，谁就理解了这个人。"[③] 爱的秩序对每个个体的存在而言是最根本的，甚至与个体的存在同为一体。

2. 爱构成诚实的情感基础

爱的秩序是生命个体的核心，它的一切价值选择都以之为源泉。人只有按照爱的等级秩序确立的价值方向去生活，才会找到生活的真正意义。个体生命的爱的秩序构成人存在的基本色调，生命的价值倾向与价值结构

---

① ［德］舍勒.舍勒选集［M］.刘小枫，选编.上海：生活·读书·新知三联书店，1999：751.

② 朱晓宏.爱、同情与学校德育：基于舍勒的价值现象学理论［J］.教育学报，2008（2）：58.

③ ［德］舍勒.舍勒选集［M］刘小枫，选编.上海：生活·读书·新知三联书店，1999：740.

决定着个体的行为与道德生活方式。爱是个体生命的道德生活基础。人心充满爱，方能使自己的道德生命得以展开，才能使自己过上道德的生活。

如果说诚实需要一个根本前提，那就是爱。也只有在爱的基础上，谈论诚实才具有可能性。诚实是建立在具有生命存在性质的爱的基础之上的，也唯有爱才能让人们在处理各种好师生关系、亲子关系、权威关系以及各种人际关系过程中，保持真诚、坦诚、诚实、勇敢、信任等。建立在爱的基础上的诚实，能帮助人们克服虚伪、虚假、伪善等恶劣、严重的道德缺陷。同时，爱能够增进人们对诚实道德价值的理解，让诚实道德价值能够在人类进化中延续。我们可以认为，爱是个体生命诚实秩序的基础。

（二）良心：诚实行为动机的依据与尺度

良心是个人内心的道德准则，反映人的道德与价值观念。马克思认为，良心既非"神启"，也非人生来固有的。作为意识形态，良心是主观的，表现为人们内心的情感与理智；但是其内容是客观的，是一定社会关系和道德关系在人们意识中的反映，是外部的义务要求转化为人们内心道德要求和个人品德的结果。良心是发自内心的一种巨大精神动力，对道德活动具有重要的作用。这种作用表现在：行为之前对于行为动机的检查、选择和定向；行为过程中，对行为方向和方式的监督、调整；行为之后，对行为后果的自我评价和反省，它是人们内心的"道德法庭"，虽然看不见、摸不到，但是作为一种敏锐的行为控制器而存在。

良心作为人的情感基础，也是诚实道德的出发点。在客观上讲，它反映的是个体之间、个体与社会之间直接的道德关系；从主观上讲，良心是个体道德行为动机的内在根据，行为选择的内在尺度，体现了个体对社会道德要求的认识、理解、体验和态度，即个体道德意识的形成发展过程。

良心是人内心法庭的审判官，是灵魂存在的基础。良心是理性、情感和意志信念的总和，所以有自我评价的能力。个性的行为完成之后，产生一定的后果和影响，有了良心，就能进行深入的自我评价，就像站在公正法官的位置上，审查判断自己的动机和行为。判决的结果，由于自己信守道德原则，履行了道德义务，就会产生内心的自我满足，获得良心的安慰，从而得到鼓励，坚持诚实的道德方向。如果发现自己的行为不诚实，有违道德原则，背离道德义务，损害了他人和社会，就会产生内心的自我谴责，感到深深的内疚和痛苦。由于良心的谴责而痛苦，这并不是消极的。

个体诚实行为动机的内在依据与尺度正是良心。如果个体具有良心这种道德情感，那么就会减少出现不诚实行为的可能。良心是如何起到对内心监督作用的呢？良心的出现是社会道德生活的需要，社会为了维持应有的道德关系，要求个人具有履行义务的自觉意识。

良心是人们对自己的行为，在同他人和社会关系上负有道德责任的自觉意识和相应的自我道德评价的能力。良心也是一种社会意识，总是可以从社会物质生活条件与相应的道德规范得到解释。具有良心这种社会意识，为诚实打下坚实的基础。德性即寓于对良心的遵从，良心作为诚实的情感基础，对人的诚实行为具有指导、监督等作用。

良心是一个人道德上的理性观念、情感态度和意志力的总和，在道德行为选择中处于支配地位，起着决定性的作用。只有在良心的正确指导下，才有正确的动机和行为。如果没有确定的高尚的良心，就会听任罪恶观念的怂恿，或受制于没有理性判断，就不可能做出诚实的道德选择，更不可能发生诚实道德行为。

在行为发生的过程中，由于客观环境的复杂性，不可能预先规定各种条件下的行为方式。而且在行为过程中，行为和动机、外部动作和内在心理始终处于紧密联系中，行为的客观后果和外部动作的反作用随时都会返回，形成阻力和诱惑，影响内部动机，始终存在着行为坚持或调整的可能性。

生活中经受住良心考验的人，在他们选择做出诚实的行为之前，行为过程中也会经历复杂的心理过程，但是，他们最后都选择了诚实。在一个人决定是否做出诚实行为之前，良心是诚实行为选择的自我指导者。

在面临诚实道德考验的时候保持良心，会让人感到满足和安宁，即良心和诚实相互促进，相互依存。

朱熹说过："人须知耻，方能过而改。"经过良心的自责和深沉的痛苦会激发人们积极奋起，树立弥补过失的坚强意志，重新走上正确的道路。如果一个人的"恬不知耻"，对自己的恶行心安理得，没有惭愧和忏悔，就会一错再错，在邪路上越走越远。良心是个人诚实行为的内在调节者，它校正行为偏差，归根到底决定着个人行为诚实与否。

（三）内疚：阻止不诚实发生

内疚是因伤害或违背道德标准而产生的自我责备情绪。它常常随不安、自责、惭愧等复杂心理体验。把内疚这种类属于高级认知情感看作是诚实的基础，是在总结前人研究结果的基础上经过深入思考之后的结果。从表面上看很难明白为什么自然会选择让我们有内疚这种情绪。生活中有很多种情况下是可以欺骗的——不付出代价就得到好处。如果你有把握自己不会被发现，那么欺骗就是最有利的方法，然而如果你有良心，欺骗过后的内疚感可能会阻止你这么做，特别是在内疚感转化为羞耻感的时候。经济学家罗伯特·弗朗克也认为，高级认知情感如内疚、爱有着非常重要的作用。它们有助于解决只靠理性无法解决的承诺问题。内疚感可以被看作是一种道德调节机制，它促进人们遵守道德规范，避免不诚实等负面行为的出现。

史密斯和琼斯两个人想开一家饭店。史密斯是一个有天分的厨师，而穷斯是一个精明的老板，他们联手可以经营一家非常成功的企业，这样他们的收益要比各自单干高得多。然而，他们都知道对方有可能欺骗自己而不被察觉。例如，史密斯可能会从食物供应商那里拿到回扣，而穷斯能做假账。如果只有一个人欺骗，这个人能从中获得巨大的利益，而另一个人则会遭到损失，但如果两个人都欺骗，他们的收益要比两个人都诚实少得多。如果史密斯和琼斯都能保证不欺骗，那他们都会因此受益。但是怎样承诺才能让人信服呢？只保证不欺骗是没有说服力的，对于无所顾忌的人来说，做出承诺与违背承诺一样容易。[①]

而在这个时候，内疚感就派上用场了，它开始发挥重要的作用。如果做出不诚实行为之后你会感到内疚，这种感觉就会促使你诚实，即使你知道欺骗行为不会暴露。同时，如果别人知道你是这样的人，在寻找诚实合作伙伴时他们就会来找你。当然，判断一个人是否有内疚感时，需要依靠一些线索，比如脸红、眼睛不敢正视对方等。只有当这些线索表明你是有良心的人时，别人才会知道一个可靠的人和一个无赖之间的区别。这些信号是难以伪装的，否则它们就不可靠了。弗朗克认为，脸红等情绪表达通过自然选择根植于人类的生理结构，其目的就是为了证明这种可信任性。[②]会内疚实际上是有益的，因为内疚感会促使人们反思自己的行为，并采取积极措施来纠正不诚实的行为，弥补不诚实导致的过失。而且，人们更容易信任那些他们认为有良知的人。

二、与诚实相关的品质

与诚实相关的品质有信任、坦率、勇敢、尊重、同情、友谊等。它们共同构筑了德性的价值之网。理解它们之中的每一个，都对理解诚实大有裨益。

（一）信任：责令诚实发生

信任是人际关系的基石，能激发诚实行为。为避免辜负他人的信任，人们通常会选择诚实地面对自己的行为和责任。通常来说，给予他人信任有利于唤起他人的积极性。信任释放和调动人的能动性，释放对他人创造的、不受抑制的、革新的、企业家式的积极精神。[③]信任不仅对参与者，而且对信任得到普及的更广大的共同体（团体、联合会、组织等）有重要的功能。相互信任、信赖会促进社会关系和谐与进步。

信任激励社会性和与他人一起参与各种形式的联合，并且以这种方

① ［英］埃文斯.解读情感［M］.石林，译.北京：外语教学与研究出版社，2007：173.
② ［英］埃文斯.解读情感［M］.石林，译.北京：外语教学与研究出版社，2007：174.
③ ［波兰］彼得·什托姆普卡.信任：一种社会学理论［M］.程胜利，译.北京：中华书局，2005：139.

式丰富人际联结的网络，扩大互动的范围，以及允许更亲密的人际关系。换句话说它增加了埃米尔·迪尔凯姆所称的"道德亲密性"。信任也会促进沟通的扩展，抑制群体内的敌对和对陌生人的恐怖症的表现，并缓解了争执。同时，信任也增加了个体与共同体的联结。① 从信任具有积极的正向功能方面我们可以看到它与诚实是紧密相关的品质。它积极促使诚实行为发生，促使人秉持诚实的原则，进一步成为值得信赖的人。

"信任可能作为责令诚实和互爱的道德和宗教价值的副产品而出现。"② 这里所言的信任，有两个方面的意义。一方面是指个人信任，即个人对诚实具有信服、信仰的观念；另一方面是指社会信任，即个人意识到诚实作为社会的主要价值，它是非常重要的，个体能够在交往过程中遵守并通过行动来维护这种价值。这根植于个体对他人、对社会及对制度的价值态度。

教育可以促进人们对诚实的个人信仰的价值追求，也可以促进人们对诚实价值的社会信任。教师、家长、学校形成一个"共同体"，一起讨论形成诚实教育的对策，这个过程本身也会促进社会信任。这其中需要大量的协商，甚至是妥协。不管怎么样，如果"共同体"成员能够对通过他们讨论形成的政策具有强烈的信任感觉，那么就有希望能使学生对诚实这一价值具有牢固的信任。

此时，学校的课程与组织都会对诚实价值的信任具有非常重要的影响作用。学校的精神状态也应该通过潜移默化的形式使教师、学生、家长共同对诚实价值具有信仰的态度。当然，促进社会信任不只是学校单独来完成的，在广泛的社会中也存在着强有力的影响方法与手段，但是，这里主要强调学校对诚实产生个人信任与社会信任的作用。如帕特丽莎·怀特所言："如果学校想把它的资源作为促进社会信任的一种机构来使用的话，

① ［波兰］彼得·什托姆普卡.信任：一种社会学理论［M］.程胜利，译.北京：中华书局，2005：141.

② ［波兰］彼得·什托姆普卡.信任：一种社会学理论［M］.程胜利，译.北京：中华书局，2005：183.

那么，在学校中除了个人所作的这种反思性理解以外，更需要学校职员作为一个整体，不仅是教师，也包括辅助性人员，一起讨论和形成具有说明民主价值（其中包括诚实）和包括学校生活的所有方面的整体性学校政策。"[1] 也就是说，信任作为支撑所有生活形式的基础，它对诚实品质的形成具有重要的作用，如果个体没有对诚实的个人信仰和与对诚实的社会信任，无论是对个体形成诚实品质，还是对诚实作为社会良好价值来说，都存在相当大的困难。

（二）坦率：影响诚实态度

坦率，意味着直截了当，不隐瞒观点，以真诚和开放的态度面对他人和自己。它作为个人性格的一部分，对诚实具有非常重要的影响。因为真诚和开放的态度是诚实的基础。帕特丽莎·怀特把坦率与诚实看作是"差不多"的品质，把诚实与坦率放在一起论述。她认为：在日常生活中，如果一个人是谨慎的，就不大容易表现出来比较坦率的品质，因为对这个人来说，觉得坦率有可能使自己不小心受到伤害，所以不得不"关上心灵的百叶窗"。这样，在别人看来，这个人就不够坦率，无法建立互相信任的关系。这样的人不但对他人诚实比较困难，就是对自己做到诚实也比较困难。

有一种极其自然的情感就是爱，它能够直接导致坦率。譬如说，恋人之间往往会因为相互之间的亲密关系导致防卫性降低，表现出坦率。正如马克·费希尔所说："爱导致坦率，而防卫则会减低爱。"[2] 其实，坦率并不只表现在具有密切交往关系之中，它是一种在所有人对人的行为举止中常见的态度。它有助于个人成长和道德发展，通过坦率地面对自我，并积极反思、改进的过程，即为诚实态度的体现。

亚里士多德在描述"诚实的人"时，他心目中所想到的就是这种态度，

---

[1]［英］帕特丽莎·怀特.公民品德与公共教育［M］.朱红文，译.北京：教育科学出版社，1998：18.

[2]［英］帕特丽莎·怀特.公民品德与公共教育［M］.朱红文，译.北京：教育科学出版社，1998：9.

他不是把"诚实的人"描写为"信守交易中的协约，即涉及公正和不公正的东西的人，而是在言谈和生活中都诚实的人，他的诚实是因为他的品质就是这样，而与这里所说的事情无关"[①]。即把诚实当作是日常生活中人与人交往中必须具备的品质，是生活中"具体"的诚实，而不是对"概念化的人"所要求的"抽象"诚实。

同时，"坦率与诚实一样不像是我们能教育孩子应该遵守自己的诺言和不侵犯他人财产那样能教育的东西。而是教师与家长需要在年轻人中培养理解它的一种品质，他们就能够认识到什么类型的生活与坦率这种品质相容或不相容，包括消除关于坦率的某些错误看法。它既不等同于无遮无掩的率直，把家庭生活的事实告诉外人，也不等同于纯粹的多嘴多舌"[②]。坦率往往与"合理的谨慎"一样，需要适度的表现。过于坦率与诚实，都会令人生厌。而与康德所言的"绝对命令"不同。

坦率对诚实有积极影响，有助于建立和维护信任关系，推动人们勇于成为更好的自己，进而更加诚实地面对生活中的种种挑战。在交往过程中，率真易使与自己交往的人感觉放心、踏实。其实，我们对他人越坦诚，与他人交往就越容易，并能够维持持久的关系。但是，心机过重的人是不可能做到对人率真的。这其中，有的人是不敢坦率，有的人是不想坦率。而我们的教育其实更多关注的是"不敢坦率的人"，应该仔细考察他们不敢坦率的原因。坦率与诚实一样也会因为社会原因使人很难做到，人们往往是因为存在种种无奈，而无法坦率与诚实，或者说没有这种道德氛围。

甚至会有"某些信念体系可能给人一种强有力的伪善的动机，鼓励他们或者掩饰被告知是错误的那种信念和感情，或者假装有实际上根本没有的高尚的和无私心的目的。典型地说，这些事像基督教清教徒式的变体那样，指望人们按照根本不可能达到的那种高度的理想而生活的体

[①] ［古希腊］亚里士多德.尼各马可伦理学［M］.廖申白，译.北京：商务印书馆，2003：120.

[②] ［英］帕特丽莎·怀特.公民品德与公共教育［M］.朱红文，译.北京：教育科学出版社，1998：93.

系。因为伪善的可能性创造了反伪善的人。结果是一种相当可怕的社会，在这种社会中，人们被不可能实现的要求所驱使，因为不能达到那些要求而担心、害怕，而同时又怀疑肯定不可能像表面上看起来那样尽善尽美的周围的人"[①]。学校也可能犯同样的错误，由于对学生要求过高，导致学生不能一次性按照高要求做好自己的事情，而采取一种具有掩饰自己缺点的行为，如在不能按时很好地完成作业时进行抄袭。譬如，学生每天的生活差不多由各种考试构成，在大考小考的过程中，总是会存在一种情况：学生想考出好成绩，但在短期内，不能每次都考出好成绩的时候，为了得到好的评价（家长与教师），而采取蒙骗、说谎的方法。而且，越是成绩好的学生，越容易为了保持在教师、家长、同学眼中"好学生"的形象，在考试中出现一些作弊、违规行为。如果他们一次"成功"了，"好学生"的名声保住了，那么，以后顺其自然的在一些情况下仍然会继续采取此办法，来达到逃避不好的评价目的。也就是说，教师对"好学生"的要求往往都是十分完美的。其实，再好的学生、再好的人都会存在着缺点，存在着因为客观原因导致的不足，此时过于严格的评价体系就不得不让身心并未完全成熟的人进行说谎、欺骗，坦率与诚实就会被"隐藏"起来了。

学校如果鼓励诚实与坦率，就需要承认任何人都有人性的弱点，何况还未完全长大的孩子，同时需要一种敏锐的眼光来判断这种弱点。对学生偶尔存在的犯错、成绩下滑等有种宽容的态度，不要"无意"中就使学生为他们生活的某些方面而感到羞耻，被迫地刻意隐瞒；也不要强力使学生做到诚实、坦率，像遵守契约一样，而应该是形成一种宽容氛围，让学生能够有选择地把某些私人的东西进行保留（譬如说日记中记载的心情）。

（三）勇敢：克服诚实障碍

诚实、信任、坦率等品质，往往都会因为复杂（个人的、社会的）的因素遇到种种障碍，此时个体需要一种不可或缺的品质——勇敢来面

[①] ［英］帕特丽莎·怀特.公民品德与公共教育［M］.朱红文，译.北京：教育科学出版社，1998：95.

对现实存在的无奈。勇敢指的是人在面对困难、挑战或危险时，能坚定、无畏地前行，不畏惧失败或后果，体现出坚韧不拔的精神和对目标的追求。勇敢是使人克服诚实与坦率障碍的品质。

英国帕特莉莎·怀特说："一个人能够信任没有诚心的个人关系或制度吗？在缺乏诚实和公开的情况下，个人自主在多大程度上是可能的？如果要教育孩子做到诚实，那么，他们是否也有必要被教育如何做到勇敢，因为有时一个人需要做到诚实的勇气。"① 菲利特·富特说："缺乏勇气，任何人都干不好什么事。"② 阿拉斯代尔·麦金太尔认为，勇敢能够加强我们对个人、社会以及我们所关心的事业的关怀程度。③ 这些言说都是从勇敢的功用角度谈论勇敢，把勇敢看作使人克服特殊障碍的一种特殊品德。而阿米莉·奥克森伯格·罗蒂对勇敢进行了区分，把它界定为"传统的勇敢"和"重新定义的勇敢"，认为"传统的勇敢"是"……用征服和战斗的军事含义来表示的克服恐惧、消除障碍，采取艰难或危险行动的一种素质"，这种勇敢对我们有用，我们需要这样一种能力和性格，使我们能够在有压力的条件下仍然坚持合适的行动，使我们在按照我们自己的判断知道什么事情是最好的，但要做好这件事确有困难或者危险时能够忍受艰难困苦。④ 而"重新定义的勇敢"是指把它看作与我们的趋向于自我保护的自然倾向相对立，使我们能够在有压力的情况下仍然合适地行动的复杂品性的集合。把勇敢看作是内涵广泛、开放的、能成就事业的某些素质的一种集合。无论是"传统的勇敢"与"重新定义的勇敢"都和诚实相关，二者相互关联，相互促进，共同构成个人品德的组成部分。

① ［英］帕特丽莎·怀特.公民品德与公共教育［M］.朱红文，译.北京：教育科学出版社，1998：101.
② ［英］帕特丽莎·怀特.公民品德与公共教育［M］.朱红文，译.北京：教育科学出版社，1998：20.
③ ［英］帕特丽莎·怀特.公民品德与公共教育［M］.朱红文，译.北京：教育科学出版社，1998：21.
④ ［英］帕特丽莎·怀特.公民品德与公共教育［M］.朱红文，译.北京：教育科学出版社，1998：25.

勇敢的人往往敢于面对真相，不会因为害怕后果而隐瞒或撒谎，他们坦诚地面对问题，勇于承担责任。诚实需要勇敢来支撑，面对可能带来的负面后果时，坚守诚实原则，不妥协，不退让，这本身就是一种勇敢。

在学校教育中，我们需要为学生具有勇敢这种"能力和对能力的自信"而做怎样的努力呢？什么样的道德教育才能使儿童能够保持天生具有的求真、向善的倾向？才不会使本来勇敢的人变得"懦弱"起来？我们的道德教育不能鼓励那些为了得到荣誉而虚张声势的行为，这种勇敢不但不能战胜诚实所面临的障碍，反而使学生变得更加虚伪。这里从勇敢与诚实相关的角度讲，我们在教育过程中应该使学生形成具有勇敢的能力和对能力具有自信，应该构造一种制度，让学生体会到诚实、信任、坦率、勇敢的快乐与自信。与诚实相关的其实还涉及许多其他价值，譬如友谊、忠诚等。总之，诚实是一个非常复杂的问题，研究它必须同时考虑到与之相联系的价值之网中的其他价值。

三、诚实的对立范畴

在现实生活中，人们总是习惯于通过不诚实来理解诚实具有的积极道德意义，谈论关于诚实问题时，最常用的词汇就是"说谎""欺骗""虚伪"。故这里把欺骗与说谎、虚伪作为诚实的对立范畴展开讨论。

（一）欺骗与说谎

欺骗与说谎普遍存在于人类生活和社会交往的各个方面，为了某种目的或利益，故意隐瞒真相或提供虚假信息，使他人产生误判。卡普曼（1953）曾经评论说，"实话"的同义词很少，但是"说谎"的同义词却能在一部词典中占据好几页篇幅。[①] 为了深入研究诚实问题，对欺骗与说谎进行研究将具有十分重要的意义。说谎可以作为欺骗他人的手段，也常表现为自我欺骗。了解说谎的心理机制与内容，明确说谎违背道德准则和信任原则，可以为思考诚实的心理过程提供有力佐证。

---

① ［美］查尔斯·福特.说谎：你所不知道打一切［M］.高卓，等，译.北京：新华出版社2001：26.

瑞士心理学家皮亚杰把儿童的说谎习惯看作是一种自然倾向，"它的自发性和普遍性使我们完全可以将其视为儿童自我中心思维的一个基本组成部分"。因此，儿童的说谎问题实际上就是孩子的自我中心态度与成年人的道德约束之间的一种碰撞。皮亚杰的研究显示，对6岁左右的幼儿来说，说谎与说脏话根本就是一回事；说谎是用语言方式违背道德，但也是一种自我保护机制。

"人被赋予了用来说话的舌头和用来隐藏思想的言辞"——这句匈牙利谚语极度生动地概括了人说谎是人类生活的正常现象。说谎的语言往往复杂而且令人困惑。欺骗的形式也多种多样，有些是有意识的，有些则不是。从定义的角度看，说谎就是欺骗，然而并非所有形式的欺骗都是说谎。

说谎，即欺骗他人。《第七版新韦氏大学生词典》（1971）把说谎定义为：说话者出于欺骗的企图把自己了解或相信的某事硬说为不真实；制造某种虚假或误导的印象。这一得到普遍认可的定义包含两个成分：一是谎言的内容，即说谎者声称自己相信的某事根本没有那么回事；二是动机，即企图欺骗。但是这里只说明了制造虚假印象的企图，没有提到"言辞"。还有一种情况是一个人可能是在讲"真话"，但实际上却是在说谎！如果一个人误认为某件事是真实的，但出于欺骗的目的，他故意往相反方向讲（即说的是实情），那么由于他有欺骗的企图，即使嘴里说出的是真话，他的行为也与说谎的定义相符。说谎与欺骗行为涉及动机、心理机制与后果等复杂过程。

心理学中有非常丰富的对谎言的等级、谎言类别、说谎行为的动机，对不诚实、说谎问题进行相关研究，也有采用心理测量的方法进行的实验研究，并发明了一些测谎仪器、测量说谎的量表等等。这对从另外一种角度、理解诚实具有非常重要的意义。譬如，可以更加明确诚实的人格特质、道德基础和心理健康等多重心理学内涵，避免人们用以偏概全的方式武断地怀疑诚实的可能性。

（二）虚伪

诚实与虚伪是两种截然相反的品质。《左传》文公十八年"明允笃诚"，疏曰："诚者，实也。"《礼记·乐记》云："著诚去伪。"朱熹也云："诚者何？不自欺不妄之谓也。"实际上，诚实的对立范畴应是虚伪、虚假、不真实，违背自己的真实感受。做一个诚实的人，不是做一个不说谎的，而是要做一个真心实意的人。一个社会人很难不说谎，但是，人可以做到不虚伪。

"说谎"只是人的外在行为表现，"虚伪"才是人的内在德性特质；有时候谎言可以表达真诚的美德，真话倒是出于不真诚的险恶用心。从心理学角度看，如果说谎与欺骗具有中性性质，那么虚伪则在道德意义上与诚实处于截然相对立的范畴，是不言而喻的恶。因为虚伪的人言行不一，缺乏真诚和坦率，会破坏人与人之间的信任关系，损害集体利益，扭曲社会价值观，阻碍社会进步，削弱社会的凝聚力，也会导致个体失去真实的自我，造成自我认同的混乱等。

以上对诚实及与之相关的品质信任、坦率、勇敢的分析，通过研究诚实的对立范畴及与之相对的品质，如说谎、欺骗、虚伪等并做出解释，我们可以更加深入地认识、研究诚实本身，从而能够在复杂的价值之网中很好地理解具有复杂伦理性质的诚实品质，进而更坚定倡导诚实价值观。

第三节　道德生活的复杂性：对待诚实的"矛盾"态度

诚实具有困难的伦理复杂性。在日常生活中，不论是我们信任的人，还是陌生人，都普遍存在着欺骗行为，欺骗行为正在向社会的各个角落渗透，这是不争的事实。说谎是生活中普遍存在的一种现象。由于说谎和自我欺骗现象在人类生活和社会交往的各个方面无处不在，而人们对诚实的反应往往是"自相矛盾"的，在思想上我们一方面渴望别人对自己诚实，对不诚实行为深恶痛绝，另一方面在行为上却又随时都会对别人做出不诚实行为，即使在教育自己的孩子时，也会存在这样的矛盾，通常无意地就会教他们通过说谎达到目的，甚至还鼓励他人对我们说谎。这是使诚实陷入复杂困境的原因之一。

在一个开放的社会中，复杂性到处存在。这种复杂的心理与现实提示我们对诚实进行综合性探究，除了考虑生理、心理和社会对人类诚实行为的影响之外，还必须考虑人们对待诚实问题的自相矛盾的情况。心理学研究表明，态度强度反映了其对个体心理和行为的影响。态度研究者一般从四个方面来判断个体的态度强度：坚持性、抵抗性力、对信息处理过程和判断的影响、对行为的引导。相关理论认为，态度矛盾性往往会削弱态度在上面四个方面的属性，降低态度对行为的预测作用。态度矛盾程度越强其态度稳定性越弱，态度矛盾性在态度——行为意向、行为意向——行为之间起着调节作用。[①] 也就是说，出现用"相互矛盾"的态度对待诚实问题，会影响诚实教育的效果。

但是，我们仍然坚定支持理智地掌握并且明智地运用诚实道德准则的人。也就是说，诸如诚实这样的规则，作为一般规则的典型，在开放社会里与任何社会角色并不特别地关联，但是与对指导人与人之间行为的一般规则的遵从有关。

在社会生活中，虽然人们往往由于理性与习惯的矛盾造成对诚实的态度往往是矛盾的，但是不能因此而否认诚实作为良好的道德品质，不能因此忽视诚实教育。何况，人如果不面临各种复杂的矛盾状态，又如何能够做出独立的思考呢？就如英国德育学家威尔逊曾经指出，除非我们能够搞清楚包括洞穴人在内的所有人的道德价值，否则"大多数人"永远都是"某些人"。即使我们能够确认大多数人的选择，但是大多数人的选择也未必正确——历史上"大多数人"曾经赞同过奴隶制，对妇女歧视和宗教、种族压迫等等。[②] 我们为什么应当诚实？首先，这是由诚实本身的性质和

① 陈剑峰，陈志霞.一般矛盾态度极其相关研究进展.心理科学［J］.2009（1）：220.
② 檀传宝.学校道德教育原理［M］.北京：教育科学出版社，2003：103.

后果决定的。诚实本身即善，可以引证人类历史上几乎所有文明、所有种族道德法典来证明，也可以诉诸自身的道德直觉，或者诉诸理性论证。

康德采取的就是理性论证。他认为："说谎由于其本身的性质而要自己否定自己。这里提出的主要试金石是可否普遍化。一个明明没有偿还能力的人，为了借到一笔钱，他是否可以向人许假诺呢？这时他只要想想，他的这一假诺是否可以普遍化，是否人人都可以照这个准则行使，从而使这个准则成为一个普遍法则就够了，而只要这样一想，他就会马上发现，如果许假诺这个准则普遍化，就根本不会有任何许诺了，许诺就将成为不可能，因为每一句话都可能是谎言，承诺也就失去了意义。"[1]康德的论证是从纯粹的、普遍的理性观点来考虑说谎。

说谎一旦被试以能够普遍化的原则，就要自相矛盾。在现实生活中人们说谎能够成功是因为大多数人是相互信任的，即在别人不说谎的情况下能够说谎成功。说谎者是自相矛盾的，只是强烈的利欲和薄弱的理性使他安于这种自相矛盾，所以康德把不许假诺规定为对他人的一种完全的、严格的，在涉及经济利益的范围内可以用法律强制的基本义务。[2]在康德看来，说谎是违背人是目的的原则的，因为说谎者把他人仅仅作为手段而不是作为目的。同时，说谎是受其他东西，譬如功利决定的，因此也违反了意志自律的原则。康德会以这样一种绝对的语气说："由于说了一个谎，一个人抛弃了，甚至可以说彻底毁灭了做人的尊严。"[3]其实，我们并不想只通过康德的绝对命令来做出"不应当说谎而应当诚实"的结论。因为从效果上看，也是可以论证"应当诚实，不应当说谎"的观点的。

即使确实是善意的谎言，如同父母为了孩子着想，对孩子说了谎——譬如高考时违背孩子的意愿隐瞒实情代替他们报考自己认为好的志愿等。这里虽然完全出于善意，也有一种危险的结果存在：孩子一旦发现自己被

---

① 何怀宏.良心论[M].北京：北京大学出版社，2009：134-135.

② 何怀宏.良心论[M].北京：北京大学出版社，2009：135.

③ [英]希赛拉·鲍克.说谎[M].张彤华，王立影，译.吉林：吉林科学技术出版社，1989：32.

欺骗了，他们就会感觉受到了侮辱，就会觉得自己是在被父母操纵，自己没有选择的权利，他们就可能不会再信任父母了，也可能对更多的人乃至整个社会持有不信任的态度。如果这种情况发生在公众与政府之间就更危险，因为毕竟父母与孩子之间还有一种血缘的亲情来维持与调解。

说谎可能会给说谎者暂时带来好处，但是一旦谎言被识破，将会带来比之前得到的暂时好处大得多的损害。同时，对说谎者来说，在心理与人格上也会受到很大的潜在影响。因为他们要煞费心机地用更多新的谎言来支撑自己的旧谎言。

诚实就其性质和效果而言都是一件好事。至少能够诚恳、坦率地说出自己认为是真实的事情时，不用担心还要提供理由。因为诚实本身就是我们这样做的理由，相反，说谎则不同，它需要提供另外的理由来解释自己的行为。因此，在任何情况下，首先应当选择诚实。即使由于某些原因使我们考虑到说谎也是一种选择，在大量不冲突的情况下，我们则需要不假思索地以诚实而绝非欺骗的态度与人交往，诚实是自然而然的、正常的，而说谎却是不自然的、特例的。因此诚实是人们遵循的常理，也是我们应当遵循的道德义务。

另外，在现实生活中，我们也应该意识到说谎永远是一种"万不得已"，即使有各种各样的无奈，但是也要尽量去减少它。这种努力也包括从社会方面去消除那些无形中以生存压力去强制说谎，或者以厚利去诱发说谎的社会条件，这是非常重要的。但是无论如何，作为个人，作为一个道德主体，不管在什么样的社会条件下，都负有恰当地坚持诚实原则的基本义务，更何况诚实是能够为群体带来利益的。譬如说在待人接物上，诚实能讨人喜悦，得到宽恕和改过的机会；在新闻报道上，诚实能正面推动社会的良性发展；在商业社会里包括生产、推销、宣传、公关等方面，诚实能赢得人们的支持，长远地保证了一批忠诚的客户群；在科学研究里，诚实能大大提高研究质量，造福亿万生灵；在治理国家上，诚实能博得人民拥戴，达致社会稳定和长治久安。

诚实作为人类的普遍价值、良好的道德思想、良好的道德品质或品格，无论是对个体还是对群体来说，都是使之过上德性生活的基本因素。即使在当今社会，它仍然是不会过时的。如苏格拉底所言："谎言乃是一种不论谁在自身最重要的部分（心灵）——在最重要的利害关系上——都不愿意接受的东西，是不论谁都最害怕它存在那里的。"① "上当受骗，对真相一无所知，在自己的心灵上一直保留着假象，这是任何人都是最不愿意最深恶痛绝的。"② 而认为"诚实不一定是道德的"其实是一种道德虚无论的论调，是善于说谎的人为自己辩解的借口。不管怎样，我们应当诚实，应当拒斥谎言。

---

① ［古希腊］柏拉图.理想国［M］.郭斌和、张竹明，译.北京：商务印书馆，2002：79.
② ［古希腊］柏拉图.理想国［M］.郭斌和、张竹明，译.北京：商务印书馆，2002：79.

第二章　理解：诚实道德的多学科视阈审视

人同时是物理的、生物的、心理的、文化的和历史的存在。碎片化的、箱格化的、单一学科的、量化的思维或认知模式会使我们盲目。

——埃德加·莫兰

本章导读：

诚实作为良好的道德品质或品格，它在儿童各个阶段的道德发展中所处的序列位置是不同的。从生物学、哲学、伦理学、心理学、社会学等多学科视阈阐述对诚实的理解，建立人们对诚实的理解联结。

从生物学视角看，罗伯特·特里弗斯（1971）的互惠利他概念提供的理论模式，可以研究造成人类诚实与不诚实行为的生物学因素，可以作为诚实在社会交往中的作用，以及道德系统的起源。诚实是生物互惠利他的行为，人类的互惠利他行为可能是逐渐进化而来的。如在危险的时候帮助同伴、与同伴分享食物、帮助生病的和受伤的同伴以及与同伴共享信息。为了使采取这类利他行为的个体同样能够得到好处，其他个体必须在未来的某一时间对这些行动给予回报。社会群体成员还可能以恐吓或驱逐的办法对不诚实的欺骗者采取攻击性的道德谴责行动，使他们重新遵守互惠利他行为法则。情况严重时，他们还可能被杀死或被驱赶出社会群体。这样，不诚实者要想恢复名誉就必须自责悔过，做出补偿性的利他行为，才能继续从社会群体当中得到帮助。

从哲学视角看，真善美是人们共同的价值取向与追求，诚实体现人们对真、善、美的追求，对诚实、守信的追求才能实现人性的完美，才能实现人的全面自由的发展，从而促进社会和谐稳定的发展。从经济哲学角度看，诚实作为一种社会美德对现代化进程具有重大作用。诚实、守信是经济合作的前提，也是自由竞争的必然结果。

从伦理学视角看，相信真理、相信诚实、相信个体生活的意义，个体诚实地面对既存的自我与社会，经过具体的个人生活和社会生活实践，并能充分进行反思与批判，使人真正自由地领会生活，过充满意义的日常生活。

从心理学视角看，按个体心理动态发展的全过程分析社会主体的诚信发生的机制，主体是感性与理性的综合体，对于社会成员个体或社会群体而言，诚实观念的发生是十分必要，诚实教育应当是可能而且有效的，但也需要法制的有效约束，更要有针对性地面向社会主体的心理特点，分析并逐步构建主体的诚实心理，主体的观念系统、态度系统和控制系统的发生、变化都是影响诚实价值与行为的社会心理机制。

从社会学视角看，政府应通过负责任、严于律己、勇于纠错、公正无私、服务型、依法行政，符合诚信社会要求，建构诚信的社会治理体系。诚实信用也是一定社会关系达到和谐状态的意识基础，作为道德规范层面的诚实信用，是人类社会在不断演进过程中自然理性的选择，是人们相互依赖、共同生存的需要。在追求更高境界的精神价值时，诚实成为人自觉稳定的信念和行为规范的回归。

为什么要强调对诚实价值的理解呢？因为理解包括对内容的理解和人性的理解。内容的理解就是对他人的话语、观点、世界观所含有的意义的理解。这种理解总是处于危险之中。首先，"噪声"会干扰信息发出者和接受者之间的交流，造成误解或遗漏，从而忽略对方的言下之意。[1]也可能因为文化、语境不同导致他人受到伤害或者在他人面前失去尊严。人性的理解包含难以克服的主观性部分，这种理解既是人类交流的方式，也是人类交流的目的。人性的理解总是主体间性的，需要向他人开放，

---

[1] ［法］埃德加·莫兰.教育为人生：变革教育宣言［M］.刘敏，译.北京：北京师范大学出版社，2022：44-45.

需要同化和共情。[①] 否则，人与人之间的"被认可""实现个人梦想"这两项人类最深层次的需要无法被满足，就会导致个体间、民族间和信仰之间滋生误解、蔑视和仇恨，引起各种冲突。

在日常生活中，互不诚实会危害我们的私生活，互不诚实本身携带着的"不诚实的种子"，也会让人变得以自我为中心，自我辩护、自欺欺人，把过错推给他人，否认他人的人性，因此成为人与人之间互不诚实的恶性循环。互不诚实也会导致偏执的推理、狂妄自大、蔑视等这些坏的认知与品质，这些恰恰是集体"共同生活"的敌人。

为了跨越不诚实，我们要进入复杂性思维，诚实不接受虚伪，容不下不信任。所有这些都需要一种伦理的、人类学的、认识论、社会学等多维视阈进行对诚实道德价值的理解。

我们知道，诚实及其相关的道德，不能以一种抽象的方式强加于人，更不能生硬地灌输于人，而应该借助思维模式和生活经验、体验等的引发与激发，并通过关联性建立起联结，让我们每个人同周围世界联系起来。因此，我们需要用整体的、发展性的、生态的眼光去看待我们自己、我们的工作、我们所生活的城市及其他多维场域，否则，可能会丧失对诚实价值的理解。其中，思想的变革至关重要，通过思想变革，革新经验世界中关于诚实认知的悖论，重新建立诚实价值的理解与认同。"思想变革的活力远远超越教育的单纯改革，会引领生活本身的改革。"[②] 思想的变革往往能够唤起我们的价值认同感，让诚实的精神获得重生，跨学科思想恰恰呼唤的是对诚实理解与认同的伦理。

本章从生物学、哲学、伦理学、心理学、社会学多学科视阈阐释对诚实的理解，有了对诚实理解的伦理，就会有真正的个人文明与社会文明。而且，这种思想变革的力量也会指引每个人去过诚实、美好的幸福生活。

---

① [法] 埃德加·莫兰.教育为人生：变革教育宣言 [M].刘敏，译.北京：北京师范大学出版社，2022：46.

② [法] 埃德加·莫兰.教育为人生：变革教育宣言 [M].刘敏，译.北京：北京师范大学出版社，2022：96.

第一节　生物学视阈下的诚实行为理解

诚实是对个体行为规则的规定，这一规定使个体之间的交往能够协调，以形成一个充满信任的有机整体，即社会。杜威认为："道德科学的准则是科学判断的道德……事实上，物理和生物科学之进展已经深刻地影响着道德问题，因而影响着判断，乃至影响着道德价值。"（Dewey，1946）"如同人是自然进化、自然选择的结果，道德也是自然进化、自然选择的结果。意识层面的道德是自然的最高表现形态——人的意识选择的或建构的结果，而意识的建构是自然选择最高级的表现形式。这就是道德发生的秘密。"[1]诚实作为人类的普遍价值，作为社会主义核心价值观的内核，也是经过了漫长的进化过程的。因此，从生物学视阈阐释诚实行为，这是建立在进化论基础之上来研究诚实道德问题。

动物会诚实吗？它们是否也与人一样在面临"功利"的时候，会撒谎？是否有资料表明除人类之外的动物王国内也一样，在相互合作的时候需要诚实，而面临功利诱惑时却忘记诚实呢？譬如说，雄猩猩捉到一只羚羊，雌猩猩用爱抚动作使它放松警惕，然后夺走猎物跑掉。对动物行为进行行为学和社会生物学研究是了解各种本能作用的一种重要手段。这种研究方式最终会使我们进一步了解构成人类行为的大脑机制功能，这是一种尊重科学、回归教育原点的方法论。因此，生物学视阈下对动物诚实行为进行研究，有助于确定影响人类诚实与不诚实行为的某些基本因素。

一、低级动物的诚实与欺骗行为

根据进化论，动物身上有可能提高繁殖率的特性会被后代有差异地继承下去。那么，存活至繁殖期是制约动物能够成功繁衍后代的绝对因素。适者生存，相互竞争是动物之间生存的常态，但是同类动物之间往往会出现以真诚的方式相互合作，面临共同的猎物时，发出真实的信号，共同行动来捕获食物，实现共同生存的目的；但是不同类的动物之间可能就会显

---

[1] 刘晓东.儿童精神哲学［M］.南京：南京师范大学出版社，1999：122.

示出相互欺骗的状态，因为它们之间并不需要共同行动，而是不能共生、有我没你的竞争状态。

那么，在随时可能被天敌发现并被吞食的凶险环境中，如何隐蔽自己对于弱小动物来说至关重要。装扮出恐怖的凶相吓退潜在捕食者，是动物的另一种求生策略。同样为了提高捕食的成功率，捕食者也常常变换自身的颜色和改变自己的行为，以此来隐蔽或掩盖自身意图。无论是捕食者还是被捕食者，永远都要面对如何生存这样的关键问题。因此，发出虚假信息的能力可以延续自己生命，获得至少再延长一天的机会。

但是，动物的许多不诚实行为表现实际上不是有意识的行为，而是被动性的自然流露。有的动物可能会变换身体的颜色，使自身与周围环境融为一体，以便不易被其他动物发现。一些的动物毛皮会随树叶的季节变化而脱落和生长，反复变换出不同的颜色。也有一些动物在受到威胁时，会本能地出现变化，表现出可怕的凶相。如犬科动物毛发直立会显得个头更大、更可怕。鸟类为了保护自己的鸟蛋和幼鸟，往往通过各种方式转移或分散捕食者的注意力。索达尔（1986）对一些鸟进行了系统化研究，观察它们欺骗某些捕食者的行为。当捕食者接近鸟蛋或幼鸟时，这些鸟会向它们俯冲直扑而去，同时发出一声紧接一声的尖叫。鸣叫频率的增加可以加强多普勒效应，进而强化目标对其飞行速度的感觉，把敌人吓走。而这些鸟实际上并不强大，根本无力反抗捕食者。

也就是说，某些低级动物的不诚实行为是出于本能。但是我们不能用动物出于本能的行为来解释人的动机。有人提出，没有自我意识和与其他同类之间的差异感，就不可能具有了解其他同类动机的意识（如有意识、有目的地诱导他人误信）。这样推理下去，我们可以假设，有意识、有目的的不诚实是自我意识存在的证明。

动物的神经系统究竟进化到什么程度，才能促使它们足以进行有意识的、类似于人类的不诚实？是不是只有人类才会有目的地进行欺骗？有人已经得出结论，有些动物的行为与人类惊人的相似。有专家对灵长目动物（如类人猿）的欺骗行为进行研究的发现：这些行为和适应性变化看上去酷似人类。这不排除人类在观察动物行为时有一种先入为主地从人类动机的角度考虑问题，但也不排除人类的许多行为原本就是由与动物相同的基因进化而来的。人种学家（研究动物行为的科学家）指出，人类的许多行为都得自从低级动物进化而来的本能原形。因此，社会行为的进化应该做更深入的思考。

低级动物在行为层面上的诚实与说谎是自身的一种本能，完全听命于自然选择，是同一物种内部的个体之间本能的交往行为原则。

二、互惠利他行为与诚实行为

动物发出不诚实的行为，是个体有效求生的策略，那么用越来越高明的手段进行欺骗也是个体的自然选择，体现其在长期进化过程中形成的生存策略。但这些适合于个体的策略似乎有悖于高级动物和人类社会关系的进化，因为社会关系的特征是相互交流、相互信任和利他行为。罗伯特·特里弗斯（1971）曾推测人类大脑进化过程及进化原因与互惠利他行为密切相关。

互惠利他行为可被视为共生现象的一种表现形式——一方在帮助另一方的同时，也是在帮助自己。如果可能得到长期利益，利他行为无须当时就得到回报（互惠）。这种互惠的存在必须满足多种条件，如个体之间相互交流以及某种程度的相互依赖等。这可以增加个体在同一社会生活网络中多次相遇的概率。

人类的互惠利他行为可能是逐渐进化而来的。如在危险的时候帮助同伴、与同伴分享食物、帮助生病的和受伤的同伴以及与同伴共享信息，为了使采取这类利他行为的个体同样能够得到好处，其他个体必须在未来的某一时间对这些行动给予回报。

从表面上看，欺骗行为是只有行骗者得到好处的行为，即只索取，不付出。然而，一旦个体被认定为是不诚实的，可能引起其他个体的怨恨，从而减少对他们的帮助。也就是说，社会群体成员可能会以恐吓或驱逐的办法对不诚实的欺骗者采取攻击性的道德谴责行动，使他们重新遵守互惠利他行为法则。情况严重时，他们还可能被杀死或被驱赶出社会群体。这样，不诚实者要想恢复名誉就必须自责悔过，做出补偿性的利他行为，才能继续从社会群体当中得到帮助。但是，这种悔过应该是真诚的。特里弗斯的互惠利他概念提供的理论模式可以研究造成人类诚实与不诚实行为的生物学因素，可以作为诚实在社会交往中的作用以及道德系统的起源。

另外，要从生物学角度分析与诚实相关的因素，就必须对大脑及其功能进行研究。大脑的某些本能机制可以用来解释低级动物的欺骗行为，而假定人类虽然经过进化但仍然残留这类机制也并非没有道理。或者说人的社会行为有其生物性基础，从"进化心理学"的角度看，"自然选择"有时会"预先设置"了我们的行为和反应脚本，而且这种生物演化见证了人类的共通性。

上述关于低级动物诚实与不诚实行为的证据可谓具有说服力。许多这类行为的固有性质表明，它们是受动物天性控制的，因此也会受遗传因素控制。人类的诚实行为有可能受遗传因素的影响吗？有人也对这一论断做出过验证。邦德和鲁滨孙（1988）在对以前的研究结果综合分析后得出结论认为，生物因素是造成人类欺骗行为的原因之一，一个家庭的成员在说谎类型和模式方面具有相似之处，可以说，这是因为他们有着共同的遗传基因。遗传对诚实行为也具有重要影响。

三、诚实行为的"群体逻辑"

由于生命过程的复杂性，对诚实的判断与实行也具有了复杂性。但是，诚实作为一种特殊的道德，它仍是一种"自然律"①。道德律是一种自然律。如果每个人都说谎，我们每个人就不可能了解到确切的信息，而确切的信息是正常生活所必需的，所以"不应当说谎"便是一条道德律。②因此，

---

① 刘晓东.儿童精神哲学［M］.南京：南京师范大学出版社，1999：124.
② 刘晓东.儿童精神哲学［M］.南京：南京师范大学出版社，1999：124.

通过生物学视阈来对诚实行为的理解，可以总结出诚实是经过漫长的历史进化而来的。同时，诚实也是以自然规律、自然本性、自然的逻辑为基础的，它是真正的道德，是普适的。

（一）诚实是一种群体逻辑

经过研究发现，人们习惯于在谈论道德时自然地将它同群体联系起来，诚实也不例外。在一个群体内部与群体之间，对别人要么诚实公正，要么欺骗撒谎。在此，借用社会生物学的思路，研究道德的进化性，说明诚实是一种群体逻辑，即需要研究群体行为。

克劳斯·德纳在《享用道德——对自然价值渴望》中列举了一个非常经典的例子：

狮子追赶一只羚羊，但只靠它自己的力量却根本追不上。在这种情况下，另外两只母狮子在关键时刻扑向羚羊开始撕咬它，这样动物通过共同行动捉到的猎物就比单个动物自己所捕获的多，而且质量也好。假如追赶的狮子不跟踪追击，撕咬的狮子不在关键的时刻扑上，那么狩猎就毫无成果。

从这个例子可以看出，可靠性不是人类发明的美德，而是一种对群体生存至关重要的行为方式。只有每个成员的行动协调一致，群体的共同行动才得以成功。而这一点又是以清楚而又准确的情报为前提：要是有某种动物可吃，就必须发出"这有食物"的消息；要是哪个成员发现了危险，就必须发出相应的信号。因此诚实是一种对群体生存至关重要的行为方式。

诚实作为一种行为方式对群体的生存和取得成就不可或缺，因此我们称之为"群体逻辑"，这种"群体逻辑"作为动物群体的生存方式，同样也适用于人类群体。

社会生物学、习性学和进化伦理学从另一个侧面证实了道德与群体生命的关系。克劳斯·德纳将高等动物的社会本能视为"原型道德"，即动物所遵守的群体逻辑，"共同生活的动物本能地'知道'：共同行动才会强大。说得更确切一些，只有通过共同的行动才能生存"。群体逻辑有三个方面或者说三种功能①：第一，竞争——按照等级和能力确定地位；第二，合作——个人能力的协调使用；第三，交际——公开和准确地相互理解。前者是群体的结构逻辑，即通过竞争建立群体，后两者是群体的行动逻辑，即在共同行动中必须遵守的"规则"。只要动物按照这三种功能行事就会形成超个体的单位，建立一个能够共同行动的群体。"从遵守对生存至关重要的社会方式这一意义上说，一种道德雏形在某种程度上已经形成。我们可以把它称为原型道德，即道德的雏形或基本形式，因为恰恰在这里有着道德的根源，这道德就是维护群体的义务和不损害群体成员，它也是人类道德的基本部分，即有意识地遵守群体逻辑。"原型道德及群体逻辑是道德的雏形，是人类道德的生物遗传基础。人类始祖如果没有这种群体逻辑，物种就不可能得到发展，也不可能进化成人类。

人类的"群体逻辑"是演化而来的。德纳认为，与动物的"原型道德"相对应，人类的社会道德有三种基本原则②：第一，公正性——这是人类建立群体、进行权力地位荣誉分配和个体在群体中定位所遵循的核心价值；第二，可靠性——一个群体在公正的基础上形成之后，为了有效地共同活动，处在分工合作中的个体应该按照自己的职责完成自己的任务；第三，诚实性——与动物不同的人用语言进行交流，这里就有一个语言的真实性问题。

不论社会发展到什么程度，都不可能没有群体。而且，群体之间的联系也愈加紧密，共同生活的目的将促使人们延续诚实这种群体逻辑。这样人们才能生活在一种相互信赖的环境之中，才能使"共同体"走向强大，换句话说，诚实作为一种群体逻辑，没有诚实，人类将无法生存与发展。

（二）说谎与欺骗是一种反群体逻辑

在现实生活中，人可以选择诚实，也可以选择不诚实。与动物相比，

---

① ［德］克劳斯·德纳.享用道德：对价值的自然渴望[M].朱小安，译.北京：北京出版社，2002：52-60.

② ［德］克劳斯·德纳.享用道德：对价值的自然渴望[M].朱小安，译.北京：北京出版社，2002：70-76.

人具有一种重要的优势就是可以选择并根据选择进行决定。而人在面临道德选择的时候，可以选择遵循道德原则，也可以做出相反的选择，即不遵循的道德原则。如克劳斯·德纳在《享用道德：对价值的自然渴望》中所言："人类赢得了决定的能力，如果他决定遵守群体逻辑，那么可靠性这一本能的行为方式就会成为一种道德。群体道德存在于对群体的逻辑之中。但人类也可以做出反对群体逻辑的决定，他可以是不可靠的，可以撒谎、欺骗、说假话，可以不公正、不诚实、自私自利。"① 但同时，他认为如果人类持续这样将会走向灭亡。

综上，从生物学视阈理解诚实行为，我们可以看到它有一定的生物基础，受内在机制影响。这是从"进化"的逻辑看待诚实行为，具有适应性价值。得出的结论是，诚实是共同体生活必需的"群体逻辑"，没有诚实，人很难生存与发展，人类很难持续生存与发展。

第二节　哲学视阈下的诚实价值理解

《中庸》第二十五章"诚者自成也，而道自道也。诚者物之始终，不诚无物。是故君子诚之为贵。诚者非自成己而已也，所以成物也。成己，仁也；成物，知也。性之德也，合外内之道也，故时措之宜也。"② 真诚是由人自我完善的，真诚是万物的根本，没有真诚就没有万物。所以君子以达到真诚为贵。真诚并非自我完善而已，还要用来完善万物。自我完善叫作仁，完善万物叫作智。仁和智是本性固有的品德，是成物、成己规律的结合，所以随时应用都很适宜。朱熹也认为，诚是从内心角度来说的，是根本。从上面的描述我们可以看出，诚实曾经被认为是一种道德境界、一种人性的根本，甚至是万物的根本。

---

① ［德］克劳斯·德纳.享用道德：对价值的自然渴望［M］.朱小安，译.北京：北京出版社，
　2002：76.
② 方向东.中庸［M］.南京：凤凰出版社，2006：66.

诚实虽然是人类普遍价值，但它也是个体生存于社会上在交往与修身的过程中形成的一种具体的道德品质或品格。由于文化的原因，把具体的道德品质描绘为一种很高的境界，容易使人做出"积极误读"，认为诚实是比较高级的道德，是"高尚的人"的品质。平常人达不到或者不需要达到。特别是在面临功利时，人们就会放弃遵守高级的道德准则，抵挡不住各种诱惑，此时，决定诚实的基本自然情感也被"隐藏"起来，这样使得诚实也往往容易陷入难以解决的困境。理论上人人都渴望诚实，但是，说谎和自我欺骗现象在人类社会生活和社会交往的各个方面无处不在。

一、人人渴望诚实：诚实是人的一种天性，亦能发挥人的本性

从某种意义上讲，我们都具有追求善和正义的本能。而对诚实的价值追求即是追求善的表现，是人们在历史长河中一直努力达到的一种品质，人人都渴望诚实。自古人们就认为诚实是一种天性，也是一种"人性"。《中庸》言："自诚明，谓之性；自明诚，谓之教。诚则明矣，明则诚矣。"①由内心真诚达到明白事理，叫作先天的本性；由明白事理达到内心的真诚，叫作后天的教化。秉性真诚就能明白事理，明白事理也会变得真诚。"自诚明"即天性，郑玄认为能做到此，是圣人；"自明诚"即人之性，能做到此，为贤人。或者出自天性，或者出自后学而能，公用相通。朱熹说："德无不实而明无不照者，圣人之德，所性儿有者也，天道也。先明乎善，而后能实其善者，贤人之学，由教而入者也，人道也。诚则无不明矣，明则可以至于诚矣。"（《四书章句集注》）

诚实是人的一种天性，同时它亦能发挥人的本性。"唯天下至诚，为能尽其性；能尽其性，则能尽人之性；能尽人之性，则能尽物之性；能尽物之性，则可以赞天地之化育；可以赞天地之化育，则可以与天地参矣。"②古人认为，人是天地之心。《尚书》中说："天聪明，自我民

① 方向东.中庸［M］.南京：凤凰出版社，2006：61.
② 方向东.中庸［M］.南京：凤凰出版社，2006：62.

聪明。"按照朱熹的解释，天下至诚，是圣人实在的德性。所谓能尽之，是指知之无不明而处之无不当。"其次致曲。曲能有诚，诚则形，形则著，著则明，明则动，动则变，变则化。唯天下至诚为能化。"这是说其次，把真诚用于推究某个方面的事理。在事物的局部也能用真诚去对待，真诚就能表现出来，表现出来就会日益显著，日益显著就会更加光明，更加光明就会感动万物，感动万物就会引起外形变化，外形变化就会一起内在本质变化。只有天下最真诚人能够引起事物内在本质的变化。"至诚之道，可以前知。……故至诚如神。"这是说掌握最高真诚的道理，可以预测未来。最高真诚像神灵一样能先知先觉。

解读《中庸》中关于"诚"的思想。我们可以看出，诚实作为人类的普遍价值，是道德个体在内心中渴望拥有这种诚实的道德价值追求，人人渴望诚实，诚实也是人的天性、本性。

二、诚实联结自由和美好的生活

从哲学的视阈理解诚实与美好生活，追寻为什么诚实是有利于美好生活的？诚实教育怎样培养追寻美好生活的人？诚实教育实践本身怎样关涉美好生活？施特劳斯的美好生活观，认为"是一种完满、恬美、健康、正义的生活，它是按照灵魂的自然而体现的完美和谐的生活。这种生活不是日常生活，不是哪个人的美好生活，而是所有人的美好生活，不是暂时的一种生活处境，而是永恒的生活秩序"①。在这样的永恒生活秩序追求向度中，诚实至关重要。

（一）诚实与美好生活

曾经有人问古希腊著名哲学家亚里士多德："你和我有什么不同？"亚里士多德答道："我们之间没有什么不同，只不过你活着是为了吃饭，我吃饭是为了活着。"他们有着不同生活目的和生活态度。一个人"活着是为了吃饭"不能说这是不讲道德的，但是不是人应该有的道德价值目标。也就是说，一个人道德价值目标必须是对自己为什么活着和怎样活着才

---

① 金生鈜.规训与教化［M］.北京：教育科学出版社，2004：261.

有意义的问题的道德思考和回答，体现着道德的要求和特点。

如爱因斯坦所言："要追求一个人自己或一切生物生存的意义或目的，从客观的观点看来，我总是觉得愚蠢可笑的。可是每个人应该都有一定的理想，这种理想决定着他努力和判断的方向。就是在这个意义上，我从来不把安逸和享乐看作生活目的的本身——这种伦理思想，我叫它猪栏的理想。照亮我的道路，并且不断地给我新的勇气去愉快地正视生活理想，是善、美和真。要是没有志同道合者的亲切感情，要不是全神贯注于客观世界——那个在艺术和科研工作领域里永远达不到的对象，那么在我看来，生活就会是空虚的。人们所努力追求的庸俗目标——财产、虚荣、奢侈的生活——我总觉得都是可鄙的。"这种生活也并不是美好的。

美好生活应包含着人们团结互助、和睦相处的心理和道德的各个方面。对美好生活的期待需要有关处世之道的教育。哲学就是把智慧化为一种真实的处世方式，也是对世界、现实、真理、生活、社会和人类精神的质疑。在任何情况下，智慧虽然可能模式有别，却都始终包含着对清醒的追求和为追求人们所认为的美好生活而行动的意志。

哲学应该致力于创造美好生活，也应该重新提出人类历史的各种重大问题，不仅涉及对世界的认知，还包括认知世界、认知方式及对认知者的认识，还需要中西哲学整合，协调灵魂、身体、精神的关系。

诚实是美好生活的基石。缺乏诚实的理性，我们就无法获得好的生活，也无法好好地生活；缺乏诚实的情感，我们就会失去爱的指引，就会增加生活与社会中的"冒险"。也就是说，诚实能够增加生活的智慧，因此能够让生活变得更加美好。

通过诚实让我们学会追求生活的智慧与艺术，而生活的智慧与艺术会奖励给人们大大小小的幸福。从个体而言，自我诚实能够更好地实现自我发现、自我反省、自我批评、自我理解、自我接纳，在与自我的对话过程中，面对自我。

除了面对自我，每个人还要面对世界的不确定性。学会去辨认与质疑生活中的虚妄、虚伪，避免错误和陷阱。"在当今时代，质疑的必要性越来越突出：虚假信息、谣言、流言不仅可以口耳相传，还可以通过互联网以前所未有的速度和广度四处传播。但人们也要知道，失控的、无限度的质疑会转变成偏执的确定性，认为一切都是假的或谎言，所以人们要学会对质疑进行质疑。"[①] 即我们需要在不确定的生活海洋中航行，因为不确定性终将难以消除。

诚实也会让人在生活教育过程中学会自主与精神的自由，诚实应该是面对不确定性的生活中的持久性战略，因为诚实一定意义上可以避免招致恶果。

（二）诚实教育与美好人生

海德格尔指出："人在日常生活中往往处于一种'沉沦'状态，而要摆脱这种'沉沦'，就必须'向死而生'。"[②] 即要接受自己终有一天要死亡的事实，在此基础上去追求更有意义的生活。

诚实教育应让人形成自己的诚实道德判断，认识到诚实作为一种善，认识到诚实的道德生活方式对生活具有十分重要的意义，实现从现有到应有的诚实价值追求，而不是在日常无数虚假的生活中"沉沦"。下面便是一个不想在虚假生活中"沉沦"的典型事例。

一个售假商人的自我救赎[③]

因为生活压力，他走上了制售假货之路。在妻子七个月身孕之际，他到工商局自首，希望完成自我救赎。"我们生活在一片恐怖里。"他说。他曾经亲自参与制造这种"恐怖"，"湾仔码头"饺子、蒙牛小布丁、伊利巧乐滋……许多冒牌货，经他手流入超市。但他却同样在走进超市买烟时害怕遇到假烟，在买肉时发现里面注了水。在自己家的超市里，他发现过假的"奥利奥"饼干、假的口香糖和假的冰红茶……刘曼决心去寻找一种期待已久的问心无愧

[①] ［法］埃德加·莫兰.教育为人生：变革教育宣言［M］.刘敏，译.北京：北京师范大学出版社，2022：24.

[②] ［德］海德格尔.存在与时间［M］.陈嘉映，等，译.北京：三联书店，2002：89.

[③] 摘自《燕赵晚报》。

的生活。……在路上，他几次"想转身逃掉"，却最终还是站在了镜头面前，并叮嘱记者们"希望你们不要把我写成一个高尚的人"。他说："我有矛盾，我有退缩，更有不想失去一切的理智。"

刘曼说："我是个活生生的年轻人，还有着即将生产的妻子。"但他说，他已经不再在矛盾里面挣扎。他希望这一切赶紧结束，彻底结束。这样他就可以踏踏实实地开始自己的新生活，哪怕这样的生活并不富裕，但心安理得。

教育源自生活，为了生活。①诚实教育涉及人所具备的"个体—社会—族类"三重性，诚实教育教授的正是处世之道，可以让人获得自主性与精神自由，让人能够辨识、避免错误与虚妄，学会真诚地生活，学会面对人生的"不确定性"。不确定性也是生活的本质，诚实教育也与人类整体命运密切相关，必然也会建立迎接"不确定性"的处世之道。通过诚实教育的多维理解，也可以让教育的多方主体建立起对话的伦理学，彼此之间实现合作，共同面对自我与命运共同体的集体生活。这不仅仅是对当下诚实教育的描绘，更是为了美好生活的实现的诚实教育变革"宣言"。

第三节　伦理学视阈下的诚实美德理解

作为一种道德教育理论，其最直接的哲学基础是伦理学。②这是从伦理学视角论述诚实美德的有力依据。诚实的人为自己确立了什么？也就是说，个体诚实的内在价值形态是如何的？这是从伦理学视角探索诚实发展，个体从"自然人"到"道德人"的道德社会化过程，也就是个体作为道德主体不断内化社会道德，确立自己的道德准则和道德观念的过程。③那么，诚实的人为自己确立了一些什么形式的诚实呢？个体诚实作

---

① ［美］威廉M.雷诺兹，［美］朱莉A.韦伯.课程理论新突破——课程研究航线的解构与重构［M］.张文军，译.杭州：浙江教育出版社，2008：173.

② ［英］约翰·威尔逊.道德教育新论［M］.蒋一之，译.杭州：浙江教育出版社，2003：218.

③ 唐凯麟，龙兴海.个体道德论［M］.北京：中国青年出版社，1993：133.

为主体在道德上的"自我立法"，主要有哪些意识形式或价值形态呢？诚实的义务观念、良心和价值目标应是个体诚实的三种基本价值形态。这三种价值形态是个体诚实在不同发展阶段上的内在价值规定或意识形式，也是不同的个体道德的基本价值规定或意识形式。

一、诚实的义务观念

诚实作为人的行为的"应当"，就是对诚实行为义务的一种规定。诚实义务观念，即在道德和伦理层面，个体有义务保持诚实、不欺骗，以真实准确的态度对待他人和自己。诚实是一种基本道德责任，是个体作为社会成员所应遵守的基本准则之一。个体内化社会诚实道德要求，为自己的行为"立法"，本质上说，就是在主观上认同和转化社会提出的诚实道德义务要求。当一个人在认识上确立了一定的诚实义务观念之后，他便在一定程度上实现了诚实道德上的"自我立法"。有"诚实的义务观念"是诚实人的一个最起码、最基本的规定，因而也就是个体道德的一个基本规定。所以，黑格尔说："道德之所以是道德，全在于具有知道自己履行了义务这样一种意识。"[①]那什么是诚实义务和诚实义务观念呢？

诚实义务是指同在一定社会生活中的人对他人、对自己和对社会具有一定的诚实职责、使命和任务。马克思、恩格斯指出："作为确定的人、现实的人，你就有规定、就有使命、就有任务，至于你是否意识到这一点，那都是无所谓的。这个任务是由于你的需要及其与现存世界的关系而产生的。"马克思、恩格斯所言的义务，是诚实义务的客观基础和社会内容。人在一定社会生活中所必然负有的对他人和社会的职责、使命和任务，一旦为一定社会阶级或集团用社会准则的形式明确肯定和规定下来，就构成了人的社会义务。其中由一定社会、阶级或集团用道德准则的形式肯定和规定下来的个人对他人和社会的职责、使命和任务，就是人的道德义务。

诚实的义务对义务主体来说，就是主体对他人和社会做自己应当做

---

① ［德］黑格尔.精神现象学（下卷）［M］.贺麟、王玖兴，译.北京：商务印书馆 1979：57.

的事情。或者说就是主体对他人和社会做与自己的职责、使命和任务相宜的事情。人与人之间彼此负有对他人诚实守信的职责、使命和任务。

诚实义务是一种客观存在的道德关系和道德要求。作为一种道德规定，集中体现道德的规范性质。对个人来说，是一种客观的任务。一般的诚实义务，仍然是一种外在于个人的道德要求，对个人具有无可置疑的客观制约要求或命令，但还不是个人在道德上的"自我立法"，还不是个体道德的意识形式。只有当诚实义务由外部义务转化为个人的内部义务，由客观的社会义务转化为主观上确认的义务，从而使个人成为自身义务的确定者、监督者和定性者的时候，或者说只有当个人理性上意识到一定的义务，因而成为自觉的义务主体的时候，义务才会成为个体道德的内在价值规定，也才是个体道德的意识形式。"责任从完成某种社会要求或道德要求的角度说明人格。"① 显然，这种能说明和证明人格的责任，实际上就是个人所意识并且自觉履行的道德义务。因此，一个人只有在他确立了比较明确的义务观念之后，才是他获得道德的自我或自我道德的开始。

诚实义务和诚实义务观念相互联系。诚实义务是诚实义务观念的客观内容，诚实义务观念是对诚实义务的一种认识和把握，这是它们之间的基本联系。诚实义务作为一个范畴，它虽然是社会诚实道德转向个体诚实道德的中介，但它作为个体所面对的一种特殊使命和任务，仍然具有先在的、确定的、客观外在的性质，不管个体是否意识到，都是客观存在的。而诚实义务观念是作为个体对客观的诚实义务的主观认同和内化形式，它恰恰是以个体的主观认识的努力为转移的。它通过个体自我意识获得，并表现为个体的一种特殊的自我意识，是一种内在意识中的、趋于主体化的"诚实义务"。如果说诚实义务对个体来说是道德客体，那么诚实义务观念则是道德客体主体化的一种内在形式；如果说诚实义务是从客观外在方面规定着个体诚实道德的内容实质，那么诚实义务观念则从内在方面规定着个体道德的主体存在状态。所以诚实义务作为一种道德范畴，

① ［苏］伊戈尔·谢苗诺维奇·科恩.自我论［M］.上海：三联书店1986：459.

它虽然是个体认识与把握社会诚实道德必然重要的思维形式，但作为诚实道德要求却只有转化为个体的诚实义务观念等形式之后，才构成个体诚实道德的内在价值形态。诚实义务观念有助于建立和维护信任关系，塑造个体道德品质和人格魅力。践行诚实义务时，个体要权衡各种道德责任之间的关系，做出合理的判断和选择。

二、诚实道德与良心

（一）良心是"诚实义务的现实"

在日常道德生活中，良心实际上被当作个体道德的代名词。一个人讲良心就是意味着讲道德；所谓"昧着良心"，或是"黑了良心"，则是指一个人丧失了道德或根本不讲道德。因为良心不仅是个体道德的一种价值形式，而且是更深刻、更能体现"人类精神自律"的一种价值形态。道德良心乃是个体道德发展到自律阶段上的内在价值的基本形态和核心范畴。前面已经把良心作为诚实的基础进行过详细的论述。

黑格尔关于良心的论述结论是："良心是比义务更高的观点""是义务的现实"。他说："道德自我意识达到了它的真理性之后，于是就抛弃或毋宁说扬弃它本身中导致颠倒的那种分裂；也就是说，抛弃自在和自我之间的，作为纯粹目的的纯粹义务和作为一种跟纯粹目的相对应的自然和感性的现实之间的分裂。道德自我意识在这样返回自身之后，就成了一种具体的道德精神，它不把纯粹义务的意识当成它自己的一种与现实意识相对立的空虚尺度；相反，纯粹义务正如那些与之对立的自然一样也是被扬弃了的环节；具体的道德精神，在一种直接统一性中，是一种自身实现着的道德本质。"① 这就是说，良心"作为义务的现实"就在于把客观外在的义务变成了内在的，体现义务要求的主体自我意识。所以，它才是一种具体的道德精神，是一种自在自为的实现着的道德本质。

---

① ［德］黑格尔著.精神现象学（下卷）［M］.贺麟，王玖兴，译.北京：商务印书馆，1979：149.

（二）良心："将心比心"？

良心根源于义务，说到底是根源于一定的社会关系。因为良心并不是什么纯粹主观的、个人的感情，更不是没有任何客观基础的和社会确定性的东西。"良心作为义务的现实"，它实质上就是一定社会关系和道德关系的主体化或个体化；良心作为个体的"自我立法"，实际上就是体现一定社会关系和道德关系的要求，隐藏在个体内心的自律性道德法则。所以良心作为对义务的内化，不仅总是同个体修养状况有关，也受到文化素养的制约。马克思说："良心是由人的知识和全部生活方式决定的。"

虽然良心被看作是一个人能够"将心比心"的"好心""善心""善良之心"。所谓"将心比心"，既是一种道德思维方式，又是一种真诚待人的态度。它作为一种道德思维方式，就是指一个人待人处事能够推己及人，由自己想到别人，由别人想到自己，拿别人的想法与自己的想法相对照。它作为一种真诚待人的态度，指一个人具有像希望别人对待自己那样对待别人的心态，或是指一个人能设身处地地为别人着想。但良心不能被看作是抽象的将心比心。

（三）"凭良心办事"使人变得诚实

真实的良心，必定是实现着、显示着巨大生命力的良心。实现着的良心对于其实现主体来说，无疑意味着凭良心办事。"凭良心办事"首先就意味着良心构成了主体行为选择、调控和评价的内在价值依据。这样良心是个体道德行为隐藏的调节器。良心作为调节器在行为的三个基本环节上的作用，用费尔巴哈的话说，就是所谓"行为之前的良心、伴随行为的良心和行为之后的良心"。

在行为之前，良心作为行为选择的内在价值依据，对个体行为动机的选择起着自我制约的作用。动机不仅是行为的发动者，而且规定着行为的性质和方向。因此，行为主体在行为前总是要根据一定的价值准则，对行为的动机进行价值选择。这时良心作为行为主体的内在价值要求，通过一定的心理机制对动机进行价值定性和价值定向，发生自我检查和自我规范作用。

在行为过程中，良心起着监督的作用。良心对个体道德行为进行中的情感、意志、信念以及行为方式和手段的作用方向，始终是一个隐蔽的跟踪着的监督所。对那些符合其价值定向的要求的情感、意志、信念以及行为方式和手段，它便给予鼓励和强化，否则给予否定和弱化。良心是保持个体行为正确价值方向和价值选择路线的内在价值依据和心理监督机制。

在行为之后，良心对行为后果起着自我评价的作用。这里，良心是建立在个体心灵深处的道德法庭，对行为后果的善恶好坏，它既是庄严公正的内在道德法则，又是铁面无私的法官，并总是要对行为后果进行严肃无私的善恶分辨与裁判。当个人做了符合其要求并产生积极后果的事情之后，它会使人产生满意和欣慰的心理感受和体验，相反它则会使人因为自己的道德过失而产生痛苦的心理折磨，使人愧疚不安，乃至无地自容。正是良心的这种自我评判作用，又引起了人们对自身过失的检讨、忏悔或追悔莫及。

良心作为个体道德的内在价值形态，它是以准则自律的形式和个体在道德上自我控制的方式，在个体的道德生活中发生作用的。黑格尔在其《法哲学原理》中指出：良心对个体来说，它是个体在道德上对自身存在的价值的一种自我确信，是个体在道德生活中的一种"特殊性的设定者，规定者和决定者"。良心作为个体道德的内在价值形态，在主体机制上是以自律为基本特征的。但是，良心对主体来说是一种自我约束机制，因而也就说明个体在这里所获得的道德自由仍有局限性，同时它的形成总是与个体的各种心理层面（理性、情感、意志乃至潜意识）相互之间存在着联系，这样良心机制中存在着一些因素会使之具有主观性。所以，凭良心办事值得称道，能够使人思想变得诚实，但并不能保证人能够永远做出诚实的行动。

三、诚实价值目标：从现有到应有的价值追求与道德原则

人类道德体系的原则包含生命价值原则、善良（正当原则）、公平（公正）原则、说实话或诚实原则、个人自由原则等。其中，诚实原则可以说是公正原则的推论。"在任何道德体系中，或者两个人或更多人之间的任何道德关系中，富有意义的交往都是完全必要的。有关诚实的基本协议是道德交往的必要条件，但这种协议对于建立和维持任何充满活力的、富有意义的人类关系（道德的或超道德的）都是至关重要的。人们需要建立起具有互信感的关系，从而相信彼此间的所言所行都是各自思想感情的尽可能诚实坦率的表达。道德归根到底决定于人们的所言所行，所以在人类关系中必须尽量做到真诚诚实。"① 即诚实价值目标是指个人对诚实道德价值的总体追求和向往，或是他想通过自己的诚实道德活动和实践所要实现的诚实道德价值追求。

在现实生活中，人们在面对功利与诚实进行选择的时候，虽然愿意把获得利益放在第一位，把满足自己的欲望放在第一位，放弃追求诚实道德，这可以满足一时之需，可能会选择说谎、欺骗等。但是说谎与欺骗往往会剥夺他人权利，导致对他人的不公平，造成人际关系中的不信任，违反公正性，也会让整个群体蒙受损失与苦难，破坏普遍的社会信任等。而且在面对自己的时候，不能满足精神上的追求，也是痛苦的。所以，即使现实中到处存在不诚实现象，但并不阻碍个人去追求应有的诚实价值追求，以实现长远的快乐或幸福美好生活。

如果当一个人将诚实义务定向和道德良心指归提升为支配自己的道德实践活动的明确意向和总体趋向之后，就意味着这个人已经形成或确立一定的诚实道德价值目标，也说明这个人的个体诚实道德已经发展到一个更加成熟的阶段了。这时这个人才会在思想上追求诚实，在行为上实践诚实。"儿童必须具有对于其功能在于规范他的偏好的规则的经验，

---

① ［美］雅克·蒂洛、基思·克拉斯曼.伦理学与生活［M］.程立显，刘建，等，译.北京：世界图书出版公司，2008：152.

他必须了解这些规则在具体情境中意味着什么。立法作为一个社会过程，常常是逐渐地从杂乱无章的习俗中发展出来的。一些规则被筛选出来，并且得到更为准确的表达。一个类似的发展过程也会发生在儿童思想中。"①也就是说，儿童接受诚实并把它作为一种道德品质或品格，运用在自己的生活与交往过程中，不只是因为挨"耳光"做到的，一定存在着一种声音、一种观念在进行有力的调节。即追求个人的一种价值目标，做到养成诚实的习惯，以形成诚实的品质或品格。

从伦理学视阈理解诚实教育是通过如下过程来实现的：即"大人总是对的"（孩子应该诚实）——他律阶段，这个阶段上的个体核心道德范畴就是义务观念；"问心无愧"——自律阶段（儿童为自己能够诚实感到骄傲），体现这个阶段的个体道德核心范畴就是良心；"从心所欲，不逾矩"（在复杂的社会环境中保持诚实之心）——自律与他律的统一。个体道德核心范畴就是个体的道德价值追求，在伦理学上也被称为价值目标。一个人确定了明确追求诚实的价值目标后，并为这一目标而努力，就表明其道德发展已经进入自律与他律相统一的阶段，它作为个体道德发展的必然阶段，实际上是自律道德在长期实践中积累的结果，是人类道德主体化的一种升华。

综上，教育应当思考人类境遇所具有的个体—族群—社会三重特点，从而引出"人类伦理"。②21世纪，"全球居民"在思想上应该呼唤、认同诚实伦理，促进个体的自主性、社群的团结精神及对于人类的归属感的共同发展。无论是个人的诚实伦理，还是社会的诚信伦理，相互之间建立彼此监督的关系，建立人类命运共同体的伦理理解，让诚实守信成为"全球居民的意志"。那么，未来生活与社会文化一定是充满诚与真的美好。当时，这也是未来社会的伦理学目标。

---

① ［英］彼得斯.道德发展与道德教育［M］.邬冬星，译.杭州：浙江教育出版社，2003：30.

② ［法］埃德加·莫兰教育为人生：变革教育宣言［M］.刘敏，译.北京：北京师范大学出版社，2022：110.

第四节　心理学视阈下的诚实发展理解

构成诚实这种道德品质的目标和动机的特点到底是什么？诚实品质是否还有某种确定的方法和精神，它是如何的？诚实品质可以被看作是社会结果的实现和社会结构的维持，也可以认为是个体的态度和倾向、意向。正是这种把诚实品质看作是个人表现和个人活动方式的观点，把我们的目光从诚实的社会方面引向心理学。从心理学视阈理解诚实是一个复杂多维的过程，涉及个体的道德发展水平、自我认同感、情绪管理能力、心理需求动机等各类因素，它们共同影响诚实的行为表现与发展。

关于儿童的诚实问题的研究，皮亚杰的关于"超验的"道德阶段向"自律的"道德阶段发展，是说儿童最初从父母那里学得对他人的情感并发展成为对同龄群体成员的同情，这是良心发展的前提条件。这种发展主要是通过简单模仿且借助于被心理学称为"自居作用"的很不确定的过程而发生，而"自居作用"导致一种"自我理想"的形成。

弗洛伊德的"超我理论"，核心问题是他对良心的形成的解释在何种程度上证实了皮亚杰关于儿童处在超验阶段时对规则的态度的研究结果。他的研究从人性的角度，又把情感的地位提升到一定的程度。

在心理学领域，哈桑和梅对儿童诚实道德品质问题做过实验研究。1928 年，哈桑和梅在关于儿童品性方面所做的实验研究中，一部分集中于对诚实的探讨，将诚实规定为在实验情形中绝不欺骗和偷窃。研究发现几乎每个人都在某些时候欺骗过人，只有极少数人从未欺骗过人，也只有极少数人是一直在欺骗人；欺骗具有一定的情境性，即某人在一种情形中欺骗人，但不能保证他在另一种情形中是否欺骗人；人们在口头上主张诚实是道德的价值，但和他的实际行动并没有关系；一个人决定欺骗与否在很大程度上取决于是否便利；欺骗取决于欺骗行为暴露的危险程度和欺骗所得的效果的大小；即使诚实的行为并不是因为害怕惩罚和被人察觉，而主要是源于团体赞成和榜样的直接环境因素的影响；诚实取决于文化价值——

力量，但这些价值是相对的，是特定儿童所属的那个阶层和团体所特有的。

哈桑和梅的实验研究的结果其实已经不仅仅局限在关于诚实的问题，也表现在自我控制的研究方面。他们的研究给后面的研究者很多启示，后来很多研究道德行为的人本质上都运用了他们的测量程序，并得到本质上相同的结论。哈桑和梅的实验结论显然具有"道德相对主义"的味道。就像伯考威茨所说，哈桑和梅首先做出社会相对论的假说，他们轻而易举地开始做出相对论道德行动的定义，实际上他们的所做所为与相对论的假设毫无二致。这里我比较赞同伯考威茨的观点，他认为道德价值是一定社会的成员公认为"正确"或"错误"的行为的主体性评价。其实，诚实这种品格就具有道德价值，但是并不能忽略或否定主体的情感问题。

一、诚实发展的条件

道德是交往行为的逻辑，诚实更是人们在交往过程中需要遵守的"行为逻辑"。其实，一个人学会诚实，然后一直保持诚实或者从诚实到不诚实都是一个渐进的过程。它的发生与发展需要一定的条件。实际上儿童的诚实道德发生与发展就是儿童对诚实这种行为逻辑的逐步建构。大多数人都不是"天生的骗子"——人们常常这样说。

（一）诚实的认知发展与判断能力条件

儿童出生以后，就会被生活中一系列的行为规则包围着。儿童在交往过程中，逐步对诚实这种行为逻辑进行建构的过程，实际上就是在认识交往过程中需要诚实这一行为规则。科尔伯格认为，个体的道德发展沿着垂直和水平两个序列发展。垂直序列的发展是由道德低级阶段向高级阶段的推移，水平序列的发展是从认知发展经社会发展向道德认知发展和道德行为成熟的推移。[①] 个体诚实的发展亦遵循整个道德发展的序列图示。[②] 具体如表 2-1。

---

① 郭本禹．道德认知发展与道德教育——科尔伯格的理论与实践［M］．福州：福建教育出版社，1999：88．

② 郭本禹．道德认知发展与道德教育——科尔伯格的理论与实践［M］．福州：福建教育出版社，1999：88．

表2-1　个体诚实道德发展序列

道德发展的垂直序列图示	道德发展的水平序列图示
道德阶段 1	智力或认知
↓	
道德阶段 2	↓
↓	
道德阶段 3	角色承担
↓	
道德阶段 4	↓
↓	
道德阶段 5	道德判断
↓	
道德阶段 6	↓
	道德行为

　　儿童的认知发展是制约其道德发展的重要条件。但是，个体的诚实道德思维不是逻辑思维在诚实道德问题上的单纯运用。因为诚实道德本身就存在结构的特质。儿童对诚实道德品质的认识是儿童对"外部道德主体"[①]之诚实行为规则的建构。但是科尔伯格也指出社会认知或角色承担发展对道德发展的重要作用。

　　（二）诚实的社会认知发展条件

　　经过许多研究表明，我们都认可一个结论，那就是儿童智力发展虽然是其道德发展的必要条件，但智力发展本身并不直接导致道德发展。思维发展与道德思维发展并不是直接关联的，它们之间需要中介来实现，那就是社会认知发展。

　　诚实道德的发展具有社会属性，它来源于个体之间、个体与群体之间、群体与群体之间的相互作用。对个体而言，科尔伯格称之为"角色承担机会"。发展心理学家塞尔曼也把社会角色承担称为社会观点采择，指的是一种社会认知，个体在他们相互作用过程中想到他人的态度，意识到他人的思想和情感，设身处地从他人的角度看待问题。[②]诚实道德实

---

① 刘晓东.儿童精神哲学［M］.南京：南京师范大学出版社，1999：156.
② 郭本禹.道德认知发展与道德教育——科尔伯格的理论与实践［M］.福州：福建教育出版社，1999：92.

质上反映的是个体之间或者个体与群体之间的一种特殊关系。在这种关系中包含着认知、情感方面，也涉及自我与他人之间的组织结构关系，还包括社会各种角色之间的联系，同时，在各个过程中，同情与移情具有举足轻重的作用。这些都构成了诚实道德发展的必要条件。也就是说，诚实道德发展，对诚实的判断与推理的重要前提与基础就是承担他人角色或采择他人观点，这种能力在儿童发展的每一个阶段，甚至在成人发展的每一个阶段都非常重要。诚实道德的发展能力在某种意义上讲也是一种社会能力。具有这样能力的人组成的社会才能形成相互信赖的关系，相反则不可能。

科尔伯格认为，个体的社会认知发展是一种整体性结构的发展，他称为"社会道德观点"的发展，包括角色承担和道德判断两个方面。他说："从我们的观点看，还有一个更一般的结构性概念，它包括角色承担和道德判断，这就是社会道德观点概念。它既指个体承担的社会事实观点，又指个体承担的社会价值或'应该'观点。"① 诚实发展遵循一般道德发展的过程。

二、诚实发展的动力

有机体为什么能够产生行为？人和动物的行为有什么不同？人与人之间为什么有思想与行为上的差异？动机研究在于探明人类与动物为什么能够思想与行为的原因，也可以说，动机是研究决定思想行为的因素，对行为的发动、维持、制止，以及选择做出解释。② 是什么激发了诚实？诚实是在什么样的动机与思想支配下产生的。

（一）诚实的认知与情感动力

个体诚实的发展需要具备相应的理智发展条件，而且要具备相应的社会角色承担发展机会，在这两个条件共同作用下，才能使诚实道德获得

① 郭本禹.道德认知发展与道德教育——科尔伯格的理论与实践［M］.福州：福建教育出版社，1999：96.
② ［美］伯纳德·韦纳.人类动机：比喻、理论和研究［M］.孙煜明，译.杭州：浙江教育出版社，1999：1.

发展。科尔伯格认为，个体道德发展的动力既不是来自于他的先天成熟，也不是来自他的后天学习，而是来自个体与社会的相互作用。在这种相互作用过程中，随着个体承担社会角色机会的增多，个体的道德经验不断结构化，不断同化吸收和调整平衡新的道德经验，从而使个体的道德结构产生新的质变，飞越到新的发展水平。个体的道德认知就是在一次又一次从不平衡到平衡的质变过程中得到发展的。正如科尔伯格所说："（道德）阶段或心理结构并不取决于机体，虽然基于内在的组织倾向；阶段也非儿童的文化和外部世界的直接反映，尽管要依赖对它的经验组织。阶段是儿童和世界相互活动的经验之物，正是这种经验导致儿童自身组织的新结构化，而不是将文化模式强加给儿童。"[①]同时，在儿童对诚实的认知过程中必不可少的就是情感。情感的敏锐性和情操的素养犹如一种动力，推动学生去思考道德教导和规劝的实质所在。

苏联学者们的研究早已证明，大脑皮层的活动刺激神经中枢——兴奋中心。巴甫洛夫认为："大脑皮层活动的主要冲动来自皮层下中枢。如果排除了这些情绪，那么大脑皮层就失去了力量来源。"[②]这些关于研究人高级神经活动的科学，可以帮助我们理解儿童心灵深处所发生的一切活动。正如皮亚杰在儿童的心理结构中发现了三种能够影响儿童道德生活的情感或情绪倾向。第一种是爱的需要，从婴儿期到青少年期，它以各种形式起着主要作用。第二种是对那些比自己大、比自己强的人有一种畏惧感，这在他的服从和信奉行为中所起的作用是不可忽视的。第三种情感是混合的，同时由爱和恐惧组合而成，这是道德哲学家都很注重的尊敬情感。"对有些人来说，尊敬构成了一种衍生类型上独特的情感状态，就像爱和恨一样，需要有其他的人作为对象，但它直接依附这些人所体现的道德价值或规定，尊敬一个人，转为尊敬他本人表现的道德规则（康德），

---

① 郭本禹.道德认知发展与道德教育——科尔伯格的理论与实践［M］.福州：福建教育出版社，1999：97.

② ［苏］苏霍姆林斯基.帕夫雷什中学［M］.赵玮，等，译.北京：教育科学出版社，1983：239.

或者他所代表和使用的纪律（杜尔凯姆）。"[1]这几种情感也对儿童诚实的发展具有强力的促进作用。

（二）诚实的"理性热情"

从认知的角度考虑诚实发展的机制是一条合理途径，就如同皮亚杰、科尔伯格等心理学家认为的那样，认知结构在儿童道德发展中具有非常重要的作用，那么，在具备了诚实发展的认知条件与动力的同时，情感在道德发展过程中所起的作用亦非常重要。某种程度上说诚实发展的机制不可能离开情感因素。如苏霍姆林斯基所言："情感，是道德信念、原则性和精神力量的核心和血肉。没有情感，道德就会变成枯燥无味的空话，只能培养伪君子。正是由于这个原因，形象地说，由道德概念向道德信念的甬道是以行为和习惯为起点的，而这些行为和习惯则是充满深切情感并含有孩子对待他所做的事情和他周围发生的事情的个人态度。"[2]这里借用彼得斯在其《道德发展与道德教育》中所用的"理性热情"一词，以清楚地阐述诚实情感在诚实发展过程中的动力机制作用。同时也对"诚实的认知并不能导致诚实行为"观点做出评价。

从诚实发生发展的动态来看，儿童借助于各种途径获得对诚实的基本原则与规范的认知或者选择，这种直接或间接地对诚实的认知对儿童的诚实道德发展来说非常必要，但是只有这些还是不够的。"因为仅有合理的认识、判断并不一定产生理性的道德品格与道德行为。这中间需要存在一种将道德认知转化为道德行为的结构，这种结构既是一种道德发展的动力机制，本身又是一个道德发展的客观阶段或过程。这一结构就是所谓的作为积极情感的最高形式的理性热情。"[3]那么，理性热情作

---

① ［瑞士］皮亚杰.皮亚杰教育论著选［M］.卢濬，选译，北京：人民教育出版社，1990：103.

② ［苏］苏霍姆林斯基.帕夫雷什中学［M］.赵玮，等，译.北京：教育科学出版社，1983：194.

③ ［英］彼得斯.道德发展与道德教育［M］.邬冬星，译.杭州：浙江教育出版社，2003：220.

为一种高级的理性情感，如何使诚实发展机制得到实现呢？

首先，理性热情强化对"需要诚实"这种诚实道德原则的认识与情感。理性热情是一种对基本原则的强烈情感。如果我们受到不准确和欺骗现象的强烈刺激，我们自然就会产生强烈的抵抗性的情绪反应，即理性热情呈现为对违背和损害基本的诚实原则的行为的反感，以维护诚实这一理性行为，在这种意义上来讲，它强化了对诚实原则的情感与认知。

其次，理性热情促使成诚实原则个人化。即要使诚实的原则或规则对个体产生稳定且恒定的作用，除了对诚实抱有基本的积极情感以外，重要的是使诚实变为自己的原则，诚实行为的正当理由转化为实际理由。意思就是说，让诚实的基本原则内化为行为准则，避免为了外在的目的"虚假的或间接的"角色扮演，完成出自内在动机的角色承担，这其中就需要通过理性热情使行为具有强烈动机，或者说把行为化为动机，完成从诚实基本原则—理性热情—诚实行为动机的转化过程。也就是通过理性热情，间接的诚实原则变成直接的诚实行为。这也就是我们通常所说的，通过从他律到自律的过程使个体诚实。

最后，理性热情从表现形式上看，它是一种对道德基本原则的强烈的喜爱和追求的倾向，因此起着动机的作用，它驱使个体对基本原则的内化。从内容上看，它是对公正、利益考虑、尊重他人、自由以及讲真话等基本道德原则的热情，同时也是对与这些基本原则相关的普遍性、一致性、相关性、准确性、清晰性等特征的要求。作为原则的内化，它建构了理性者现实的活动、判断和理论探讨，并赋予它们以意义。① 理性热情作为连接诚实认知与诚实行为的中间环节，成为一种诚实发展的动力机制，有助于个体把他律的诚实要求转变为自律的诚实品质或品格。这种对诚实的理性热情达到诚实情感与诚实理性的内在一致，也就是说它使个体

① ［英］彼得斯.道德发展与道德教育［M］.邬冬星，译.杭州：浙江教育出版社，2003：223.

的诚实道德选择、决定和行为成为一种挑战和快乐，而不是一种自相矛盾和精神折磨。

三、诚实价值观与面向可持续发展的未来美好生活

亚里士多德很早就提出：人是社会性动物。我一直都认为，社会心理学有时候可以点亮人们的生活。其中，社会思维、社会影响和社会关系的原理对人类的健康福祉，对可持续的人类未来与美好生活而言，都非常具有借鉴意义。

社会心理学也特别关注和研究人的价值观形成与改变，以及它们如何影响态度和行为。或者说社会心理学完全是关乎生活的——你的生活、你的信念、你的态度、你的社会关系。[①] 因此，从社会心理学角度思考诚实价值观与面向可持续发展的未来美好生活，是新时代的追求高质量的、美好生活的必经之路，也推动人们充满关怀地积极思考"我们该如何建构我们的世界"。每个人因为诚实、信用、守信等价值及行动，可以拥有真诚、信任、和谐、友善的"支持型"关系世界，拥有快乐、幸福而美好的生活。这应该是当今时代每个人心中期待与向往的美好生活。

新时代的公众、政府需要采取多维措施，助推人们的价值观有动力发生"变革"，正视并"认识到物质主义的价值观使我们的生活更不快乐"，"分辨出生命中比经济增长更重要的东西，并努力去完善它们"[②]。如果丰富的物质不能提高人的生活质量，不能让人感觉到幸福，在社会适应与比较中，人们发现"一个对世界具有更深层责任，意味着我们要对一些比自己更重要的事情负责"[③]。人们开始相信丰富的物质生活并不能赋予我们美好生活，那么意识就会发生改变。

---

① ［美］戴维·迈尔斯.社会心理学［M］.侯玉波、乐国安，张智勇，等，译.北京：北京人民邮电出版社，2016：9.

② ［美］戴维·迈尔斯.社会心理学［M］.侯玉波、乐国安，张智勇，等，译.北京：北京人民邮电出版社，2016：599.

③ ［美］戴维·迈尔斯.社会心理学［M］.侯玉波，乐国安，张智勇，等，译.北京：北京人民邮电出版社，2016：599.

社会心理学认为，有助于真正美好生活的东西——亲密牢固的友谊、充满希望的信仰、积极的思维习惯、全身心投入的活动——是永久常在、可持续的。[①] 在幸福的"成分"里，个人的幸福感（情绪健康、生活满意、充满活力、复原力和自尊）发挥着积极的功能，能够让人获得生活的目的与意义，促进人诚实、守信的行为发生，也容易让人获得积极的、支持性的关系和信任，进而获得归属感。我们相信"快乐的人，他们表现出更多的信任、关爱和敏捷"[②]。诚实的价值观与行动需要积极的情感基础，或者说诚实本身就是有助于"美好生活的东西"的组成部分，更是健康、幸福、美好生活的价值基础。

综上所述，在认知心理学、社会心理学等角度看，理解诚实发生与发展是内因与外因相结合起来的结果。同时，在人精神世界最复杂的那些过程中，通过内外因的共同作用可以使之形成诚实信念，也可以把诚实观念转化为有血有肉的具体诚实行为与行动。"为了建立一个可持续的令人满意的未来，我们个人和社会都应该努力寻求人与人之间密切的联系、充满希望的信仰、积极的思维习惯和全身心投入的活动。"[③] 在人类命运共同体中，每个人都可以承担在现代世界中自己的责任，因为诚实而学会尊重、学会联合与合作、学会信任，共同促进可持续发展的生活方式，提升每个人当下的幸福感，也要考虑到未来可持续的幸福生活，提升国民幸福感。近期网络统计数据显示，南京是全国最具幸福感的城市。这种百姓普遍的"具身认知"似乎让人看见了美好生活价值追求在人们心目中已经生根，感受到普遍的社会信念维度在增强，这些都是社会诚实、信任道德的价值根基。

---

① [美]戴维·迈尔斯.社会心理学［M］.侯玉波，乐国安，张智勇，等，译.北京：北京人民邮电出版社，2016：599.

② [美]戴维·迈尔斯.社会心理学［M］.侯玉波，乐国安，张智勇，等，译.北京：北京人民邮电出版社，2016：99.

③ [美]戴维·迈尔斯.社会心理学［M］.侯玉波，乐国安，张智勇，等，译.北京：北京人民邮电出版社，2016：601.

第五节　社会学视阈下的诚实信仰理解

从社会学视阈理解诚实信仰，可以看到社会价值观念、文化和道德规范在个体行为上的体现。这种信仰的形成和发展受社会环境、文化背景和教育多种因素影响。诚实信仰对社会秩序稳定、社会繁荣、社会和谐产生积极深远的影响。"诚信之于社会在于弘扬实事求是的求真精神和公平公正的契约精神，以法制合理性规范道德自在性，构建公平、稳固的社会伦理之根，构建全社会的道德团结。"[①] 社会学视阈下的诚实，不仅仅指向个人的自我道德价值追求与品格提升，对国家或者政府来说，以法律制度和"诚信体系"的构建来规范自身也规范个体诚实、守信的道德自律，通过社会机制更大范围内保障公平公正和社会治理的有效性。因此，诚实应成为社会信仰。

一、不诚实：现实社会价值信仰危机

我们从一种从客观的社会观点来看，我们所生活的当代社会具有一些独一无二的特征使诚实问题尤为突出。从社会学观点来看，诚实是超出个人的特殊生活环境，与人类社会生活、制度或历史有关的威胁社会多数成员价值观、利益和生存条件的公共问题，是一种社会问题，它的根源在社会而非个人。从表面上看它是人们普遍的不诚实、不守信用和不信任他人的社会现象，而实际上是社会成员在相互交往的过程中，由于缺失有效性承诺所导致的缺乏基本信赖的普遍不确定乃至不安全关系状态。

在社会各个领域以及日常生活中的很多不诚实问题，看似道德的问题，而实质上是诚实价值信仰的危机，社会既有价值观、行为模式被普遍怀疑、否定或被严重破坏，逐渐失却对社会成员的影响力与约束力，社会成员发生存在意义危机，行为缺乏明确的社会规范约束，形成社会

---

① 曹克亮."交往诚信论"的社会学反思——基于职业伦理与公民道德视角[J].西部学刊，2019（4）：28.

规范的事实真空、缺失，呈现出某种紊乱无序状态。

随着社会结构与经济体制的不断转变，人们在模糊的状态下被带入到一种新的生活状态之中，让人们感受到诚实、信任危机的存在，原本拥有的信任安全荡然无存，个人开始面对较大的社会风险，人们自然地要反思自己的价值观和行为规范系统的合理性，"计算"起得失。同时，原有的基于传统文化的精神价值信念的敬畏、仰慕也开始变化，让个人、集体中安身立命的根基开始动摇，生命开始出现无根基的"悬浮"状态，对社会规范、秩序的遵守开始消退。特别是在网络社会，人群流动特别大，利益分配失衡，这都加剧了诚实、信任的危机。

当今时代，个体因为社会生活中的价值失却、个人情感依托失却，进而带来更多的没有安全感、恐惧、焦虑、厌恶等行为无序状态。人们在复杂社会生活中的价值观也容易被极端的事件而"刷新""击碎"，让人开始"怀疑"自己原来的生活经验和生活范式，让生活的不确定性与不可预期性滋生出更多的不安全感，对生活的信心与信赖逐渐减弱。

当然，我们细致地对传统伦理，文化、社会变革，历史发展以及现代社会制度等方面进行分析，也会同样得出这样的结论：不诚实是现实社会的价值信仰危机。

二、诚实与信任：维系社会运转的基本纽带

在社会学领域，诚信（更多的时候使用"信任"这个概念）被普遍认为是一种社会资本。社会学对于诚信问题的研究重点在探讨人际信任问题，着眼于社会结构、文化规范、制度变迁等方面对个体诚信的影响。从社会学观点来看，全社会普遍的信任危机现象的社会问题根源主要在社会制度，因此，关于诚实的社会制度的建设、诚实文化建设是形成良性社会诚实、信任循环的保障。

所有社会都遵循既互补又对立的准双重逻辑：一个是面向外部世界，特别是面对敌人时表现的团结一致的社群逻辑；另一个是和平时期包含

竞争、敌对和冲突的社会化逻辑。① "我们的世界已经变得非常相互依存。在每一个社会中角色、功能、职业、特殊兴趣、生活风格和品位的分化和特殊化已经达到很高的程度，比任何时候更无可避免地表现出迪尔凯姆意义上的'有机团结'。"② "正在形成中的全球性依赖，将只会增加对作为合作的重要条件的信任需求的增长。"诚实是团体合作的基本原则，诚实所造成的社会上的相互信任的气氛，是维系一个社会正常运转的基本纽带。没有一种起码的相互信任，社会就无法存在。而说谎和欺骗却腐蚀着这一基本纽带。从长远看不诚实会造成严重后果，而诚实会对个人、对他人、对社会都能够产生良好的后果。

但是，我们需要去思考通过哪些机制使人们重新遵守、拥有"群体共有的伦理规范"，让诚实的基础获得保障，因为诚实而利他，让诚实成为人们的自觉追求，也让社会生活中涉及的成本、效率、信用等市场经济生活规则在思想观念和伦理道德上进行反应，形成诚实为本的思想。

综上，通过生物学、哲学、伦理学、心理学、社会学等学科视阈，对诚实进行理解阐释，我们不能不承认人的复杂性。"人是个体—族群—社会"的三位一体，三者不可分割，形成递归圆环（递归中，原因和结果是构成表达因果关系不可或缺的；因此人的个体是种群再生产过程的结果，但是同时两个个体的人又是再生产过程中必不可少的因素）相互包含。人同时是物理的、生物的、心理的、文化的和历史的存在，人在本性上具有复杂的同一性。③ 个体与整个社会之间相互关联，整个社会都通过个体的语言和文化得到表达。

而每个人都不能忽略人类境遇所具有的个体—族群—社会三重特点，

① ［法］埃德加·莫兰.教育为人生：变革教育宣言［M］.刘敏，译.北京：北京师范大学出版社，2022：11.

② ［波兰］彼得·什托姆普卡.信任：一种社会学理论［M］.程胜利，译.北京：中华书局，2005：15.

③ ［法］埃德加·莫兰.教育为人生：变革教育宣言［M］.刘敏，译.北京：北京师范大学出版社，2022：98.

应该将各个领域、学科知识整合组织，认识到人的复杂性与同一性，共同关注人所居住的星球未来的命运，我们不但要面临共同生死存亡的问题，也要面临共同生活在人类命运共同体的价值延续与复兴问题。

第三章　回应：诚实教育的可能性与时代挑战

把我们生活中可能出现的多种风险融入教育的过程，承认我们人类所有的复杂性——不论是单一的还是多元的，充分理解他者与我们之间的相似性和差异性，学会面对未来日益增加的不确定性，建立地球命运共同体的意识。

——埃德加·莫兰

本章导读：

人是诚实道德生活的主体，通过教育创造一种有利于人诚实道德生长的价值浸润环境。通过教育环境影响，促使诚实道德学习过程这一心理形式与特定的道德文化相结合，即实现诚实道德学习主体对特定价值环境的认同，以完成其诚实道德心理的真正"建构"。

诚实是世界各个民族公认的人们共同生活及行为的基本准则和规范，它作为最基本的道德被列入了道德教育的目标与内容之中，而且处于非常重要的地位。因为所有的道德只有建立在诚实的基础上才是真实可靠的。

从世界范围看，诚实道德危机主要是由于家庭、社区、学校等教育机构在现代发生巨大变革导致的，但从其思想根源上看，则是由于整个现代社会"丢弃"了普遍性价值观体系，忽视了传统的诚实美德，而走向了相对主义极端的结果。

要扭转家庭、学校、社会等场域的诚实、守信道德危机，我们需要认识到诚实不仅是作为传统美德应该得到保留，而且需要重新认识到诚实这一具有普适性的道德在当今时代的重要意义。

诚实教育需要直面各种冲突，正确认识并把握诚实道德价值的绝对性与相对性。在相互交流、相互碰撞、相互冲突、相互适应之上，建立相互尊重、相互理解、相互学习、相互促进的多元社会道德体系是一种现实追求与诉求，也是能够成功面对时代挑战的最佳途径。

第一节 新时代诚实教育的可能性

关注与重视道德问题的人都试图从不同视角探索解决道德问题的途径与方法，也都不约而同地将目光投向了教育，寄希望于教育，渴望教育能够承担起道德教育的责任。对诚实问题的关注与探索也不例外，因为我们在受教育的过程中，一直都把诚实作为良好的道德品质予以灌输。但是，由于道德教育的实效性差，因此总是引起人们对教育的质疑。那么教育是否真能够承担起这样的使命呢？教育如何来承担这个使命？

我认为教育是有用的，教育能够而且应该承担起道德教育的责任，教育本身就具有道德教育的功能，诚实也需要教育。

如今人们对道德的理解已经从理论和实践两个方面都远远地超越了康德时代，摆脱了传统的理性主义，进入用非理性进行思考和解决实践问题的后现代。信息社会伦理道德更是要求被分裂的两重人格要合二为一，即内外融合，表里如一。特别强调要发现或恢复那久被遗忘的人性中的原始成分，重视人性得以存在和表现的基础和条件。诚实教育应在其中起着非常重要的作用。

不论哪个时代的人，都希望能够拥有良好的德行，都希望能够过上有德性的生活。特别是儿童，他们天生就比较酷爱善。而有德性的生活包含了以他人为导向的美德——诚实。若要使儿童形成良好的诚实品格，我们就更需要诚实教育。

一、诚实教育的可能性

（一）诚实可教吗？

道德是可以教的吗？道德是可以教的，这基本上是所有教育家的基本假定。《大学》中开宗明义就说："大学之道在明明德，在亲民，在止于至善。"王夫之则言："天无所不继，故善不穷；人有所不继则恶兴焉。""教者皆性，而性必有教，体用不可得而分也。"众所周知，这是古希腊时期诺曼向苏格拉底提出的问题①。按照苏格拉底的看法，没有人喜欢或者追求恶，作恶的原因是对善的无知。科学的知识和道德的真知都是智慧或知识。道德的知识不过是知识的一部分。一个真正有知识的人，他的灵魂一定是智慧的。一个拥有真正智慧的人，他的灵魂就一定会将他引向正确的行动。有了善的灵魂就不会做出不道德的事。相反则可能纯系偶然、伪善或好心办坏事。自然，苏格拉底的结论是：道德是可教的②。关于道德的"知识"是可以通过概念的界定去明了和学习的。但是道德又不仅仅是知识，它是一种人们践行道德的"识见"，不可能通过说教与学习去获得，需要作为道德主体的受教育者进行彻底领悟。

诚实教育的可能性即是问"诚实教育何以可能？"这实际上包含了三个问题，即"诚实是可以通过教而学会的吗？""什么是教？""诚实为何可以教给儿童？"诚实绝不是诚实的理论与知识，而是指具有诚实的情感、意志与行动。杜威曾经提醒我们注意区别作为品性一部分的"道德观念"和作为纯粹道德知识的"关于道德观念"，"关于道德的观念，关于诚实、纯洁或仁慈的见解，在性质上是不能自动地使这些观念变成为好的品性或好的行为的"③。但是，具有诚实品质或品格的个体生成又是在一定的价值情境或价值影响中完成的。诚实教育之"教"如果理解为直接的诚实教育和间接的诚实教育的统一，教授、学习与实践的统一，诚实之知、情、意的学习的统一，则诚实是可以"教"的。

其实，诚实不像是我们能教育孩子应该不侵犯他人财产那样能教育的东西。它是教师需要在受教育者中培养理解它的一种品质，让受教育者

---

① 苗力田.古希腊哲学［M］北京：中国人民大学出版社，1989：239.

② 檀传宝.学校道德教育原理［M］.北京：教育科学出版社，2003：39.

③［美］杜威.道德教育原理［M］.王承绪，等，译.杭州：浙江教育出版社，2003：8.

认识到什么类型的生活与诚实品质相容与不相容，这可以消除很多难以辨别的错误看法。即诚实不等于把自己变成"透明人"，把一切都让别人知道，它也存在某种亚里士多德式的中庸，罗斯尔的"正宜"。

（二）诚实教育的理论基础

首先，社会生物学、习性学和进化伦理学理论都证实了道德与群体生命的关系。研究者在前面已经论述了，诚实作为一种"群体逻辑"，无论是生活在群体中的人还是动物，要想获得发展与强大，必须是诚实可靠的。也就是说，诚实作为人类普遍价值，是自古以来在动物世界与人类社会进化过程中得以保持的良好道德品质。这自然成为诚实教育的理论基础。

然后，认知学派的图式、格式塔学派的格式塔、马斯洛的超越性需要都具有某种先天性。由于人类整体社会实践的作用，人类个体已经先天地用有某种对个体来说是先验但对人类整体实践来说是后天的社会性文化心理结构的遗传存在。这一社会性遗传不是说诚实教育不重要，而是说它提供了诚实教育的可能性。

正是由于先天道德禀赋存在，道德教育才能有被发掘、发扬光大这一禀赋的可能。当然这也是我们从一开始就必须尊重教育对象的重要理由之一。如果诚实是可教的，那么诚实教育的主体性存在就必须作为考虑诚实教育理论基础的因素。虽然"诚实教育主体性"概念的内涵与"教育主体性"一样丰富多彩，因而难以给予完全、准确的界定，但主体教育思想在诚实教育中落实的最根本的要求是，诚实教育对象的诚实道德价值与规范学习之主体性的充分发挥。而诚实教育对象主体性发挥的根本前提是承认诚实教育对象是诚实道德生活与学习的主体。所以我们不能不考虑诚实教育对象有没有接受诚实教育的可能的问题。

在诚实教育过程中，儿童是否具有主体性？如果是，是从什么时候开始的？诚实教育对象与"外在"的诚实道德价值与规范体系之间是一种什么样的关系？这是讨论诚实教育主体性时我们必须思考的问题。儿童一开始就是诚实道德生活的主体，因为从零里长不出任何东西。事实上，儿童诚实道德生活的起点并不是零。儿童从一开始就是诚实道德生活的主体。简而言之，由于人类整体社会实践的作用，祖先们无数次的道德操作实践会在文化心理的道德形式方面有所遗传，形成孟子所讲的不思而虑的"良知"和不学而能的"良能"或"善端"。这种先天的心理图式的存在规定着即使是零岁的婴儿也不等于道德上的"白板"。因此教育工作者必须承认儿童具有先天的诚实道德禀赋。诚实教育过程或价值引导情境中儿童诚实道德的学习过程并不是由外而内，而主要是由内而外的过程。诚实教育本质上是内发和生长或建构的过程。当然我们应当同时说明的是，文化心理的遗传只解决了诚实道德心理的形式方面。一个具体的诚实道德学习过程必须使这一心理形式与特定的道德文化相结合——即实现诚实道德学习主体对特定价值环境的操作，以完成其诚实道德心理的真正"建构"。

如果承认诚实教育的对象一开始就是诚实道德生活的主体，我们就可以比较轻松地理解诚实教育对象与"外在"的诚实道德价值与规范体系之间的关系，就只能是一个主宰与工具、生长着的主体与其生长环境之间的关系。当然，有时候诚实教育在复杂的社会运行系统中，所能做的事情其实也很有限，但它起码要能提供一种有利于儿童诚实道德生长的价值引导环境。

二、世界各国道德教育中诚实的地位

诚实作为人类普遍价值，全世界都比较重视诚实教育，它是全人类共同的理念之一。即使在如今这个多元化的社会中，诚实仍然是存在于人们心中与教育中最基本的、核心的价值观。正如德国鲍勒诺夫提出"朴素道德"的新道德教育观，他指出，"在人类社会中实际上隐含着一种更一般、更纯情、更基本、更长久保持同一性的、更美好的德性，如诚实、信赖、同情心、爱、关心等，它们是一切道德的基石，是学校道德教育的基础"①。诚实作为一种朴素道德具有自然健全性，体现了与人性的内在同一性，它是道德理想的基础，它的发展和更新依赖于人们对高尚道德的深刻自觉，家庭、学校、社会都应该坚持培养诸如诚实这种朴素道德。

世界各国虽具有不同的文化传统，但都在教育中共同强调家长对孩子的言传身教，强调对信仰的忠诚，强调将心换心，都在采取措施积极应对时代带来的教育挑战。从各个国家的道德教育目标与内容中，我们可以管窥到对诚实道德教育的重视程度。下面选择几个具有代表性的国家道德教育目标与内容进行分析。

（一）日本

日本的道德教育非常关注诚实教育内容。例如，在国语课中采取循循善诱、情绪感染的手段，教育学生团结、诚实、谦逊、善良、正直、礼貌、同情弱小、关心他人、热爱劳动、热爱大自然、追求美好事物、具有公共精神等。

在日本，孩子从很小的时候就开始进行诚信教育了。守信的"基础"是诚实，所以日本家长普遍重视培养孩子的诚实品德。比如孩子不慎打破了家中的花瓶，如果他勇于将事情和盘托出，不仅不会受到处罚，还会因为诚实而受到表扬。但是如果他拒不说出真相甚至嫁祸于人，那么不可避免地会受到重罚，甚至被强行要求用其零用钱或压岁钱做赔偿。奖惩如此分明，使得孩子从懂事起就在心中树立起"以诚实为本"的信念。孩子入学后，被要求准时交作业、考试不作弊、不涂改成绩单等，这成为诚信教育的延续和发展。对犯规的孩子处罚力度也随之加大，屡教不改者尤其会被家长毫不留情地施以重罚。因为这个年纪的孩子不仅需要做到诚信，而且应该对自己的行为负起一定的责任。也许正是由于孩子在幼儿期就受到了严格、认真的诚信教育，日本学生尽管学习成绩与其他国家的学生相比并不名列前茅，但考试作弊率却大大低于同龄人。

在家庭中父母经常教育孩子"不许撒谎"；到学校里耳濡目染的是"诚

---

① 梁金霞，黄祖辉.道德教育全球视域［M］.广州：华南理工大学出版社，2007：176.

实"二字；在公司里"诚信"是普遍的经营理念。日本很多学校的校训都有"诚实"二字。日本中小学生每人都有一本道德手册，名为"心的笔记"，用通俗易懂的语言，记载着各种道德规范，诚实则是重要内容之一。

（二）新加坡

诚实教育在新加坡深受政府、学校、家庭的共同重视，将其作为培养公民良好品德、促进社会和谐稳定的重要手段。政府为诚实教育提供政策和制度保障。如新加坡推行"作弊一次，记录一生"的制度，引导诚信与学生未来发展紧密相连，以此激励学生保持诚实。新加坡普遍对学生进行品格教育，培养学生核心价值观，如爱国、诚实、勇敢、善良等。新加坡学校的道德教育在道德内容上主张东西兼容，倡导"东方价值观"，核心就是借鉴中华民族优秀传统文化，特别是创造性地学习和继承中国儒家文化，如坚持仁、孝、家庭和谐、礼、责任感、恕、忠、信、诚、勇、毅力、节俭、慷慨、义、协作精神等。新加坡政府、学校、家庭和社会协同塑造公民的诚信品质的实践值得借鉴。

（三）美国

诚实教育在美国也受到家庭、学校、社会和政府的高度重视。早在1917年，美国制定的"儿童道德标准略述"中规定了儿童道德标准，诚实就被列为重要内容之一。美国学校道德教育注重培养学生的基本价值观和道德品质，造就"道德成熟的人"，即"熟谙道德原则，并能够付诸行动和为运用它们而承担责任"的人。其中主要内容之一是将个人兴趣与社会职责联系起来，包括参加社会活动；在日常生活中发挥自尊和尊重他人的美德，如自我控制、勤奋、公正、仁慈、诚实、有礼貌等。

美国中小学道德教育中关于品德教育的基本目标是自律、守信和诚实。在生活的一切方面，包括商业活动和政府机构间的交往，都要诚实无欺，尤其要敢说真话，即使说了真话有损自己也在所不惜。

美国"蓝带学校"的品行教育在自身的发展过程中形成了具有自己特点同时又具有人类共性的关键性特质。这些品性特质分别为谦恭、勇气、纪律、诚实、人类价值和尊严、公正、爱国主义、提供公共服务的个人义务、尊重自己和他人、尊重权威、宽容和责任心等 12 种良好公民意识和健康品性。

密苏里州的贝勒瑞福学校使用杰斐逊品行教育课程中心的 STAR 系统进行品性教育。这种课程关注从道德、文化和宗教领域选取一般的价值观进行系统的教育。这些价值观包括诚实、尊重、责任心、正直、勇气、宽容、公正和礼貌等。加利福尼亚宣布在 K-12 年级的学校实施有效的伦理和公民价值观教育计划，其基本的和共享的价值观包括（但不限于）以下内容：人的个体性尊严和价值、公平和平等、诚实、勇敢、自由和自律、个人的社会责任感、社群和共同的利益、正义、机会平等。新泽西州则强调同情、谦恭、诚实、正直、负责、自律、自尊和宽容等价值观。得克萨斯州确定的核心价值观是礼貌、勇敢、自律、诚实、自尊、正义、爱国、个人的公共义务、尊重自己和他人、尊重权威、负责和坚毅。俄亥俄州某一学区则邀请了整个学区的所有教育领导、校长、教师、家长和学生代表举行讨论，最后确立了诚实和正直、坦诚、礼貌、端正与同情、忠诚、智慧、自由、正义、多元与宽容、负责、一致、自制与勇敢的价值观。

尽管美国的核心价值观名目繁多，但可以归纳为以下八种核心价值观：慎思、勇敢、自律、公正、关心、尊重、负责、诚实。前四个属于西方传统的四主德，后四个则是针对当今社会的现状提出来的，也反映了传统社群里的道德价值观。这八个以外的可视为上述价值观的变式。1992 年，美国成立了学术诚信中心，致力于推动全球范围内的学术诚信教育。

美国教育部继布什政府 2001 年发布《不让一个孩子掉队》教育法案后，2003 年发布《培养你的孩子成就责任公民》的家庭价值观教育指导文件单行本。这本价值观教育指导手册罗列了学龄儿童和青少年所应具备的公认的品格特质，认为他们是"许多宗教和文化的人们所普遍认同的""可以为来自不同背景和不同信仰的家长使用"。这些品格特质或者价值观中也包括诚实，并且指出诚实意味着对自己和别人要真诚，意味着真诚地关心他人，不以一己之私而误导别人，意味着有错误就要承认，即使承认错误对我们很不利。

另外，在学校价值观教育方面，美国品格教育实践中的一些学校都根据各自学校的特点，自主设计了一些核心价值，并且对核心价值观进行了解释。其中，对学校品格教育影响比较大的是品格教育运动的领导者利科纳提出的以尊重和责任为核心的普遍道德价值观。

利科纳认为，美国道德危机主要是由于家庭、社区、学校等教育机构在现代发生巨大变革导致的，但从其思想根源上看则是由于整个现代社会丢弃了普遍性价值观体系，丢弃了传统美德，而走向了相对主义极端的结果。人们过度追求权力而忽视责任，过度追求自由而否定任何约束。在利科纳看来，要扭转学校道德危机，必须进行品格教育，宣扬与时代一致的美德，建立以尊重、责任为核心的普遍道德价值观体系。利科纳在《品格教育》一书中详细地论述了以"尊重"和"责任"为核心的普遍价值观体系的内涵。"普遍道德价值观"具有"普适性"和"可逆性"，体现了人性的要求，所以具有客观性，是可以世代相传的美德。利科纳在道德危机的现实的基础上结合时代对道德提出的新要求，提出了以"尊重"和"责任"为核心的普遍道德价值观体系。利科纳认为，从"尊重"和"责任"这两个基本的美德可引申出其他相关和更为具体的美德形式，如"诚实""忍让""谨慎""助人""同情""合作""勇敢""民主"。"诚实""谦让"是尊重他人的表现；"谨慎""自律"有助于尊重别人。"助人""同情""合作"有助于我们实践责任伦理；而"勇敢"对于"尊重""责任"均有益；"民主"的价值观则有助于建设以"尊重""责任"为基础的社会。综上，诚实在美国的价值观体系中处于核心地位。

（四）德国

诚实教育是德国教育体系中的重要部分，国家已经形成一套完整的诚信教育体系。在这个体系中，法律、文化、学校及家庭等多方面因素共同作用培养儿童的诚实、守信。其中，特别值得借鉴的是健全的法律

体系为诚信教育提供了法律保障。《德国民法典》明确了诚实信用原则，并将其作为法律一般原则适用于所有法律领域，强化了公民的诚实守信意识，也为诚实社会氛围的营造树立了典型的法律政策依据。20世纪60年代，受法兰克福学派的影响，德国批判教育学（解放教育学）兴起，该学派关注社会正义和政治平等，强调社会批判和意识形态批判，反对一切形式的压制和价值灌输。在此教育思潮的影响下，1969年上台执政的社会自由联盟，在社会民主党执政的黑森州和北莱茵威斯特法伦州委学校教学制定了文化革命式的教育计划，主张价值批判和学生的自主权利。

六七十年代，德国民众价值观发生转向：从重视社会责任、社会义务和社会认可转向自主权利、自我中心和自我实现。同时，文化多元、价值多元以及过渡的批判自由，德国社会出现意义危机和社会价值观偏失：学生蔑视制度规范、传统和权威，玩世不恭，自私自利，信仰缺失，道德薄弱。

七十年代中期，德国一些有识之士提出忧虑：一旦失去对社会共同理想的认可，一旦出现对共享价值观的怀疑，价值相对主义和道德虚无主义必将危及整个社会的稳定和持续。于是，他们开始重新考虑学校和教师向年轻一代传递社会规范的基本原则，重新强调学校进行价值教育的任务，传递积极的精神导向。

1978年，在巴登符腾堡州文化部部长的倡议下，德国召开会议，主张进行价值教育道德教育或性格教育。1979年，柏林州学校督导、社会民主党党员巴特强调：教育必须传递信仰，促进信仰，科学取向不是教育教学的唯一标准，伦理的标准同样重要，教育也必须重视权利和义务之间的关系。巴特赞成把美德、尊重、敬畏和信任、服务精神和履行义务，热爱家长，热爱祖国作为重要的社会整合因素。他还指出，教育者应有勇气和魄力向学生展示人生意义的问题。

1978年之后，德国教育的倾向是反对"解放"，主张儿童的成长需要理想，需要权威，需要勤奋的美德，需要秩序，需要社会价值观的引导。

譬如，德国高校道德教育是以诚实、尊严、责任感为核心的，从现实出发培养良好的人格和行为习惯，使学生具有良好的品质，诸如诚实、尊严、慈爱、克己、互助、责任感、相互谅解、协作精神、群体观念、健全人格等，具有对真善美的感受，以及培养大学生的敬神和宗教信念。

在德国，家长们普遍遵守这样一个原则：教育孩子诚实守信，家长必须做出榜样。在德国，你如果随地乱扔垃圾或者在没有停车标志的地方停车，马上就会有人过来阻止你，并给你灌输一套遵守社会公德、为下一代做好榜样的理论。德国用以监督社会成员是否遵守社会秩序的最好途径就是社会信用记录。即使在日常生活中，这种监督也无处不在。就拿乘车买票来说，如果逃票被查到，就会被写入个人的信用记录，成为终生的污点。

（五）英国

诚实教育是英国教育体系中的瑰宝，有其深厚的历史底蕴和丰富的实践，贯穿幼儿园、小学、中学和大学各阶段，形成完善的教育体系。家庭和学校主阵地发挥实效，社会各阶层也都重视诚实教育，通过多种渠道传递诚信价值观。面对社会上的种种有失诚信的现象，英国政府和有关机构采取的对策是，加强对欺诈事件的调查和曝光，试图以经济和刑事等惩罚方式来改善社会环境。一名曾在英国医院工作的印度医生被取消一年行医资格，原因是他谎称妹妹和叔叔在"9·11"事件中遇难，以此为由向工作的医院请求休假。公众和有关机构认为，这件事反映出的不诚实问题，是必须进行严惩的。不合资格的人冒领养老金、救济金，是英国社会福利事业的一大问题。为此，英国劳动和保障部发起了"打击欺诈运动"，一旦发现冒领者，政府、救济金发放机构、警察和法院都会采取相应的严厉措施。

（六）澳大利亚

诚实教育是澳大利亚教育体系的重要组成部分。诚实被视为做人的基本准则和核心价值，是建立信任、维护社会秩序和促进社会和谐的基础。

目前澳大利亚中小学推举的价值观是 2003 年价值观教育研究报告所提出的。这些价值观被认为是超越各民族文化、宗教信仰的局限，被社会各个层面广泛接受的价值观共识，其中就包括诚实，主要表现为真实和诚挚，发现并表达真理，要求彼此之间互相忠诚，确保言行一致。在新南威尔士州教育部颁发的《新南威尔士州公立学校价值观教育》指导文件中，"真诚"被列为九项核心价值观之首。

（七）新西兰

新西兰高度重视诚实教育，将其作为培养学生良好品德、促进社会和谐的重要手段。从 1988 年开始，新西兰的全国课程框架就涉及价值观部分。后来经过逐步修改完善，从 2000 起，教育部召集有关专家，征求多方意见，着手修改。按照工作需要，专家们分成了多种顾问小组，与价值观问题相对应的有价值观问题顾问小组，他们进行了广泛的调研，一次又一次地开会讨论，提交初步报告，然后再征求专家、社区、家长等多方意见，最后进行修改。考虑到新西兰社会的多元性，他们在列举价值观时，尽量列举抽象性的具有高度概括性的价值，目的是为应对复杂变换的社会和文化现实预留空间，不要让课程框架显得排外。

2006 年新的课程框架草案出台，旨在为基础教育的发展提供更好的规范模式。草案公布以后收到来自全国的一万多条意见，教育部组织专家成员再斟酌，最终形成 2007 年框架。新框架较之以往，建立在"以学生为中心、平等、包容、多元、社区、团结、致力未来"等原则之上，特别重视价值观教育，强调价值示范，强调对有关价值问题做进一步探讨，提出必须将基础价值观教育融入学校各门课程的教学当中，目的是让学生形成个体的品质和发展学生对基础价值观的理解与运用基础价值观的能力。

课程框架实际上突破"道德相对主义"的限制，认定这个世界确实存在一些公认的共同价值，这些价值对于个人和社会的健康与和谐十分有帮助。新西兰教育部课程框架将这些被广泛认同的价值一一列出，并希望在教育过程中鼓励学生拥有这些价值，这其中就包括诚信正直。

综上所述，通过对世界各国教育政策、学校道德教育目标与内容的了解与分析发现：诚实是世界各个民族公认的人们共同生活及行为的基本准则和规范，它作为最基本的道德被列入了道德教育的目标与内容之中，而且处于非常重要的地位。换句话说，所有的道德只有建立在诚实的基础上才是真实可靠的。政府也认识到，虽然道德危机主要是由于家庭、社区、学校等教育机构在现代发生巨大变革导致的，但从其思想根源上看则是由于整个现代社会丢弃了普遍性价值观体系，丢弃了传统美德，而走向了相对主义极端的结果。要扭转学校道德危机，我们需要认识到诚实等不仅是作为传统的美德应该得到保留，而且需要重新认识到诚实这一具有普适性的道德在当今时代的重要意义。在教育中，必须从重视认知的发展向培养品格的教育回归。根据需要从政策上层面开始推行、施行诚信教育，把诚实作为一种良好的思想、行为、道德品质或品格，在道德教育中凸显诚实品格形成的重要性，同时使诚实成为与时代一致的美德。

三、学校在诚实教育中的角色地位

在信息社会背景下，在电子媒介主导的时代中，学校教育的唯一性已经被打破，价值多元及价值冲突，其实更加能够体现道德教育的重要性。因此，学校必须承担起它的教化使命。

在理解学校魅力消退的原因的前提下，我们需要正确认识学校在诚实教育中的合法性地位。涂尔干认为学校具有一种至关重要、专业分明的功能：创造一种按照社会需求来塑造的一个全新的存在。[①] 在数智时代，学校如何重新寻找它的未来？学校在诚实教育中如何发挥应有的功能？

学校是诚实教育的关键场域，从世界各国关于道德教育目标与内容分析发现，诚实作为一种道德品质，在复杂、多重的学校道德教育内容里面，位阶都处于比较靠前或非常靠前的位置，它的重要价值十分明显。也就是说，学校仍然是诚实教育，也是整个道德教育的适当环境。

---

① ［法］爱弥尔·涂尔干.道德教育［M］.陈光今，等，译.上海：上海人民出版社，2006：358.

另外，社会传统很复杂，相当部分的社会经验用文字记载下来，并且通过书面符号进行传递时，学校便产生了。书面符号甚至比口头符号更加属于人为的或传统的东西，它们不能在和别人偶然的交往中学会。此外，书面的形式往往选择和记录与日常生活比较不相干的事物。每一个时代积累起来的成就都储藏在里面，虽然有些已经暂时无用。因而，一旦社会在相当程度上依靠它自己的领土以外和它自己直接的一代人以外的东西，它就必须依靠固定的学校机构保证其一切资源的适当传递。[①] 的确，人的交往对象未必都是当下、存在于共同的生活团体中的人，而且，也不能依靠日常生活给年轻人说明远处的自然力量和肉眼看不见的组织在我们生活中所起的作用，因此学校作为一种社会交往的特殊环境，承担着这种"隐形交往"的责任。从这个角度而言，学校在诚实教育的过程中，仍然具有它应该具有的"合法性"。

总之，诚实作为良好道德品质或品格，是个体生活的基础性道德要求。它是历史上传承下来为人类社会广泛接受的道德规范。正如美国教育学者阿迪斯·瓦特曼说，不管时代如何变化，我们总将有着和我们祖先同样的需要。那就是，愉快、勇敢地度过我们的一生，和周围的人友好相处，保持那些指导我们更好成长的品质。这些品质是欢乐、爱、诚实、勇敢、信心等等。[②] 这些品质共同构成了指导人更好成长的基石。美国当代教育家厄内斯特·波伊尔也建议基础学校的道德教育应当教会学生诚实、尊重、负责、同情、自律、同情、自律、坚忍、奉献等美德。[③] 这致力于学生品格的塑造，培养学生的道德品质和社会责任感。道德教育的基础正是要教会学生做人。学校是"社区、大家庭"，必须教会促进学生之间的交流与合作，而公平、正直、诚实、勤劳、勇敢、仁爱等德目应成为学校德育的奠基性内容。同时，学校对儿童进行诚实的教育，不只包括私人

---

① ［美］杜威.道德教育原理［M］.王承绪，等，译.杭州：浙江教育出版社，2003：4.
② 商继宗.中小学比较教育［M］.北京：人民教育出版社，1989：195-196.
③ ［美］厄内斯特.基础学校——一个学习化的社区大家庭［M］.北京：人民教育出版社，1998：151-152.

的诚实道德品质，也应该把对存在共生生活中的诚实，通过正规的课程、学校自身的结构和风气等途径对学生进行诚实教育。

四、现状：儿童价值观与诚信行为的大数据分析

英国罗纳德·哈里·科斯说："拷问数据，它会坦白一切。"中国正处于历史发展的新时期，开放、多元、全球化、信息化成为中国社会的典型特征，社会的伦理精神和道德生活也出现新的转变。在网络生活、消费生活、闲暇生活中，当代中国儿童的社会主义核心价值观发展状况如何？特别是个人层面价值观"诚信"的发展状况如何？儿童与青少年的个人诚信行为现状如何？对"诚信"这一社会主义核心价值观的认同情况如何？

江苏省及全国儿童道德发展报告中关于诚信部分数据显示：儿童的"诚实""守信"价值观与道德行为受其家庭、民族、性别、年龄、对生活的满意度等多维因素影响；发现"诚实""守信"是被儿童与青少年高度认可、认同的价值观与道德品质，让我们也坚信了新时代开展诚实教育的可能性与实效性。2016年4月到7月间，我配合南京师范大学道德教育研究所孙彩平教授，通过网络问卷与纸质问卷发放相结合的方式实行调查。本次调查对象为小学四年级到高中三年级儿童，分别对应10到18岁儿童。样本范围涵盖城市中心区（大中城市）、城市新兴区（城乡交错带/小城镇）、农村，各区（县），选择重点、普通及薄弱小学、初中、高中各1所。学校以年级为单位进行采样，以7个班为年级班数上限。

本次共发纸问卷42000份，同时约40000名儿童参与网络问卷填写，最后回收到网络问卷和纸质问卷共78956份问卷，问卷回收率为96.3%。剔除无效问卷1003份，得到有效问卷77953份，有效问卷回收率为95.1%。在江苏省回收有效问卷8698份。

江苏省儿童个人价值观（诚信）调查情况分析[①]表明：儿童关注的社

---

① 张馨萌、李亚娟、耿振美.江苏省儿童道德发展报告：10到18岁［M］.南京：南京师范大学出版社，2019：43-48.

会主义核心价值观分为国家、社会、个人三个层面。国家层面包括富强、民主、文明、和谐，儿童关注程度较高的是和谐（34.49%）；社会层面包括自由、平等、公正、法治，儿童关注程度较高的是平等（33.98%）；个人层面包括爱国、敬业、诚信、友善，儿童普遍比较看重的是诚信（58.82%）。

江苏省儿童普遍比较关注的社会主义核心价值观包括诚信（58.82%）、和谐（34.49%）、平等（33.98%）、文明（32.87%），诚信是受儿童关注度最高的社会主义核心价值观。儿童对国家、社会、个人层面社会主义核心价值观的关注存在不同维度差异。

个人层面，96%以上的儿童都有自己关注的价值观。儿童看重敬业、诚信、友善的人数比例分别为7.51%、58.82%、26.85%，儿童最为关注的价值观是诚信。（见图3-1）

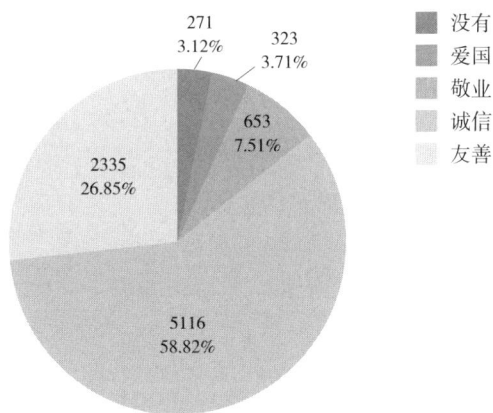

271
3.12%
323
3.71%
653
7.51%
2335
26.85%
5116
58.82%

没有
爱国
敬业
诚信
友善

图3-1　个人层面价值观儿童人数百分比图

看重诚信的小学、初中、高中儿童人数比例分别为63.35%、57.96%、53.85%，小学儿童人数比例明显高于高中儿童（|AR|>2.58）；初中儿童与小学、高中儿童相比，均不存在显著差异（|AR|<1.96）。

小学六年级（12岁）至初中三年级（15岁）儿童看重诚信的人比例略有下降。

看重诚信的男生、女生人数比例分别为56.46%、61.45%，女生人数比例明显高于男生（|AR|>2.58）。

看重诚信的大中城市、小城镇、乡村儿童人数比例分别为60.02%、56.79%、38.32%，大中城市儿童人数比例明显高于小城镇、乡村儿童（|AR|>2.58）；小城镇儿童与乡村儿童相比，存在比较显著的差异，前者人数比例略高于后者（1.96<|AR|<2.58）。

看重诚信的对生活很满意、对生活基本满意、对生活不满意的儿童人数比例分别为61.43%、57.51%、37.69%。对生活很满意的儿童人数比例明显高于对生活基本满意、对生活不满意的儿童（|AR|>2.58）；对生活基本满意的儿童与对生活不满意的儿童相比，存在比较显著的差异，前者人数比例略高于后者（1.96<|AR|<2.58）。

看重诚信的"和爸妈、爷爷奶奶经常住在一起""和爸妈经常在一起""父母（1人或2人）常年在外打工""单亲家庭""离异再组合家庭"儿童的人数比例分别为59.28%、59.75%、49.87%、56.07%、47.02%。"和爸妈经常在一起"的儿童与"父母（1人或2人）常年在外打工""离异再组合家庭"的儿童相比，存在比较显著的差异，前者人数比例均略高于后两者（1.96<|AR|<2.58）；"父母（1人或2人）常年在外打工"的儿童人数比例明显高于"离异再组合家庭"的儿童（|AR|>2.58）；其他家庭生活方式类型的儿童之间均不存在显著差异（|AR|<1.96）。

看重诚信的汉族、少数民族儿童人数比例分别为58.90%、55.61%，汉族和少数民族儿童之间不存在显著差异（|AR|<1.96）。

江苏省儿童个人诚信行为的大数据统计分析[1]表明：整体上看，儿童行为的诚信度高，诚信行为表现良好。调查结果显示，86.91%的儿童表示买东西多找钱时，会主动告诉卖家并退回多找的钱，诚信度较高。7.58%的儿童会因为已经远离商店而懒得把多找的钱还回去，另外的5.52%的儿童则表示不会主动退还卖家多找的钱。（见图3-2）当然，也存在因年龄、性别、城乡、生活满意度、民族、家庭生活方式等方面不同而存在的差异。

---

[1] 张馨萌，李亚娟，耿振美.江苏省儿童道德发展报告：10到18岁［M］.南京：南京师范大学出版社，2019：131-137.

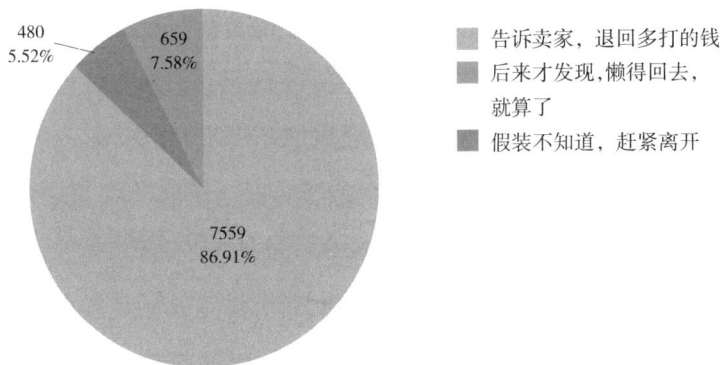

图 3-2　儿童诚信行为中人数百分比图

譬如，儿童的诚信行为在生理类因素"年龄"上呈现出较大程度差异，心理因素"生活满意度"是影响儿童诚信行为的重要因素，儿童诚信行为在家庭因素"家庭生活方式"上表现出中等程度的差异，儿童诚信行为在教育类因素"学段""学业成绩"上呈现出中等差异，空间类因素对儿童诚信行为的影响程度微弱。[①]

综上，儿童与青少年对诚信价值观、诚实道德整体的认同比较高，诚实教育的必要性不言而喻，诚实教育的实效性也比较明显。这一方面源于社会各个领域，特别是学校教育在全面贯彻落实习近平总书记等中央领导同志关于培育和践行社会主义核心价值观的重要指示精神，根据新形势新任务，结合基础教育自身规律和特点，强化推进新时期社会主义核心价值观"三进"工作的实效性，诚实价值观与道德追求已在落细、落小、落实、落地生根；另一方面源于新时代儿童与青少年对国家教育的认同，时代精神已经深深种植在其内心与精神世界。但仍然存在因其诚信观念、行为受到生理、心理、家庭、教育及时空类因素影响，家庭、学校、社会还需要进一步协同共育，加强诚实教育，帮助儿童与青少年形成诚实守信观念，养成诚实守信的习惯，拥有诚实守信的价值观与品格，具备诚实守信的价值信仰与完整人格。

---

① 孙彩平，周亚文，司马合强 . 中国儿童道德发展报告 2020 ［M］. 北京：科学出版社，
2022：30.

第二节　新时代诚实教育危机与多维挑战

尽管我们笃定与坚信诚实教育的价值，但教育仍无法从现实生活与社会中抽离出来。诚实教育必然会因为复杂的、系统的现实存在着多维挑战。"教育是一项生命事业，只有理解当下时代的文化处境，理解周遭的生活，我们才能穿透纷繁复杂的现实，去窥见那指向未来的一束光。"[①]研究发现，时代的挑战是多维的，并且形塑着我们的生活方式。

"危机"一次总是指涉一个系统和一个组织。广义的危机指的是源于系统内部或外部的故障，扰乱了系统运行的稳定性，甚至危机系统的存在。[②]如今互联网带来了交织着各类知识、传言、信仰的巨大文化混乱，这样的民间文化绕过了官方的学校，培养了一批批新生代。公共教育面临媒体、电视，特别是互联网的竞争、围堵、挤压与纠缠。儿童和青少年一代通过网络进行学习与生活。[③]我们的教育所包含的人文内容承受着多重压力，各种要素之间还存在复杂的联结，让教育的危机与文明的危机相互牵扯，甚至会陷入"危机螺旋"状态，整体上构成了人类需要整体面对的价值危机。"危机扩大了错误、错觉、不确定性和相互之间的不理解，所以危机既暴露又模糊了个体和群体的问题：如何过好自己的生活？如何共同生活？"[④]应对生活的不确定性，本是教育的使命，但整个教育却也陷入一场危机之中，诚实教育自然身处其中。

一、社会生活各领域中诚实的困境

在如今这个到处充满欺骗和谎言的现实社会里，怀有诚实之心来讨论诚实教育的确需要很大的勇气。因为，我们会在多次被欺骗的过程中，

① 高德胜.道德教育的时代遭遇［M］.北京：教育科学出版社，2008：1.
② ［法］埃德加·莫兰.教育为人生：变革教育宣言［M］.刘敏，译.北京：北京师范大学出版社，2022：42.
③ ［法］埃德加·莫兰.教育为人生：变革教育宣言［M］.刘敏，译.北京：北京师范大学出版社，2022：38.
④ ［法］埃德加·莫兰.教育为人生：变革教育宣言［M］.刘敏，译.北京：北京师范大学出版社，2022：41.

变得不再愿意诚实，甚至也会怀疑诚实品质是否能够通过教育得到实现。即使能够靠"规训与惩罚"的方式与手段来达到诚实道德教化的目的，也并不能够使受教育者真正养成诚实的品质或品格。即诚实教育不能脱离于现实社会生活而孤立地展开，它必然受到现实生活环境的影响。

在日常生活中，我们每个人都会看到虚假、盗版、虚伪、遮掩、背信弃义等，如"假发票""假广告""假办证""假文凭""虚假学术垃圾""虚假诈骗""股市造假"等系列的虚假与欺骗。有位学者讲过一个例子："假期里，和几个做生意的朋友在一起喝茶。当一个朋友谈到偷税漏税的诀窍时，大家一下子兴奋起来了，朋友们争相吹嘘他们如何成功逃税并欺骗国家的。当然，我清楚地意识到这样的行为即使在法治最健全的国家也会发生，主要的区别不是在于逃税频率，而在于社会对此的接受程度。逃避纳税、投机经营，在我们的国度成了少数商人展示才智的窗口，但成熟的民主国家的民众对此感到羞耻，不会在社交场合对此津津乐道。"[①]这些普通的场景背后，其实就存在着"诚实与信任"的幽灵，在我们的交往过程中是挥之不去。我们不能不承认，诚实与信任缺失的问题，在任何社会都不同程度地存在。按照这个悲观的思路去想，在这个世界上人们似乎捕捉不到什么东西一直是真实的。一切都处于不确定的状态。在这种现实的社会环境中，谈论诚实教育本身都似乎觉得不真实。

虽然，如今时代教育备受关注，我们经常产生从教育中为各种社会问题寻找答案的强烈冲动，在冷静理性地思考以后更重要的是学会面对种种时代冲击。

（一）婚姻中的不信任

在当今这个充满无数种诱惑的时代，人们对婚姻的态度是极其不严肃的，离婚率一直很高。在寻找这种社会现象存在的原因发现，非常重要的一点是在婚姻中夫妻之间相互说谎，不能彼此真诚对待，如"婚外情"屡见不鲜。

---

① 刘素林.我们的诚信世界.读者［J］.2005（18）：44.

如今社会，世风越来越时尚前卫，人也越来越敏感脆弱了，夫妻间的相互猜疑，也越来越多，曾经的牵手宣言、山盟海誓也似乎越来越遥远了。现如今，在围城之外有很多人对爱情、婚姻失去了美好的向往；在围城之内也有许多人对婚姻失去了信心，总感到草木皆兵。电影《手机》描写的婚姻中谎言的生动，影射信任的基础。据媒体报道，一对夫妻看完《手机》后，妻子因丈夫和电影里的严守一说过同样的话，就非要查看丈夫的手机。丈夫不肯，妻子上前去抢，丈夫大怒，拿起手机将妻子砸昏……电影公映后竟然掀起了一股离婚的风潮，因而很多新婚夫妇都约定不去看。以上报道无意中点破了当代夫妻间的情感信任危机和隐私问题。小小的"手机"不再是爱情的使者，反而成了粉碎婚姻的炸弹。然而，即使扔掉手机也不能解决麻烦，因为问题的根本不在手机，而在于夫妻间信任的缺失。当然还有一些婚姻中因相互不信任，用 GPS 定位跟踪等，但 GPS 可以定位人的行踪，却永远无法定位你的婚姻。GPS 不仅无法定位，更有可能将你的婚姻推向悬崖，因为它是夫妻间不信任的代言物。

（二）工作环境中的谎言

在当今这个就业充满无数压力的时代，相当数量的求职者都会用谎言来美化自己，譬如，有的谎称自己的学历水平，甚至造假学历证明；有的谎称自己之前具有相当长的工作时间与相当丰富的经验等，以此来提高自己的身价；有的大学生、研究生也会在求职简历里填上自己并未从事过的工作，以增加自己的信心。在大学生求职高峰期，许多大学生为了博得用人单位的青睐，在求职材料上大做文章，使出浑身解数编造虚假自荐材料，从而使自己的材料看上去精彩夺目、与众不同。例如，某公司在招聘人员时，发现来自同一学校的应聘者中竟有 6 位校学生会主席，出现了如此啼笑皆非的场面。

人们常说"外面的世界很精彩，外面的世界很无奈"，从象牙塔里走出的莘莘学子，在进入复杂多变的社会时，他们中的一些人也悄悄地做出"改变"。求职者即便找到工作以后，出于保护自己的"地盘"与"利益"的目的，仍然会说谎，在领导面前见风使舵、言不由衷。在工作中，说谎并非下级员工的专利，上级的"高效经理"也会研究出各种具有欺骗性的管理策略来保证下级员工的生产率，如谎称下级员工有机会晋升，假意向加班职工承诺会增加补助等。

（三）商业广告中的虚假与夸大

有的广告商并不是努力实事求是地去证明产品的特性，而是向世人大搞特稿未经证明、言之无物乃至完全虚假的宣传，以此来谋利。有的采用公然失实的陈述；夸大其词也是广告善于采用的方式；"上钩调包"诱售技巧是广告中最普遍使用的小花招，我们经常看到这样的广告，商家承诺以某种较低的价格出售产品，但消费者购买时却被告知广告上面的产品已经销售一空，但有其他型号的产品（多数为比广告上面的商品昂贵），没有多少人能够在这种陷阱面前幸免于难；另外还有巧妙暗示产品使用者将得到满意结果，这种是广告中最为狡诈的手段之一，通过巧妙暗示拥有、使用某种产品将赋予购买者某些求之不得的特质，让消费者产生不购买这种商品就会失去什么的强烈感觉。

（四）科学中科学家的虚伪

从理论上说，科学家对知识（真理）及科学方法的探索有赖于严谨的调查研究，这当中包括为了开发新知识领域而努力为自己的发现寻找可供选择的解释。但是一些科学家也明显违背追求真理的宗旨，干着各种各样的欺骗和欺诈勾当。如在有些食品、药品的研制过程中存在虚假和欺骗，给民众健康带来不利影响。也有一些人杜撰出所谓科学的科研成果，以此提高自己的名利，还有剽窃别人的科学研究结果作为自己的研究成果更是屡见不鲜。

（五）教育中的学术抄袭与作弊

人人都对教育寄予很大的希望，期望教育能够让人变得更加诚实，同时也呼唤教育的诚实。但是教育中一样充满着谎言，譬如，各种以赢得商业利益为主的办学机构，向家长承诺孩子去了他们那里读书之后会发展得更好；还有一些专家教授，他们对那些整天忙碌的年轻人置之不理，很少给予指导，但却昧着良心在年轻人的论文上挂上名字，以增加年轻学者的学术成果可信度，也可以给自己的专业履历增添业绩。如今的教师、研究者、教授不发表相当数量的论文，便会没有出路。因此，他们也会采用一些"捷径"来完成必须完成的任务，以赢得职称和地位。"当抄袭成为一种习惯"，无论是个人还是学界都将陷入创造力萎缩的可悲困境；无论对社会还是对国家都是潜在的精神危机。当从事教育、教学的人都不诚实时，如何能够展开诚实教育？

二、家庭、学校、社会场域中诚实教育的新时代挑战

如今时代是一个迅速变化的时代，一个普遍社会准则和被认为有价值的活动的标准不断改变的时代。在这个社会大背景下诚实教育面临着严峻的时代挑战。随着互联网的蓬勃发展，网络日益融入政治、经济和社会文化之中，互联网已经成为社会生活的有机组成部分。然而由于网络的隐蔽性和虚拟性造成网络缺乏诚信和安全保障，也使人与人之间诚实交往受到影响。在这种社会背景下，诚实教育面临着前所未有的挑战。具体表现如下：

（一）家庭教育威信日渐消退

家庭往往是对儿童开展教育，特别是诚实道德教育的首要场所，父母的言传身教对儿童影响非常深远。在儿童对新知识、新伦理并不知情的情况下，他们通常是非常"听话"的，会认为父母所言都是对的。从幼年开始，儿童在家庭里一般都会接受"做一个诚实的孩子"的教育，儿童通过了解各种诚实故事，谨记诚实的名人名言，努力去做一个父母眼中诚实的好孩子。而今，儿童享有多种多样的教育途径，他们可以通过电子媒介了解各种教育观点，了解各个国家、各个地方的儿童所接受的教育，能够在学得道德知识的前提下，了解各种与传统道德教育相反的情景，他们对父母所言、所教会形成一种客观的认识，而不会盲目地听从父母的所有教导。而且，他们的独立性、个性与日俱增，能够对父母的教育方法形成一

种判断，会举出反例发问，同时，在很多情况下，还会去监督父母的行为。

在成人世界里，总是存在相互欺骗的状况。他们认为儿童还不能完全理解成人世界的处事逻辑。于是成人一方面教育儿童要诚实，而却又在另一方面让儿童通过说谎来达到各种目的。其实，儿童已经能够自如地进入成人世界，他们能够了解父母所谓的"处事逻辑"，在他们的心中会认为父母的言行不一致，所以，对于父母的诚实言论他们并不能够从心里面信服，这样，"自相矛盾"的教育方式逐渐地就使儿童失去对父母教育的信任，因此，家庭在诚实教育中的威信也就渐渐消退。

（二）学校教育魅力继续消退

如今这个电子媒介主导的时代，学校存在的危机已经非常明显，学校已经不是唯一弥补自身劣势的通道。儿童在进入学校之前已经了解了成人世界的许多事情，进入学校之后所接受的教育内容，他们也已经通过各种渠道了解了，在学校里面学到的知识，甚至还不如他们自己通过各种媒介学得的多。这样学校丧失了原来对儿童教育的垄断地位，学生则减少了对学校的信任。教师作为成人的代表，在学生心目中的地位也开始降低，他们遇到了前所未有的危机。在学校对学生的内在吸引力下降的情况下，学校在开展诚实教育的过程中势必遭到各种各样的困难。

当今社会中的学生已经不再像过去那样"听话"了，他们已经知道通过各种途径来维护自己的权利。但是却出现了一种奇怪的现象——媒体上经常会出现教师体罚学生的报道，教师惩罚学生的方法好像变得更加"严厉"了。其实，这是学校在危机中挣扎的明显表现。教师"在受'机械原理'所控制的学校里，以'滑稽的教育方法'高居于学生中间，形成伪善性、权势性人格"，出现了"非人性的倾向"。[①] 教师在毫无职业激情、生命激情的情况下，试图借助于已经"失去的权威"和制度、纪律等非人性的方法来勉强地维持着自己的教育活动，这种本身就虚伪的方法，不能让学生信服，学生更不会服从这种虚伪的强权。这样，使用本身就

---

① ［日］左藤学.课程与教师［M］.钟启泉，译.北京：教育科学出版社，2003：256.

虚伪的教育方式根本不可能实现对学生进行诚实教育的目的。

（三）社会教育威力更加消退

在家庭威信、学校魅力消退的前提下，社会又怎么能使他的"威力"得到展示呢？家庭与学校一直都以灌输的方式教育儿童要诚实，然而社会中却到处存在着不诚实现象。若此时试图通过社会开展诚实教育，难度会更高。

现代社会，尤其是"都市社会"，人们相互之间都是陌生的，难以相互信任，诚实缺乏存在的道德基础。就如同鲍曼所言，在现代都市中生活的人有"两副面孔，……一副是充满无穷无尽机会的面孔，有着未尝试过的快乐和永远崭新的奇遇。另一副面孔也是神秘的——但它浑身写满了凶恶的、危险的、恐吓的谜"①。深入理解鲍曼的激烈言辞，我们可以看出现代都市人的"双面性格"。社会由这些陌生人组成，相互之间是非常短暂的契约关系。迫于生活环境的压力，"发展出一种保护自己不受危险的潮流与那些令他失去根源的外部环境的威胁。他用头脑代替心灵来做出反应"（西美尔）。与在相互熟悉的"农村社会"不同，"各人不知道各人的底细，所以得讲个明白；还怕口说无凭，画个押，签个字"②。"在一个规则控制的偶遇中，行为者不是面对另一个人，而是面对一个'言明的要求'；真正的联系发展在行为者和规则之间，而另一个人，行为的原因或目的仅仅是在权利和义务的棋盘上活动的棋子③。"人们相互交往，不看重交往对象，只看重相互之间的契约与规则，情感此时并没有容身之地。如若期望在这种冷漠的交往关系中相互诚实地对待对方，这一点基本是无法实现的。而且，社会经常存在着"一小会儿以前相当不同的东西还在被提倡着，而现在情况已经有了变化，它还要求有这样

① ［英］齐格蒙·鲍曼.生活在碎片之中——论后现代道德［M］.郁见兴，译.上海：学林出版社，2002：155.
② 费孝通.乡土中国的生育制度［M］.北京：北京大学出版社，1998：10.
③ ［英］齐格蒙·鲍曼.生活在碎片之中——论后现代道德［M］.郁见兴，译.上海：学林出版社，2002：56-57.

一种性情和倾向，一点儿也不要看重反对者的观点"①。这让年轻人无法掌握把握"事实变化的能力"，因此社会教育威力逐步消退。

总之，当今人类正生存在一个信息化、数字化、网络化日益加剧的环境中，信息化生存、数字化生存、网络化生存成为人们的一种生活方式，而且越来越成为非常主要的生活方式。"信息技术和信息文化正在从根本上改变社会形态、社会规范以及人们的生活方式和思想观念，人类社会正在进入信息社会，已是一个确定的事实。"②在信息社会中，展现在我们面前的社会道德，开始从依赖性道德到自主性道德、从封闭型道德到开放性道德、从一元道德到多元道德进行快速转变。道德多元化是最主要的特征，我们再也无法做到传统的那样追求思想划一、价值同构、观念趋同的遵守道德规范。由于人群与人群之间的差异性、独特性、创新性、宽容性逐渐被认同，人们的需求、个性、利益、价值的多元化，必然导致社会道德规范的多样化、多层次。

这种价值多元化与多样化向传统的价值体系和道德教育提出了严峻的挑战。因为"任何技术都逐渐创造出一种全新的人的环境，环境并非消极的包装用品，而是积极的作用进程"③。这个世界不再是过去的世界，教师不能把价值标准和道德观念当作知识传授给学生，道德教育不能只是道德"知识"的教学。教师教给学生的一些原来的"美德"都遭到非议。在同一件事情上，人们的立场和观点都具有很大的不同，这种"情境化"导致教师难以在学生面前充当道德权威，"谆谆教导"的好与坏、对与错，对学生来说不再是固定的。因此，把诚实作为人类的普遍价值，实行诚实教育，其面临的挑战亦是前所未有的。

---

① ［英］帕特丽莎·怀特.公民品德与公共教育［M］.朱红文，译.北京：教育科学出版社，1998：99.

② 董焱.信息文化论——数字化生存状态冷思考［M］.北京：北京图书馆出版社，2003：71.

③ ［加］马歇尔·麦克卢汉.理解媒介——论人的延伸［M］.何道宽，译，北京：商务印书馆，2000：25.

第三节　新时代诚实教育的全方位回应

　　在社会转型时期，面对多元价值追求，诚实道德价值受到了前所未有的冲击。一方面人们教育孩子"诚实守信"，另一方面市场经济下唯利是图的做法让很多成年人吃了亏。大家经常处在良心和利益的夹缝当中。但诚实守信是文明社会不可缺少的道德规范，是每个公民应该达到的基本道德要求，是社会主义荣辱观，更是社会主义核心价值观。当今时代的纷繁复杂，决定我们必须拥有复杂性的思维，来思考复杂社会中的诚实教育问题。人们需要学会迎接复杂性的挑战，这些挑战来源于认识和行动的各个方面；学会一种善于回应这种挑战的思维模式。这一思维模式要求观察者融入观察，即自我检查、自我分析、自我批评。为了培养这种思维模式，应该拥有复杂性思维与方法，更要拥有生态学、地球科学和宇宙学等新模式科学。[①]诚实守信是一切道德赖以维系的前提，在社会主义市场经济环境中尤显重要，它关系到和谐社会的建设。正因为诚实的重要性，教育更负有很重要的责任。所以，诚实教育虽然面临着严峻的时代挑战。但是，诚实教育不能消极回避，而须积极应对。因为任何危机与挑战都有可能滋生出新的希望。"人只有通过危机——基本上没有其他途径——只有通过这种最大的威胁才能获得真正的自我（博尔诺夫）"。如果虚拟世界存在的不诚实使得诚实教育面临种种挑战，相应而至的就是我们如何从另一个方面来看待虚拟世界。例如，虚拟世界的信誉维护。

诚信是卖家的立业之本

　　24岁的徐艺2002年从某美院设计专业毕业，目前在一家广告公司工作。她在网上开了一家服装店，这家店每年能给她带来5万元的收入。为了让服装店冲到"钻石级商户"，徐艺花费了很多精力。哪怕看到一个用户差评，都会让她心烦不已。她力求把服务做到最为人性化。一有新产品推出，徐艺

①［法］埃德加·莫兰.教育为人生：变革教育宣言［M］.刘敏，译.北京：北京师范大学出版社，2022：91-92.

就会第一时间通知老顾客们，还承诺给他们折扣。甚至在平日里，她会用网上聊天工具和客户们聊些生活里的事，互相增加信任和感情。为的就是让客户能够多给自己的网店好的评价，使网店的信用度得以提升——"钻石级"就意味着优秀的诚信记录。徐艺觉得，在网上开店，信誉是用户选择时最看重的东西。

唱响网络诚信的主旋律，网民是主角。每个网民既是网络环境的消费者，又都是网络环境的制造者。因为就算是虚拟的世界，其实背后也是真实的人在操作。虚拟世界中人的诚实道德，其实仍然是生活在现实中的人所应具备的诚实道德法则。努力提高网民的诚实意识，树立起诚实守信的价值观。试想如果网络上每个符号的背后，都是一个真实可信的人，都有一颗坦荡真实的心，那么虚拟世界里照样能开出纯洁的花，照样能结出美丽的果！

教育的危机核心是育人危机。育人危机的核心是失败的生活教育。懂得生活，这个关系到个体和群体的问题，是问题的关键和教育危机的核心所在。[①] 我们可以寻找到合适的途径来应对当今的社会现实，回应信息社会现实给予的各种挑战。直面各种矛盾而非尝试逃避，努力超越那些看起来毫无超越的选择。[②] 诚实教育在信息社会中也可以增强自身运行的活力和自身的实效性。前提是我们从教育本身的复杂性出发来理解诚实教育的危机，回归其所反映或加深的社会和人类复杂性的危机；而且在找到调节力量的条件下，教育的危机或许会为人类和社会的再生做出特殊贡献。

一、正视社会现实，在变革中认同诚实教育观念

包括现代主义道德观在内的传统道德观，其最大的缺陷就是无条件地服从神性和理性。"理性说"迄今不仅在人类的伦理规范和道德行为

---

① [法]埃德加·莫兰.教育为人生：变革教育宣言[M].刘敏，译.北京：北京师范大学出版社，2022：43.

② [法]埃德加·莫兰.教育为人生：变革教育宣言[M].刘敏，译.北京：北京师范大学出版社，2022：6.

中占据统治地位，就是在人类的整个文化领域和实践领域也是居高临下，具有绝对的权威。他们所高举的都是理性能力对于欲望的压制和克制，要求人类做理性的奴隶，而不是去自由自在地展现人类的原始本性，从而使得现实中的人格无一例外地具有两面性。尤其在权力和道德权威面前，这种两面性表现得更加突出和明显。人们所描绘的伪君子——满口的仁义道德，一肚子男盗女娼，是最好不过地揭示了传统理性主义的道德观对于人性发生畸变所起到的决定性作用。这种"培养"伪君子的道德观念，不但无法使人变得诚实，反而会使人更加虚伪。找不到自我、对自我都无法诚实的人，对他人会怎样是可想而知的。

那么，这种"人格的愈合"不只是人类未来的关键，也是当今社会的伦理道德必须承担的艰巨任务和不可推卸的社会职责。人的表面人格是理性长期塑造的结果，是个人对权力和习惯势力的屈服，是旧道德长期压抑和内在"良知"自我抑制的产物。它是对人性的发展，但却是以牺牲整体人格或肢解整体人格为代价的。那种概念化的、形式化的和理想化的表面人格与内在人格往往是对立的，旧道德把内在人格看作是一种野蛮的动物性，把外在人格看作是人类文明的结晶，这种看法造就了人的外在性、虚伪性和表面性。过于理性化的道德教育观念会导致人格的分裂。在学校道德教育中，理论与实践之间的脱节表现得更加明显。在制度化的学校教育中，学校道德教育似乎被披上了一层"神秘的面纱"，它显得非常高贵、神圣、权威。道德教育理论作为一种"宝贝"被深深地隐藏在人们的心中，而人们在生活实际与教育生活中却把这些理论"忘却"得一干二净。

如今人们对道德的理解已经从理论和实践两个方面都远远地超越了康德时代，摆脱了传统的理性主义，进入用非理性进行思考和解决实践问题的后现代。当今社会伦理道德更是要求被分裂的两重人格要合二为一，即内外融合，表里如一。特别强调要发现或恢复那久被遗忘的人性中的原始成分，重视人性得以存在和表现的基础和条件。这样才能使诚实具备人性的道德基础。

人类正在飞快进入数字化时代、网络化时代、光子时代、生命科学时代。任何一种新的发明和技术都是新的媒介，都是人的肢体或者中枢神经系统的延伸，都将反过来影响人的生活、思维和历史进程。那么，当今社会中解决诚实教育以及学校德育遇到的问题不可能脱离现时生活。而在教育教学变革中实现对诚实观念的认同与"改造"却成为先决条件。因为，我们从创造的激情出发，所有带来变化的革新都源于"变"，在变化的过程中也会变成一种趋势，然后成为一种历史力量。① 而变革的最终目的是实现每个人拥有美好生活。

"我们注意的文化，长期习惯于将一切事物分裂和切割，以此作为控制事物的手段。"② 如果有人提醒我们，在事物运转的实际过程中，媒介就是讯息，我们难免会感到有点吃惊。任何媒介（人的任何延伸）对个人和社会的任何影响，都是由于新的尺度产生；我们的任何一种延伸都要在我们的事务中引进一种新的尺度。今天的青少年学生，是在电力塑造的环境中长大的。这不是一个"轮子的世界"，而是一个"电路的世界"。它不再是一个被分割肢解的世界，而是一个整个模式的世界。正如一位国际商用机器公司经理所说："我们的孩子与他们的祖父母进小学时相比，已经生活了几辈子。"③ 而且，"我们无法否认数字化时代的存在，也无法阻止数字化时代的前进，就像我们无法对抗大自然的力量一样，数字化的四种特质是：分散权力、全球化、追求和谐和赋予权力"④。在这种新的社会文化影响下，作为培养人的活动，诚实教育不可能脱离它赖以存在的社会现实。因为任何一种社会现象，一旦成为广泛而普遍的社会现实，

---

① ［法］埃德加·莫兰.教育为人生：变革教育宣言［M］.刘敏，译.北京：北京师范大学出版社，2022：125.

② ［加］马歇尔·麦克卢汉.理解媒介——论人的延伸［M］.何道宽，译.北京：商务印书馆，2000：33.

③ ［加］马歇尔·麦克卢汉.理解媒介——论人的延伸［M］.何道宽，译.北京：商务印书馆，2000：27.

④ ［美］尼葛洛庞帝.数字化生存［M］.胡泳，范海燕，译.海口：海南出版社，1997：269.

想要摆脱它的影响是不可能的。

当下，诚实教育面临的社会现实就是多元化，我们必须给予正视，承担起对人的发展予以正确引导的责任。同时要改造学校诚实教育的观念，我们必须认识到：诚实教育不能脱离生活，生活是诚实教育的来源。正如朱小蔓教授在其《教育的问题与挑战：思想的回应》一书中所言："道德一刻也不能脱离对人的本质和本性的认识，一刻也不能脱离人类的日常生活。"[①]任何脱离人、脱离人的生活实际而进行的诚实教育都是虚伪的，都是不诚实、不道德的。

学校诚实教育是以人本身为目的，是通过创造出一个合乎人性的、宽松、健康、向善的、诚实的环境而发展人的。诚实教育需要从诚实的教育环境中"生长"出来。"道德教育不能从活生生的完整生活中抽离"[②]，需要明确"从道德的角度去影响儿童，并不是在他们身上培养出一个接一个的特殊的德性，而是采用适当的方法去培育，甚至全面构造那些一般意义上的性情，它们一旦被创造出来，就会使自己轻而易举适应特殊的人类环境，如果我们有能力发现这些性情，就会马上战胜横亘在学校工作面前的主要障碍"[③]。诚实教育的目的也正是通过适当的诚实教育方法，使儿童养成诚实的品质或品格，以能够使未来社会形成更好的信赖关系。而且，如果能少走弯路、增进对诚实道德价值的理解，那么就是在道德上取得巨大的进步，也将会让诚实道德价值在人类进化的过程中进行持久地延续。因为，对诚实道德的价值理解、认知，是构成全部生活的关键美德的源泉，是完整人性被认可，是他人尊严被呵护的象征。

二、直面各种冲突，把握诚实道德价值的绝对性与相对性

西班牙社会学家曼纽尔·卡斯特大胆预言："信息化社会就其全球

① 张之沧.后现代理念与社会 [M].南京：南京师范大学出版社，2005：270.

② 朱小蔓.教育的问题与挑战：思想的回应 [M].南京：南京师范大学出版社，1999：288.

③ [法] 爱弥尔·涂尔干.道德教育 [M].陈光今，等，译.上海：上海人民出版社，2006：19.

展现而论也是奥姆真理教的世界，是美国民兵、伊斯兰/基督教神权政治的野心，以及胡图族/图西族相互灭种的世界。"① 这种预言恰切地表达出信息社会中人们之间的各种冲突，特别是价值冲突的现实。价值的冲突必然导致诚实道德的绝对性失去原来的光彩，而使相对性占有优势，过分地强调诚实道德的相对性而忽视道德的绝对性，甚至否定了学校进行诚实教育的必要性。

极端的认识对诚实教育来说都是不可取的。我们正视社会现实，直面各种冲突，必须正确认识和把握诚实这种道德价值的绝对性与相对性，同时认识到价值冲突的正向作用。就如 L·科塞在其《社会冲突的功能》中所说：社会冲突增强特定社会关系或群体的适应和调适能力的结果，而不是降低这种能力的结果。社会冲突不仅仅是起分裂作用的消极因素，它可以在群体和其他人际关系中承担起一些决定性的功能。历史上传统的理性道德绝对主义的另一极端，便是相对主义。虽然它能够清除传统道德中的许多"虚假"观念，但是相对主义使人的价值观迷失，对是非善恶无法给予辨别，更大的危害在于，它使青少年不相信有任何客观的道德价值标准，盲目自大，不愿意接受合理的道德价值观念和道德约束，以自我为尺度，我行我素。也就是说，道德绝对主义与道德相对主义都不能很好地依据社会现实，也不能很好地解决现实的道德教育问题。

诚实教育应该把握诚实道德的绝对性与相对性之间的张力，注意避免绝对化，也要克服相对化。就如同社会学家默顿所言：应该详细分析社会文化事件对个人、群体以及较大的社会结构和文化造成的各种结果和功能——无论是正向功能还是反向功能、显性功能还是潜在功能。反过来，对不同结果的分析，也要衡量事件之间以及事件对更大系统的"结果净均衡"②。这样，在信息社会的大背景下，诚实教育在直面各种冲突，

① 曼纽尔·卡斯特.网络社会的崛起[M].夏铸九，王志弘，等，译.北京：社会科学文献出版社，2001：4.

② ［美］乔纳森·特纳.社会学理论的结构（上册）[M].邱泽奇，等，译.北京：华夏出版社，2001：25.

正确认识并把握诚实道德价值的绝对性与相对性的过程中，"构建起一个推动两种处世之道相结合的良性循环。一是减少自我欺骗，增进理解，直面不确定性，认识人类境遇，了解经济全球化的世界，从一切道德的源泉——团结精神和责任——中汲取营养。二是帮助我们在文明中自我定位，认识到文明深处的那一部分，就像冰山一样，文明潜在的部分要比露出的一角更重要。只有这样才能帮助我们自我防御，自我保护，并保护身边的人"①。在相互交流、相互碰撞、相互冲突、相互适应之上，建立相互尊重、相互理解、相互学习、相互促进的多元社会道德体系，这是一种现实追求与诉求，也是能够成功面对时代挑战的最佳途径。我们在完成 21 世纪学会生活、学会思考、学会行动的历史使命过程中，通过有活力的教育变革，让思想引领生活的改革，也必将推进"美好生活"的建立，也会推动社会主义核心价值观的良性循环。

---

① ［法］埃德加·莫兰.教育为人生：变革教育宣言［M］.刘敏，译.北京：北京师范大学出版社，2022：130.

第四章　路径：指向美好生活的诚实教育行动

千教万教教人求真，千学万学学做真人。行是知之始，知是行之成。

——陶行知

本章导读：

在新时代背景下，立足于儿童与青少年诚实品格培育，需建构家庭、学校、社会一体化的诚实教育系统。

从家庭教育角度而言，注重从小关注儿童的诚实习惯培养与不诚实行为的教育引导，注重诚实的家风、家训教育，营造真诚、信任、平等、温馨的家庭教育环境，做好诚实的榜样示范与影响，培养儿童诚实品格与修养。

从学校教育角度而言，注重把诚实放在学校德育的首位，努力使学校成为充满真诚、信任、尊重、赏识的，促进学生诚实道德生长的有利环境。科学、明确地依托于生活，进行集文化、课程、教学、活动、环境于一体的诚实教育体系建构，联动多方资源，培养儿童与青少年诚实品格与素养。

从社会教育角度而言，注重营造诚实守信的社会环境，政府公平地制定法规政策，不偏不倚地裁决与处理各种利益冲突，政府拥有一颗诚实的心，系统设计、实施制度与政策，兼顾各方利益，用科学、严肃的诚实态度，去倾听社会各阶层尤其是弱势群体的真实意愿、呼声和建议，培养全民诚实守信的精神。

罗素在《幸福之路》中写道："培养诚实的习惯应该是道德教育的主要目标之一。诚实不仅表现在言语上，而且表现在思想上。事实上，思想上的诚实更为重要。"① 他还强调个人不能先下意识地欺骗自己,然后想象自己正做一件具有美德和诚实的事。当今时代,人们不禁会问一个问题,诚实教育的任务到底是什么?如何让年轻人理解他们的现实生活,从而建立联系,建构意义,使诚实知识、价值、信仰一体化支持人们的精神生活与社会实践。诚实教育在于唤起另一个人的"内在诚实价值觉醒",以"成熟的方式"存在于世界并与世界共在。我的一个基本取向是倡导为儿童与青少年建构一个既可能又必要向善的生活世界,让其因诚实而幸福的生活世界。

虽然,单靠诚实教育不足以改变社会,却可以教育成年人更好地挑战命运,更有能力改善生活,更有能力恰当认知,更好地理解人类、历史、社会和世界的复杂性,更有能力分辨认识、决策、行动中的错误和假象,更有能力去相互理解、挑战不确定性、面对人生这场冒险。② 诚实教育遵循着一般的、最基本的策略:

首先,把握诚实道德养成的"关键期",以诚实行动为基础。调查研究表明,学龄前儿童具有天生的道德倾向。儿童在学会交往的过程中,他们通过行为表现努力与别人建立关系并积极维护它。这就是说,社会的、同情的和替别人着想的行为方式是人天生就有的。教育工作者需要而且能够做的就是要为这些先天的素质创造合适的环境,那么这些先天的素质就会自动地发展并培养出良好的道德行为。这有点像光感官的例子:只要婴儿处于一种自然的光环境中,他的光感官就会完全独立发展。把这一例子用于诚实教育方面就意味着,婴儿只要有相应的社会环境,在个性发展的初期就已经具有了道德概念意识。因此,儿童在伦理上能够做出反应之前,就完全具有道德行为能力。

随着年龄的增长,儿童和青年人根据不同的发展阶段逐渐具有了相

---

① 引自网络:http://www.tianyabook.com/zhexue/xfzl/044.htm。
② [法]埃德加·莫兰.教育为人生:变革教育宣言 [M].刘敏,译.北京:北京师范大学出版社,2022:43.

应地认知能力，因此在道德教育的发展过程中，一定要结合对道德问题的反应来培养这种认知能力。在这一方面，儿童哲学家马特乌斯是这样同儿童谈话的：他给他们提出生活中的问题，题目涉及知识的安全性、概念的意义和行为伦理学。以这种具体的形式提问，孩子们完全能够回答（马特乌斯，1989）。由于在这些问题中也有对自己日常知识的拷问，所以这种形式提供了一种合适和可行的刺激儿童思考的可能性，从中长期观点来看，这种训练有可能是最好的保护形式，是防止儿童和青年人受激进化影响的最好形式。

儿童在接受的道德教育中，养成诚实的品质或品格。其实也是存在着"关键期"的。如果儿童对诚实品质的道德意识已经形成，再去进行诚实教育，就不免效果很差。在儿童早期，能够给他们主动提供参与共同活动的可能性，在共同活动中，规定框架条件并给予监督。唤起儿童的诚实情感感受，通过诚实的社会交往，使孩子们亲身体会到诚实行动之后的愉快和诚实行动被鼓励之后的幸福感。让儿童在经历共同行动和行动规则的过程中激发他们的个人诚实动机。

其次，注重体验学习，认同诚实道德的重要价值。在对儿童进行道德教育的过程中，没有通过让儿童参加活动去体验更恰当的方式了。杜威和杜克海姆（1973）都认为，道德教育"不应该是教训式的"，而应该在学校里建立各种团体，进行以实践为主的道德教育。他们都主张儿童积极参加活动的原则。注意让孩子在集体中诚实地承担责任，体验诚实作为良好道德品质的价值。以保证诚实教育理论学习与实践诚实道德的连续性与完整性。在集体中，由于种种原因每一个人都会或多或少，或轻或重地犯错误。如果犯了错误之后能够勇于承认，并担当起责任，可以让人体验到诚实的快乐与价值。因为"只有通过获得来自实际生活经验重建知识的学习，才可以引发变革，可以打开新的前景，可以提供新的方式建构现实世界"①。

---

① ［美］马克·辛格林.释放想象：教育艺术与社会变革［M］.郭芳，译.北京：北京师范大学出版社，2017：4.

譬如，下面这个事例：

这是我的错

下班的时间已经到了，哈恩，一家商场的经理，收拾好东西正准备回家。这时传来了敲门声。"请进。"哈恩回答道。一个小伙子走了进来。"哈钦森，你有事吗？"哈钦森是商场笔记本电脑销售员，做这份工作时间还不久，业务不是很熟练。但他为人诚恳、热情，对工作也很认真，大家都很喜欢他。

哈钦森一脸严肃，手里还拿了一个信封。"对不起，经理。今天我犯了一个很严重的错误。"原来哈钦森一时大意把一台价值两万元的笔记本电脑，以一万元卖给了一位顾客。他是特意来向经理承认错误的。

"我为我的错误感到羞耻。这一万元是我这几年工作攒下的，请您收下，作为我对公司的赔偿。如果您要开除我，我不会有任何怨言的。"说完他将手中的信封递给了哈恩。哈恩接过信封放到了桌子上，然后问道："你知道那位顾客的联系方式吗？你去找过他吗？""我知道的，他付钱时留下了联系方式。我没有去找他。为什么要去找他呢？是我把两种笔记本电脑弄混了，是我工作的失误，我不想给您带来太多的麻烦。"

"所以你就用自己的存款填补那一万元？"哈恩说。

"是的，经理。这是我的错，我希望能够弥补它。"哈钦森诚恳地答道。

哈恩没有开除哈钦森，他被哈钦森感动了。有哪一个领导不喜欢敢于承担责任的员工呢？至于那一万元，那位顾客后来知道了这件事情，主动还给了商场。哈钦森没有损失一分钱。

在诚实教育的过程中，让儿童在集体中勇于诚实地承认自己所犯的错误，而且勇于承担责任。就能够使儿童像哈钦森一样，在收获快乐的同时体验到诚实的重要价值。

第三，对诚实道德问题进行伦理反应。儿童对外部道德主体的情感或情绪反应决定了儿童是否将外部道德主体所期望的行为方式或规则纳入自己的规则体系之中。[①] 儿童在经过认知能力培养以后，他们可以进行

---

① 刘晓东. 儿童精神哲学［M］. 南京：南京师范大学出版社，1999：170.

抽象阶段的反应过程。在诚实教育的过程中，这点非常重要。儿童若达到这一发展阶段，那么他才能达到对诚实道德问题进行深层次的伦理反应。同时，儿童具有对诚实的理论热情也起着至关重要的作用，这是对诚实道德问题的一种深层次反应。"因为，教育者常常面对的一种困境是，儿童并不总是具有喜欢学习有价值的东西或精通所学东西的意象，因此直到他充分认识这些对象的内涵，掌握它们并且投身于其中之前，他们一般不能够形成对于这些活动和自己所应扮演的角色的直接态度。换言之，他们这时的态度可能是间接的、观点可能是外在的，还谈不上真正认识活动的内容。他们需要引导，以形成对原则和活动的关心。"① 因此，抓住机遇，使儿童对诚实道德进行伦理反应非常重要。

以上是诚实道德教育的三种基本策略：让孩子积极参加共同活动；注意让孩子在集体中诚实地承担责任；让孩子与你一起讨论与诚实道德有关的问题。

诚实教育的要义在于，我们要决定我们对世界的真诚的爱是否足以为它承担责任，是否足以为它努力而使它免于因信仰危机导致毁灭。从生活世界的角度去言说与行动，在创造、改变中，让这个世界的普遍价值体系能够得到共同的认同与遵守。我也相信通过家庭、学校、社会共同的教育，能够重新开辟诚实教育的公共空间，让多种声音的相互影响成为可能，让我们与他人一起共同生活并面对生活的世界。

下面从家庭、学校、社会三个场域具体阐释诚实道德教育的价值追求与系统策略。

第一节　家庭幸福生活与诚实教育系统支持

家庭是为学习和生活做准备的场所，每个家庭都会通过有意识的努

① ［英］彼得斯.道德发展与道德教育［M］.邬冬星，译.杭州：浙江教育出版社，2003：221.

力让诚实道德教育发生。其中，与父母的交流是一种获取影响个人及社会发展的批判性知识的途径，对受教育者来说，"了解应该对社会抱有怎样的期望和掌握自信应对真实世界的技巧，是极其有价值的信息"①。健康、紧密和亲近的家庭生活中存在着隐含的教育。儿童诚实的心理发展需要有广泛的投资，特别是要有像父母这样重要他人的投资。参与者适应真实世界的途径之一就是来自家长的有意识的教育。② 亲密的家庭生活对培养儿童与青少年的诚实道德与品格来说至关重要。

一、家庭诚实教育与对幸福美好生活的价值追求

"我们都想使自己的生活有所成就，都想寻求'幸福生活'或'美好生活'。它不仅仅是哲学家、教育家及其他专家才感兴趣的事。"③ 美好生活关涉每个人而非少数人，是在物质生活基础上通过教育实现自我生活规划及价值归正，进入美好生活，当代朝向美好生活的教育寻绎已形成一种向实践转化的趋向。④ 面向幸福美好生活的教育价值、目标、体系和路径，首先需要在家庭教育中实现。家庭诚实教育要以追求幸福美好生活为价值追求。

家庭为个人生活与公共生活进行的诚实教育是至关重要的，这是对幸福美好生活的强调。当今时代，人们基本已经适应了网络生活、消费生活方式，家庭中的自由与诚实因而显得更加珍贵，特别是诚实这一价值、品德、品格与家庭幸福美好生活紧密相连。"最优秀、最明智的父母对自己孩子的要求也是整个社会对所有孩子的要求。"⑤ 他们通过"非正式"的家庭诚实教育，引导儿童与青少年充满幸福感地走向更富足的个人生活和更慷慨、更理智的公共生活。

① ［美］威廉·M.雷诺兹，［美］朱莉·A.韦伯.课程理论新突破——课程研究航线的解构与重构［M］.张文军，译.杭州：浙江教育出版社，2008：176.
② ［美］威廉·M.雷诺兹，［美］朱莉·A.韦伯.课程理论新突破——课程研究航线的解构与重构［M］.张文军，译.杭州：浙江教育出版社，2008：179.
③ 克里夫·贝克.学会过美好生活——人的价值世界［M］.北京：中央编译出版社，1997：5.
④ 阮成武.朝向美好生活的教育寻绎［J］.教育研究，2021（4）：53
⑤ ［美］内尔·诺丁斯.幸福与教育［M］.龙宝新，译.北京：教育科学出版社，2014：89.

虽然每个家庭都是完全不同的，但从总体而言，家庭诚实教育应该树立追求幸福美好生活的价值观，形成实现家庭成员自由全面发展的教育目的观、家庭终身学习的发展观、家庭诚实教育与家庭劳动结合的系统路径观。这符合我国新时代倡导的"美好生活"的教育价值导向、目标定位、体系建构和路径选择。"朝向美好生活的教育发展的时代方位，是实现对生存型社会的生活理想及与之相应的教育价值、目标、体系和路径寻绎的现实超越。这种超越并不是脱离历史和现实，而是立足人民日益增长的美好生活需要与不平衡不充分的发展之间矛盾所标定的新的历史方位，围绕美好生活及'更好的教育'，不断摆脱'物的依赖性'，明晰教育价值、目标、体系和路径坚持什么、改变什么和创造什么，探索形成新时代朝向美好生活的教育理想及其实现的中国之路。"[①] 有了这样的时代教育坐标，家庭诚实教育指向美好幸福生活的价值追求就有了实践的可能。

家庭诚实教育实践中，让诚实作为家庭教育的文化、价值、仪式，把诚实道德与品格作为家风、家训、家规，传递诚实这一做人的"第一原则"。建立家庭诚实教育的精神生活观，每个家庭成员能全身心地追求丰富而美好的精神世界，加强家庭诚实精神自省，真正把握美好精神生活与幸福生活的要义，坚持诚实家庭价值观、教养观、品格观，追求家庭高质量的诚实精神生活，让每位家庭成员因为诚实而富足、善良、快乐，促进家庭精神生活的"共同富裕"。

二、家庭诚实教育的原则与支持策略

家庭作为一种资源来说是有助于个体的生存的。[②] 家庭往往通过非正式的教育原则与策略支持儿童和青少年养成、珍视诚实价值与品格。幸福的家庭生活本身就是对诚实教育的系统支持。

---

① 阮成武.朝向美好生活的教育寻绎［J］.教育研究，2021（4）：62.
② ［美］威廉·M.雷诺兹，［美］朱莉·A.韦伯.课程理论新突破——课程研究航线的解构与重构［M］.张文军，译.杭州：浙江教育出版社，2008：87.

（一）倡导"自然"的诚实教育

卢梭说：根据自然万物的秩序确立儿童在人生秩序中的独立地位，接近人的自然状态，按照自然秩序对儿童进行教育，生活才会愉快，克服异化，获得幸福与自由。强调真正自由的人，才能让教育发生，这是卢梭认为的基本教育原理，人们根据这个原理也会在实践中总结出各种教育法则。"自然"的诚实教育指能够把个体天生存在的诚实与善挖掘并发挥、保持下来，把个体的自我诚实意识通过诚实教育培养并得以保持。

1. 维护儿童天生具有的内在诚实倾向

儿童具有天生的道德倾向，家庭诚实教育应尽力维护儿童天生具有的内在诚实倾向。教育者需要了解儿童关于诚实的价值逻辑，引导其持续认同诚实倾向性，并及时指导其更真诚地解决问题。

我讨厌说谎的小朋友

2008 年 1 月 25 日，姐姐带着他的儿子聪聪（六岁，大班）来南京看我，在从飞机场回家的路上，我们无意中谈起人说话是否可信的问题。出于研究的敏感，我借机问聪聪："你喜欢不诚实的人吗？"聪聪大声喊道："我才不喜欢！"我紧接着问道："为什么？"他迅速回答："我给你讲个故事吧！从前有一个小朋友在山上放羊，他骗大人说山上有狼来了……"他把《狼来了》的故事有感情地讲了一遍，然后愤怒地说："真是自作自受！"我感到惊奇。随后，我带着喜悦继续追问："你喜欢诚实的小朋友还是爱说谎的小朋友？"他答道："我当然不喜欢爱说谎的小朋友了。"我反问道："那你有没有和妈妈说过谎呢？"他笑了。

在上述我与聪聪的对话过程中，我详细观察了他在表达"讨厌说谎的小朋友"这一想法时的语气和语调以及愤怒的情感态度，可以明显看出他是发自内心地喜欢诚实而讨厌说谎。

其实，人在经过复杂的社会化过程之后，不诚实往往成为生活的主题词，即便讲诚实，也已经不再是学龄前儿童所表达的这种单纯、天然的诚实倾向了。维护儿童原本存在的诚实倾向非常重要，这是培养儿童诚实品质与品格的基础。在儿童天生具有的诚实倾向基础上培养其自我诚实意识是非常重要的。这让他们意识到：自己喜欢诚实的同时亦须具有诚实的行为与习惯。儿童幼小的心灵很容易接受情感的影响，在这个"关键期"把诚实作为初步道德、作为全人类的道德准则教给他们，使他们的诚实倾向得到维护。

2. 培养个体的自我诚实意识

希腊古城特尔斐的阿波罗神殿上刻有七句名言，其中流布最广、影响最深，以至被认为点燃了希腊文明火花的却只有一句，那就是"人啊，认识你自己"。认识自我是自我实现的第一条件，正确认识自我，人才能成为理性的人，成为真正的人，才能拥有自己真正的人生。连自己都欺骗的人，对他人是不可能诚实的。在儿童的诚实教育过程中，让儿童形成对自己诚实的道德意识，这一点至关重要。

正确地认识自我

片段一

新的集体刚刚组成，一切都是陌生的。看到教室黑板上赫然写着"自我介绍"几个大字，同学们积极准备着自己的精彩发言。以下是我的自我介绍：

我叫王非飞，来自长江小学，我性格开朗，爱结交朋友，在新的班级里，我已经有了新的好朋友，他们是李建，成长浩。我的兴趣爱好也很多，喜欢跆拳道、乒乓球、短跑、画画等。我的性情比较急躁，遇事沉不住气，爱发小脾气。

片段二

我的期末自我鉴定：我学习成绩优良，从不骄傲自满；处处遵守纪律；上课专心听讲，勤奋好学；平时关心集体，团结同学，在学校艺术节、英语节中，为班级争了光。但是，我上课不太爱举手发言，我要争取改正。

儿童要学会客观地、实事求是地评价自己，做到不自卑、不浮夸，这能够帮助他们获得良好的人际关系和社会评价。实事求是地看待自己的优点和不足，勇于承认自己的错误，是一种美德，这种美德超越了虚荣心，同样也超越了坚持自我的个性，这是一种有高度责任感的行为。勇担过错，可以使我们更加客观地认识自我、完善自我、发展自我。

知道？不知道！

2000年6月，一家知名的电视台对世界著名物理学家丁肇中先生进行专访。记者问："我感觉您每一个人生阶段都有明确的选择……一个人怎么能够每次选择都这么坚定和正确呢？"丁肇中回答："不知道。可能比较侥幸吧！"记者又追问道："在这里面有什么必然因素吗？"丁肇中依然回答："不知道。"记者还是不死心："怎么能让自己今天做出的选择，在日后想起来不后悔？"丁肇中依然回答："我不知道。因为还没有后悔过。所以我真的不知道。"记者无奈地说道："我发现在谈话过程中，您说得最多的一个词就是'不知道'。"丁肇中这次做正面回答："是！确实这是事实。不知道的我绝对不能说知道。"

相信每一个听说这个故事的人，都会被丁肇中先生的诚实所打动。

这里所倡导的"自然"诚实教育，亦是具有可靠性的诚实教育。它在儿童受教育一开始就起着动机的作用，驱使他们做出诚实行动。"由于服从的原因做合乎规矩的事，似乎是道德生活的一种令人窒息的堕落，而它在一种受限环境之外时固然是不稳定的；因为，一个间接形式的行为，当外在压力和激励取消时，非常易受诱惑并且瓦解。"[①] 这就会更加容易出现前面所说的对诚实抱有矛盾的态度。

（二）信任：真诚和谐的家庭关系与父母的教育风格

诚实的品质往往不是靠言传教出来的，也就是说，并不是大人从小让孩子唱"我在马路边捡到一分钱，把它交到警察叔叔手里面……"的童谣，诚实品质就能获得了。诚实品质更不是简单粗暴地通过命令来完成的，父母严格管制下的儿童可能会通过说谎得到较多实惠，他们有可能建立一套说谎的模式。因此，在任何情况下，"大人都不要通过刻意施加惩罚来

---

① [英]彼得斯.道德发展与道德教育[M].邬冬星，译.杭州：浙江教育出版社，2003：78.

迫使孩子说真话，而应该让他受到自己谎话所招致的不良后果的惩罚"①。我们可以在更为积极的方向上影响孩子的行为。

儿童的不诚实行为根源于父母不正确的教育方法。父母只有首先以身作则，为人坦诚，才能与孩子之间建立相互信任的关系，才能使诚实的种子在孩子心灵的沃土里发芽、开花、结果。如果家庭中不能充满信任，父母及文化因素对儿童不诚实的程度产生影响也是毋庸置疑的。例如，父母会对于幼儿最初的谎话会做出什么样的反应？他们会对孩子严加惩处吗？还是对说谎行为不闻不问？或是把孩子的说谎行为视为聪明伶俐的表现？同样，孩子的幻想会被不加区别地予以鼓励或者被不分青红皂白地加以压制吗？做父母的会帮助孩子认识创造性幻想与现实之间的差别吗？

我们有理由假设，对于孩子的搪塞言辞和幻想，父母做出的不同反应，会有消除或者强化某些语言行为的作用，而某种行为模式一旦形成，在孩子的一生中都恐怕难以改变。西塞拉·博克（1978）针对父母以过于专制的保护迫使孩子痛苦地无法讲出真话的情况提出了警告。她指出，孩子从迫于专制压力的谎言中所学的东西是，大人会在孩子有一定道理的情况下依然强词夺理地歪曲实情。此外，严厉的父母还会由于担心童话等各类故事的虚构内容会对和孩子将来的行为产生影响，从而对孩子的任何富有想象力的表现都竭尽泯灭，结果使孩子和他们自己都付出了代价。

从某种意义上说，诚实品格的养成是靠身教重于言教的潜移默化的影响教出来的。为人父母者，自己行为不到位，为了一点蝇头小利就说谎欺骗；为了自己的权威、面子就不懂装懂；为了一时的客套讨好就虚情假意，又怎能引领孩子奔向真善美的世界？对于诚实美德的传承责任，大人迫切要做的应该是通过遵守诚实规范的行为来影响孩子，激发他们从内心自然而然地形成遵守诚实美德的良好愿望，并引导他们按照所接受到的教育信号来执行诚实这种美德。

---

① ［德］伊曼努尔·康德.论教育学［M］赵鹏，等，译.上海：上海人民出版社，2005：38-39.

通过调查发现，儿童对父母、老师、朋友以及他们自己非常重视的人的行为的模仿与批判，充分证明了榜样教育力量非常重要。家庭生活中的榜样示范与正面教育影响发挥着重要的价值。在某种意义上说，孩子的成长取决于其父母及重要他人的不断成长，父母不仅仅是以教育者的身份用言语教育孩子，在学习、交往与生活中，父母作为孩子的最重要他人，以身示范言行一致、心口如一，这远比任何教育的灌输与规训更重要。当然，父母在以身作则发挥榜样教育力量的同时，更需要综合运用一些方法与孩子一起围绕真实生活情境进行诚实价值辨析，指导其在学习、生活、与交往中，学会判断、选择与行动。

十几年来，我在陪伴双胞胎女儿一起学习与成长的过程中，通过观察她们之间及与成人和其他同伴交往过程中的认知、情感与行为表达等，我确信：儿童的认知、行为与情感在得到正向的积极反馈后，更利于形成与保持优秀的习惯与追求，更利于产生荣誉感。她们开心地学习、交往与生活，这利于其养成诚实、友善、信任、坦率、勇敢等品质。就诚实这一品质来说，正面的多元评价更容易让儿童原有的天真、真实、坦诚的本性得以维持，利于其诚实品质的培育与养成；相反，负面的评价方式往往使儿童为了规避风险、逃避惩罚、避免犯错等选择不诚实，或者为了赢得老师、家长、学校的表扬而选择不诚实，维持其"好孩子"形象。

健康、紧密、和谐、亲近的家庭生活中存在着隐含的教育。亲密的家庭生活本身就是诚实教育的重要力量。譬如，家庭给予孩子充分尊重与信任，更利于其养成诚实的习惯。波尔比等心理分析家认为，早期父母与孩子之间爱与信任的良好关系的存在，是形成任何持久和一致的道德习惯的必要条件。在家庭生活中给予孩子足够的信任，直接决定其诚实价值习得的力量。因为"信任恰恰打开一个空间，在那里儿童或学生遭遇他们的自由，并且在那里他们需要弄明白用这样的自由去做什么。信任，换句话说，让他们的主体状态成败攸关。没有信任，没有赋予信任，这个空间可能不会打开，而且甚至是这样的情况，即没有信任，这样的空间将永远不会打开，并且如果那样，可能的作为主体的未来依然是被堵塞的"①。教育者去信任"不可见的事物正是可能会发生的事物"，给受教育者信任，就是让其有机会遇见"可能性"。

社会心理学研究也表明，越是生活在充满尊重、友爱、宽容家庭中的孩子，越少有一些厌恶体验，更容易对自己的行为负责任，更愿意真诚地对待自己与别人。儿童随着认知、情感及社会性发展的逐渐成熟，对其重要的、具有亲密关系的父母及照料者的教育方式极其敏感，此时期儿童对自我价值的确认，特别需要父母的积极鼓励与帮助。父母要充分尊重并信任孩子，随着年龄的增长，他们能够为自己的诚实表现感到骄傲，因为他们已经开始学会从"谎言会对信任产生影响"的角度来看待诚实了。真正的自主需要因人而异地看待他人，需要把诚实（这时已经内化为一种价值观）当作与他人相互尊重和建立亲密关系所不可或缺的条件。

综上，家庭需要尽一切可能为孩子营造自由、宽松、民主、和谐、信任的家庭氛围，父母以身作则，共同经营与维护家庭诚实教育的"资本积累"，让诚实这一价值、品格、道德在家庭成员心中烙下印迹，成为家风、家训，让整个家庭更好地面向未来的美好生活。

（三）发展性评价：父母与孩子一起撰写自我评价日志

我曾经专门对小学生进行过诚实专题调查，结果显示：在小学生心里，自己的父母、老师基本是言行一致的。譬如，关于"父母是否能够做到言出必行"这一问题，回答父母"大部分做到"的有效百分比为49.4%，回答"全部做到"的有效百分比为36.1%，累计百分比为85.5%，在家庭中，小学生的重要他人父母所发挥的言行一致的榜样作用非常重要。但这并不能直接推出教育效果良好的结果，事实上，家长习惯于用自己的评价标准要求孩子，而且容易把自己置身事外，单纯要求孩子如何做，这样做其

①［荷］格特·比斯塔.重新发现教学［M］.赵康，译.北京：北京师范大学出版社，
　2021：157-158.

实是无效的，更做不到科学地理解孩子的认知逻辑，也就很难实现冷静、理性引导孩子进行自我认知。

家长与孩子一起撰写自我评价日志不失为一种可以选择的做法。当今社会有很多便捷的记录方式，如微信、QQ、博客等平台都可以用来对随时发生的真实问题，特别是对两难问题进行处理时的思想、行为表现与反思做记录，家长与孩子一起通过撰写自我评价日志的方式实现理性反思、情感共鸣、观点碰撞、角色扮演、自我觉察。

孩子可以体悟到父母不再只是评价自己、对自己提各种要求和期待，而是与自己一起通过自我评价的方式，共同学会分析问题、解决问题，在理性与情感融通的过程中共同进步与成长，这将会给彼此生命力留下绵长的情感记忆，而这些情感场景也会转化为"诚实情感资本"，情感资本也将助力父母与孩子一起拥有自尊、自信、惜物、审美、宽容、求善的积极道德情感，提高彼此的情绪觉察能力、移情能力与情感表达能力，所有这些也会让家长更好地发挥道德榜样示范作用，更重要的是让孩子在与榜样学习的过程中学会自我认知，学会诚实道德判断、推理与处理问题的能力。

家长通过与孩子一起撰写自我评价日志，也就是用"诚实道德日记"的方式与自己、他人进行对话，完成自我剖析，从而实现自我教育、自我监控与自我超越。

家庭还可以与学校共同建立学生诚实美德档案，档案袋里存放孩子在家庭、学校与社区等真实生活中发生的良好诚实道德行为记录，也包括孩子在此过程中写的自我评价等日志，特别是通过设置促进孩子对真实生活中诚实道德认知、判断、理解、推理、行为方面的两难情境，让孩子进行知情意行全方位的记录，体会在真实的世界中如何理解与践行诚实。这种系统的学习、生活、品德与情感指导的个案记录方式，是让家长、学校与孩子更好地对自己的言行举止认识有明确理性的依据，减少空洞的说教，更重要的是让孩子累积自己的诚实道德等亲社会行为，形成自己的"道德履历"，拥有足够储蓄一生的良好"道德资本"，引导孩子珍视自己的生命发展与成长过程，确认自己的价值，学会与自我、他人、集体及周围世界真诚、和谐地相处。

第二节　学校美好生活与诚实教育系统实践

学校的核心使命是聚焦思考如何教会儿童和青少年应对不确定性，教会其防止错误、误解、冲突发生的方法，教会其认识自我与理解他人的方法等，学校更需要关心、反思如何让儿童和青少年过好的生活、如何好好生活等问题。过真实、诚实、求真、向善、尚美的生活，应该是每个人的向往与追求，诚实教育指向这样的美好生活。学校需要系统思考，如何让学生在学校生活中拥有幸福感，在美好的生活中涵育其诚实品格，并因此通向幸福而美好的生活。

一、诚实教育的价值认同：学校坚定培养诚实价值观与品格的信念

不论社会如何发展，学校仍然是儿童共同学习与成长的场所，儿童的道德形成与发展，是在学校明确而坚定的道德教育目的的前提下实现的。在多元化的社会中，我们不能盲目，更不能盲从，必须认清时代发展带来的变化背后，仍然存在一些不变的本质。而对变化的科学认识，有益于维护不变的本质。人之所以是复杂的，就是因为他生活在社会群体当中，但无论是作为个体的人，还是作为社会群体之中的人，具有诚实道德与健全人格都是非常重要的，它是个人能够安身立命、和谐生存的资本。

在当今社会中，很多认识都发生了巨大的变化，对学习的认识也发生了本质的变化，"学习不仅是建构客观世界意义的认知性、文化性实践，也是建构人际关系的社会性、政治性实践，还是实现自我修养的伦理性、

存在性实践"①。诚实道德是一种群体性行为，诚实的道德学习通过在交往中实现。学校诚实教育需要在全面认识各种变化的前提下，秉持"全面学习观"，不能仅仅把诚实教育目的聚焦于"构筑世界"，更应该关注"构筑伙伴""构筑自身"的实践。学校要培养儿童的诚实品格，以助力其应对随时出现变化的世界。

学校诚实教育不能直接讲授道德概念、灌输诚实行为规则，更不能仅仅帮助个体澄清相对价值观念，而应该遵循儿童诚实发展的规律，促进个体对诚实道德的认知能力发展，以培养儿童具有诚实的品质或品格作为诚实教育的目的。学校应该向儿童提供丰富的社会经验和角色承担机会，促进其对诚实的道德判断沿着内在阶段顺序发展，使儿童有适宜发展的道德水平，达到思维和行动的成熟水平。

诚实教育需要以形成对诚实的道德认识与推理为前提。诚实的道德判断与诚实的行动相互联系，成熟的诚实道德行为要以成熟的诚实道德思维形式作为前提，而且，只有当诚实的道德行为处于发展的系列中才变得恰当，在那里，儿童有合理的诚实理由或观念支持其诚实的行动。不要把将诚实的道德行为仅仅看作是"好的行为"，而是把它看作是符合成熟的道德判断的行为，促进儿童的诚实道德判断发展并达到道德判断与道德行为的一致。

其实，诚实教育对于改变儿童的不诚实行为，让儿童养成诚实的习惯、形成诚实品质或品格等具有非常重要的作用。诚实教育的最终结果应是使儿童具有诚实的道德信念。而诚实信念的形成要求儿童能自觉地对待自己的愿望，也就是先要能支配自己的愿望。它的形成是一个人的精神面貌及其品行中思想和行为一致、言论和行动一致的主要标志。它也是个人能够诚实的能动力量，诚实的信念不只是指人知道诚实是什么，而首先是指他怎样把这些知识变成行为、养成诚实的习惯，即人的诚实行

① ［日］左藤学.学习的快乐——走向对话［M］.钟启泉，译.北京：教育科学出版社，2004：20.

为已经因为情感的作用由良心的呼唤所支配。不过，这里需要强调的是"信念不是脱离具体、活生生的人而存在的抽象真理，它是脉搏的跳动和智慧的火焰：只有当一个人能为自身树立信念，并因此在社会中树立自己时，信念才会成为现实"①。但是，也只有当诚实的信念构成一个人的诚实行动和行为的核心时，才能在人身上鲜明地表现出来。

二、学校诚实教育氛围：真诚的教学互动养成诚实价值观

学校坚持营造以人为本、求真向善的教育文化氛围，在办学目标、培养目标、课程设计与实施、教育教学评价、综合教育活动、校园环境等方面都需要关注学生的诚实品格发展，从整体上营造以学生为本的诚实文化氛围，通过课程、环境、教师、活动等多种教育方式，培育学生的自尊、自信、独立、惜物、审美等情感发育，培育学生的情感觉察能力、情感反应能力及情感表达能力，增加学生在学校学习、交往、生活中的积极愉悦体验，减少其在学习、交往、生活中不被尊重、不被信任，被压制、被欺负，压力过大、负担过重等厌恶体验。换句话说，学校营造以人为本、真诚、信任的情感文化氛围，会利于培养学生拥有勇敢、真诚、坦率、信任等品质，这些品质也恰恰是学生诚实价值观养成的基础。

学校一定不能仅仅通过规则来进行诚实教育，还需要通过日常的经验教育。例如，诚实需要通过被奖赏来表明是值得的，而背叛诚实必须通过被惩罚来付出代价。"如果与欺骗相联系的激励体系被改变了：从短期来看，如果通过欺骗所得的收获减少了，而诚实变得更有价值了，整个社会……都将获益。"②作为最终有益的行为习惯，诚实的工具性价值必须被证明，而且把诚实与自我利益联系起来。学生通过日常生活经验所获得的对诚实的认知也不能说不够深刻，但获取方式总是不能避免生硬与僵化，实施这些工作的"德育工作者"往往不被喜欢，甚至会

---

① [苏] 苏霍姆林斯基. 帕夫雷什中学 [M]. 赵玮，等，译. 北京：教育科学出版社，1983：220-221.
② [波兰] 彼得·什托姆普卡. 信任：一种社会学理论 [M]. 程胜利，译. 北京：中华书局，2005：184.

让学生讨厌。如果学生对教师、主任、校长都是不喜欢的，他们该怎样做到诚实呢？

其实，学校能够进行诚实教育，能通过诚实教育培养学生的诚实品格，有一个非常重要的前提，这需要每一位教育者一起去寻找，如果找不到，学校教育就永远会面对假象，这个很重要的前提叫"平等"。"在校园里，让我们的学生对老师、对校长很敬重，甚至感到很害怕，这很容易，校长和老师所处的地位就决定了，但要让孩子真心喜欢却不容易。为什么？因为喜欢必须建立在平等的基础上。这更难了，因为我们国家几千年的传统就是'师道尊严'，即便如此，我们还是要做出改变的努力。如果不努力，我们的教育就永远是假的，因为你不曾面对真实的学生、没有遇到真实的问题。"① 即学校需要努力实现师生平等，才会有真实的教育发生。也就是我说的诚实氛围营造，或者说更准确地说，学校通过各类活动进行诚实教育是可以从形式上实现的，单靠教师采用各种教育手段来规训儿童诚实，不但不会达到诚实教育的效果，反而为诚实教育设下了种种障碍。正如英国帕特丽莎·怀特所说："诚实总是最好的策略这一点并不是确凿无疑的，学校要按自己的要求认识到，在多大程度上它可能不知不觉地向它的成员施加了过分的压力，以致使得他们不再诚实。"② 若真实地让诚实教育发生，还需要学校教育本身就是诚实的。

学校诚实的教育氛围与真诚的教学氛围是相辅相成的，每位教育者"应留心不要无意中使学生为他们的生活的某些方面感到羞耻，而被迫隐瞒这些方面"③。在教学过程中，教师与学生真诚地进行对话、讨论，才能实现真诚地相互提醒，学生在成为他们自己的过程中，是可以大胆地纠正、监督老师的行为的。例如：

---

① 李希贵.重新定义学校［M］.北京：中国人民大学出版社，2017：20.
② ［英］帕特丽莎·怀特.公民品德与公共教育［M］朱红文，译.北京：教育科学出版社，1998：5.
③ ［英］帕特丽莎·怀特.公民品德与公共教育［M］.朱红文，译.北京：教育科学出版社，1998：97.

品德教学案例——与诚实相伴 [1]

《品德与生活》是一门综合性学科，旨在增强品德教育的针对性、实效性，切实地为学生形成正确的生活态度、良好的道德品质打好基础。针对三年级年龄段学生容易出现说谎的问题，我精心设计了教学活动——《诚实的孩子》，分成"诚实行为汇报会""现场采访活动""诚实行为表彰会"环节，为了实现课程的开放性，我还邀请了一些家长参加我们的教学，目的是让学生在与家长、教师沟通的基础上清楚地知道"生命不可能从谎言中开出灿烂的鲜花"，逐步养成正确的态度与行为方式，发展分辨是非的能力。

上课了，我信心百倍地走进教室，看见同学们已将收集到的诚信格言贴在了墙上，最醒目的当属刘威小朋友的《绝不说谎的孩子》，密密麻麻的三张纸告诉我这不会是格言警句。而他神情严肃、高举着小手。没等我开口说话，他就站起身来说："老师，我想给同学们讲一个故事——《绝不说谎的孩子》。""可以啊！""每年5月2日，美国都要举行各种活动来庆祝一个具有特殊意义的节日——诚实节。这个节日来自一个悲惨而又真实的故事……"刘威声情并茂地讲述使大家认识了一个名叫旦南的孩子。这个孩子因为诚实被狠心的养父母活活打死。大家听得真认真啊！当他说到"政府为纪念这个宁死也不肯说谎的孩子，建造了一块纪念碑和一个塑像，并决定将5月2日，他死的那天设立为诚实节"，此时，同学和家长情不自禁地鼓起掌来，有的同学眼里饱含泪水。看到同学们如此激动，我的心里漾起了层层涟漪。我灵机一动，干脆直接来个现场采访吧？我当时指定了李艺华同学当小记者，没想到，小家伙第一个采访的对象竟然是我，问题竟然又是如此尖锐——"老师，您小时候一直是个诚实的孩子吗？"几十双眼睛刷地向我看来，当时我真有些不知所措，生怕在孩子面前暴露缺点，从而失去威信，但转念一想，学生需要的是具备人性弱点与优点的老师，与这样的教师相处，学生才感到真实而亲切。于是我说："我小时候也有过不诚实，比如和同学发生矛盾就会把对方的责任夸大，自己的问题忽略不计，有时候不小心做了坏事，

① 引自网络：http://www.psjying.pudong-edu.sh.cn/sourcefile/0/0/51/51505.doc。

127

就连忙逃避……但是在老师的教育下，我渐渐懂得了这样做的坏处，那就是没有人喜欢，将会成为一个孤独的人。所以，我决定改正自己的缺点。你们看，现在的我是不是比较诚实可爱呢？"教室里再一次爆发出掌声，李东晃说："老师，你能改正缺点，就是最可爱的人呀！"接着，小记者又采访了同学："你是不是一个诚实的人？你做过哪些诚实的事？"采访家长："您的孩子在家诚实吗？请说一件您孩子诚实的故事吧。"同学和家长都纷纷踊跃回答，气氛相当热烈，简直就是我们班的《实话实说》了。李子钊说："我是个诚实的人，有一次，我在路上捡到了十元钱，我交给了值日老师，老师还表扬我了呢！"樊振妈妈说"我的孩子在家里比较诚实，老师在学校里对他的批评都会告诉我，和我一起寻找改正缺点的有效途径。"黄阳妈妈说："我家阳阳很诚实，有一次，他和他爸爸去中山公园游玩捡到一个钱包，归还给了失主。我想对我的孩子说：'诚实是一个人做人的底线。阳阳，你的诚实给我上了很好的一课。'"再看黄阳，脸上洋溢着灿烂的笑容，真为他骄傲。小晨妈妈也缓缓站起来说："小晨有时不能对我说实话，比如老师要求每天读书，他就不能天天坚持，还对我说没有布置。但是我相信他以后一定会改的。"小晨听了妈妈鼓励的话语，与妈妈对视了一下，眼里闪现出坚定、自信的光芒。又有一位同学站了起来，说："老师，我有时也会说一些谎话，其实说谎话时，我的心会怦怦乱跳，感觉很不好受，老师，我以后一定不再说谎了。"这时我不失时机地说："我们班有这么多诚实的孩子，我真为你们感到无比的骄傲，我想送给大家一句话'当诚实的人，说诚实的话，做诚实的事'。"黄怡潇提议："让我们与不诚实永远告别。请同学们把自己不诚实的表现写下来，等到下课时，我们一起到学校的植物园挖个坑把'不诚实'埋掉。永远都不要再见到它。""好！"简直就是一呼百应。每个同学马上埋头认真地写起来。

我看着这些幼小却不乏学习自主性的孩子，内心无比欣慰。在这样的氛围中，孩子们对诚实行为的认识虽然稚嫩，但却是实实在在地发自他们的内心。教学契机千千万万，关键在于教师的心中真正要有学生。不是让学生适应我们的教学，而要让我们的教学服务于学生的学习……

老师最后的演讲更加真诚，即使你没有身处课堂，也能感受到在这样真诚的教学互动中，孩子们因为这种平等、信任，似乎能够触摸到"民主"，体会到这种课堂中的参与是令人开心的事情。老师最后说：

理想的课堂，是一个舒展轻松的过程；理想的课堂，是一种感受幸福的体验；理想的课堂，是一个充满智慧的理想王国；理想的课堂，能让阳光普照每一个学生的心灵！新世纪的理想课堂是诗一般的课堂！愿这样的课让孩子们终身受益。愿诚信如同一根坚定的纽带，能使我们彼此相连。诚实是我们的朋友，与我们相伴永远。

这就是教育者在尊重、真诚、平等的环境下获得的诚实教育的力量。

当然，学校诚实教育氛围的营造与真诚的教学互动实践起来也是有挑战的，甚至是艰难的。这需要每一位教育者能够"手、脑、心"并用，在自我教育实践中去尝试，去发现自我，自然也就在面对真实自我的过程中，呈现出教育教学的真实勇气。由此，学校诚实教育氛围也会如"叠加"曲线逐渐升腾、浓烈起来，并循环地引发与激活教育教学过程的真诚互动，这是让每个学生、教师、家长都能感受与体验到的诚实教育氛围。那些"关键时刻"会自然地在每个人的头脑与心中镌刻出诚实的价值与品格。学校正是通过自身的诚实教育氛围与环境浸润，让学生在成为他们自己的过程中，诚实教育也就自然而然、真实地发生了，否则学校诚实教育的实现还会是难以想象的艰难。

三、诚实教育课程实施：系统支持诚实品格养成

什么才是对诚实教育具有探索意义的课程呢？学校首先要做到的是所有课程都是真诚地为了学生好的，特别是因学生需要而设计的个性化课程，教师作为"导师"，带着"道德想象力"与学生一起讨论如何遵守诚实标准与规则，为学生打开一个特别真诚、广阔、开放、包容的世界，使其具有"开放的能力"，通过诚实教育课程，破除关于诚实的刻板印象的障碍、倦怠的障碍、超越定义的障碍。教育者只有将诚实教育看作学校的使命，才能真正推动学校系统进行课程建构与实施，设计满足不

同学生多样化需求的显性课程与隐性课程，支持学生习得诚实美德。

（一）显性诚实教育课程的实施

1. 直接的诚实教育活动

显性诚实教育课程将诚实作为良好的道德品质或品格，通过诚实教育使同学认识到诚实的可贵。然后通过一些增加学生诚实体会与感受的活动，让学生亲身体验并发自内心地认为诚实使自己快乐、使他人快乐。例如：

"无人监考"考人格

考试需要文明，考试需要诚信。许多学校推崇的诚信考试就像一股股清风荡涤着校园里的浊流，支撑起校园里一片蔚蓝的天空。这里摘录的是部分学校学生参加诚信考试后的感受：

1. 初次坐在诚信考场里，不免有几分新奇，几丝激动。毕竟这是从未有过的考场：远离了监考的严厉，减弱了作弊的侥幸，荡漾着信任与公平。

2. 参加诚信考试，是对我们人格的一次洗礼。参加这类考试需要信任。我认为有人、无人监考都一样，只要觉得对得起自己的良心就行。

3. 无人监考可以使我们没有心理压力和被人监视的感觉，从而使我们充分发挥出自己的水平。

4. 无人监考考的是一个"信"字，这其中包含着两层意思：一是教师对学生的信任，二是学生自身所具有的诚信。

5. 考试前，我在班级的诚信考试公约上签名，就感到一种荣誉和压力，第一次深切感受到了对自己的承诺要负责的神圣。无人监考，感觉很好。我是带着新鲜感与轻松感顺利完成了这场考试的，因为看不见监考老师走来走去的身影，自己思维比较连贯，成绩也真实体现出自己的水平。

6. 和普通考场不同的是，诚信考场的约束力其实更大，考场里没有监考老师的监督，更需要自我约束。

诚信考试所蕴含的教育因素可以塑造学生的诚实个性，养成诚实的良好道德品质。从2004年起，所有参加高考的考生都要签订"诚信高考承诺书"，自愿在考试中遵循考试纪律，如有违纪情况将接受相应的处理。2007 年的"诚信高考承诺书"扩大了记录的内容范围，考生与考试招生所有相关环节的诚信情况都将被记录在其中。

下面是一所学校的学生发出的诚信学习倡议：

诚信学习倡议

为了弘扬中华民族诚实守信的优良传统，营造诚信和谐的学习环境，成为一名诚实守信的合格中学生，我们承诺：

1. 对家长诚信：多与家长沟通，主动汇报学习情况，不欺瞒家长。

2. 对老师诚信：从小事做起，认真完成各项学习任务，如实反映自己的学习情况。

3. 诚信学习：弘扬实事求是的学风，敢于承认学习上的问题，作业不抄袭。

4. 诚信考试：勇于公平竞争，自觉抵制作弊等不诚信行为，用扎实的知识、求真的态度、顽强的拼搏，向自己、老师和父母交一份完美的品行答卷。

同学们，让我们用心灵呼唤诚信，使它成为温暖我们心田的阳光；让我们用行动实践诚信，使它成为我们行动的指南；让我们用双臂拥抱诚信，做一个诚实守信的中学生！

2. 课堂教学中诚实价值澄清的方法

（1）诚实道德的讨论策略

道德讨论策略（moral discussion strategy）是科尔伯格提出的第一个学校道德教育干预策略，其基本方法是通过教师引导学生讨论道德两难问题，引起学生的道德认知冲突，激发学生积极进行道德思考以促进学生的道德判断水平的提高。这种"课堂道德讨论模式"需要不同类型的学校结合学情进行具体实施，通过对不同领域中诚实问题进行道德讨论，有助于发展儿童与青少年更细微的诚实道德意识。譬如，"做诚实的人"教学过程中，教师通过情境导入，引出诚实的人才会被喜欢，明确具体的诚实行为的重要性；共同进行道德讨论，明确诚实将受人称赞与爱戴，不诚实将会受到惩罚，并集体讨论诚实行为的及时评价方式，体验并感受因诚实而得到别人的信任所带来的幸福和快乐。通过道德讨论，学生能够在讨论的过程中澄清价值，认识到诚实应该是日常生活中人与人之间交往必须坚守的准则。

（2）说服与说理

在诚实教育过程中，说服与说理是必不可少的方法，我们既可以采取直接说服的方法，也可以采取间接说理的方法。下面的例子是比较典型的说理方法：

诚实最重要

北京大学里一位来自美国的外教帕垂特教授编写的研究生英语教材的最后一课是《关于诚实》。文中写道：

为什么要考试？测试你对某门课的掌握程度；测试你的学习技巧和记忆力；评估教师的教学质量，了解哪些教得不错，哪些需要加强；最重要的是，测试你是否诚实？假如你作弊了：你伤害了老师，给师生关系蒙上了阴影；你的良心就有罪了；你改变了你在人们心中的形象。孩子，你的信誉价值连城，你怎么舍得用一点点考分就把它出卖了？作弊的代价太高了，实在划不来！

上文列举了不诚实行为的后果，这种讲事实、摆道理的说理使儿童了解并认识到不诚实会给自己与他人带来伤害，进而教育与引导学生诚实。说服与说理的教育方法，对于年龄较小的儿童来说是比较有效的。需要注意的是，教师在说理与说服教育的过程中，要坚守尊重学生这一重要理念，才能够架起师生平等交流的桥梁。一位成功的教育者一定要懂得尊重学生。尤其是班主任，作为班级工作的管理者和领导者，管理班级的过程实质上就是教师与学生之间的一种双向的情感交流过程。"在孩子看来，思想总离不开人。他们接受自己所尊敬的老师的教导与接受自己所鄙视的陌生人的话相比，态度是截然不同的。"[1]即所谓"亲其师，信其道"。教师只有尊重学生的人格和自尊心，才能使学生在学习和生活中有安全感、愉悦感、尊严感，这便是诚实的情感基础。

---

[1]［俄］H.K.克鲁普斯卡娅.论教师［M］.莫斯科，1960：143-144.

（二）隐性诚实教育课程的影响

除了直接的、显性的诚实教育课程实施，隐性课程在培养儿童的诚实道德品格方面也发挥着至关重要的作用。"鼓励孩子诚实，看来像是教师的一个更直接的任务。"① 教师不但要完成这个任务，还要具有诚实教育的风格，它是对学生正确引导与形成良好信任的师生关系的关键，通过榜样示范诚实价值观与品格，让诚实拥有力量，使儿童与青少年学会诚实。请看下面一名班主任老师的自我教学叙事反思表达：

> 为了让小强同学能朝着好的方面发展，将来成为一个合格公民，光靠几条小学生守则上的内容是不行的，光靠苦口婆心地说教显然也是不够的。榜样的力量是无穷的：一是我让班中诚实的小君平时帮助他；二是作为班主任的我身体力行，积极参与到学生的行为中去，即要求学生做到的事自己首先做到。对于在课堂上讲错的知识，我在学生面前勇于承认，答应学生的事，一定办到，做个诚实守信的好老师。如果老师以身作则，学生就会模仿，并下定决心去做好，同时还能感受到老师平易近人、和蔼可亲，从而融洽师生关系，增强老师的威信，正所谓"喊破嗓子，不如做出样子"。

诚实正直是对教师人格特质的要求。在一定程度上，教师人格修养的高度决定了学生发展的程度。

教师具有诚实高尚的人格与品格，必然会赢得学生的尊重。教育学生不是演戏，来不得半点虚假和不公。苏联教育家苏霍姆林斯基在《帕夫雷什中学》中论述了"培养诚实和荣誉感"。他指出："对于现实不要去粉饰，不要去掩盖。不能让孩子在跟好友谈心和在自己家里讲的是一套，在会上和公开场合讲的却是另外一套。不能让孩子去做违背良心、口是心非的事。不能让孩子形成一种错误观念，认为这种虚伪似乎是必不可少的……"② "教育者切忌用某些虚假高尚目的掩盖起来的虚伪造作、心灵

---

① ［英］帕特丽莎·怀特.公民品德与公共教育［M］.朱红文，译，北京：教育科学出版社，1998：86.

② ［苏］苏霍姆林斯基.帕夫雷什中学［M］.赵玮，等，译.北京：教育科学出版社，1983：240.

的"双重化"、两种"真理"（一种用于日常生活，另一种则用于会议发言）的同时奉行欺蒙哄骗、冷漠寡情等卑劣品行。"① 如果学生看到了教师的虚伪与做作，不仅使教师在学生心中毫无威信可言，而且以后学生也不会相信老师，更不可能把老师当作榜样。

教育案例：诚实值一百分 ②

大二上学期，新开了一门实验分析课，听高年级的师兄说，上这门课的李老师脾气极好，心地很善良，最重要也是我们最关心的是，她极少给同学不及格，这让我们非常开心，也安心了不少。

传言不虚，李老师 50 多岁，为人极随和，脸上洋溢着慈祥的笑容，而且非常关心我们的学习和生活，班上不少同学去她家玩过，对她也是交口称赞。稍微与她的慈爱不太协调的是，她在课上要求很严，反复强调操作要规范，读数要准确，态度要认真……但总的说来，这门课感觉很不错。

我感觉到不妙是从实验报告开始的，每次我总得 4 分或 5 分，李老师曾说过，这门课以实验报告分数来计成绩，共计 10 个实验，每次满分为 10 分。如果我一直 4 分、5 分下去，那就意味着我将不及格，难道我将成为那很不幸的"极少"之一？看着周围的同学，都是 7 分、8 分，甚至有鲜红的 9.5 分！这让我既羡慕又有些恐惧。不过平心而论，我的态度十分认真，报告也写得极规范，可分数总少得可怜，每次我都比上次更努力，但那不争气的分数死活不见增长。随着实验次数的减少，我的恐惧在一点点增加，最后，眼看及格无望时，我已经快要放弃了，只能寄希望于李老师发发慈悲。

充满恐惧的时刻终于来临。那是一个很冷的下午，我的心也跟窗外的严寒差不多。李老师在发完实验报告后说："同学们，咱们的课快要结束了，可能大家都比较关心分数情况，下面我给大家通报一下实验情况和最后得分。"

李老师的话句句如晴天霹雳，在我头上炸响，丢人现眼的时刻终于来了。

---

① [苏]苏霍姆林斯基.帕夫雷什中学[M].赵玮，等，译.北京：教育科学出版社，1983：241.

② 引自网络：http://www.tianya.cn/New/PublicForum/Content.asp?strItem=free&idArticle=321885。

我已经听不进李老师继续说什么，只是想想自己为这门课所付出的努力，心中也颇觉委屈，眼圈开始微微发红。47分，我已在心里算过无数次了，我应该是班上唯一一个不及格者，我的心在下沉、下沉，一直沉向那不可知的深渊。

等我回过神来再听时，李老师说："你们绝大部分同学的数据都非常准确，跟教材也吻合，实验误差很小，因此分数也比较理想。只有一位同学，分数不太高。"

刹那间，我浑身一震，我知道就要点我的名了，我甚至已经听到了同学们的窃窃私语，也完全想象得到他们在用何等不屑的眼神看我。于是，我痛苦地深深地埋下头去。

但我没听到我的名字。李老师继续说："这位同学态度倒非常认真，操作也很仔细，只是数据误差较大，跟教材上的标准答案差得太多。"突然，李老师提高了声音说："但是，他的实验结果跟我得到的实验数据很接近。同学们，我不明白，我带了30多年分析课，但我很少得到你们那么精确的答案。事实上，以我们目前的仪器设备，实验误差比较大。但是，你们每个人每次的实验数据都那么准确，这只能有一种解释——你们的数据是根据课本凑出来或是编出来的，不是真实数据。鉴于这种情况，我想给他满分。"

听这番话时，我先是惊诧，后来有些震惊了。等老师说完最后那句话，我脑海中有过片刻的空白，接着心中就被一股汹涌的情感激荡着。我微微抬起头，两眼满含感激地望着李老师，李老师也正在看我，眼睛中充满了理解、信任与支持。不知何时，泪水已模糊了我的双眼，我知道，虽然我眼中有泪，但我不必再低着头。

李老师接着说："同学们，你们是新时代的大学生，将来都会成才。只是我想提醒你们，在成才前先学好如何做人，要学会负责任，不要因为任何原因丢掉你们身上最宝贵的东西。我希望你们牢记诚实值一百分。"

教室里良久无声，所有人，包括我，都在沉默着。

有专家点评说：在我看来，李老师是以自己的言行告诉学生"什么是科学""什么是教育"。因为科学的本质就是"实事求是"，科学的态

135

度也应该"真实客观",而教育就是要使学生懂得在学习中依据客观事实,实事求是地得出结论。因此,李老师不仅在教给学生知识,也在教会学生做人;不仅在教学生怎样获得知识,也在教学生怎样"科学"地获取知识。这正是科学精神的体现,也是教育的真谛。学生从李老师这门课上所获得的将不仅仅是知识本身,更是一生受益无穷的精神财富。我为有这样的教师而骄傲,也希望我们的教师队伍中有更多像李老师这样的好老师。

李老师相信学生,让诚实成为一种生长力。相反,若全部是智谋,一切教育和教学方法和手段都将像纸牌搭小房一样定然倒塌。同时,我们不要让孩子向自己曾经犯的错误、面临的困难低头,这也是在信任基础上的一种爱的鼓励。夏丏尊曾言:"教育上的水是什么?就是情,就是爱。教育没有了爱,就成了无水的池。"对每个学生付以真诚的情感,用纯粹的温暖温暖人心,用真诚的情感感动他人,这样的关爱滋润着每一个学生的心灵。教师能够在关爱学生的前提下,形成真诚的教育风格,这对儿童能够在思想与行为上都诚实具有潜移默化的影响。

教育需要爱。爱是教师对其职责所具有的激情,从而产生救赎式的影响,开拓通向数学家、科学家、文学家的道路。[1] 这也是影响学生价值观形成的重要力量。对于诚实价值观与品格养成而言,教师需要开展与学生之间的真诚交流与对话,从而传递"真诚""诚实"的"火焰",学会消除人与人之间的误会、虚伪与谎言。同时,教师向学生展现的仁爱和关注,可以让学生对自我和他人的特质进行重新认识与理解,减少因为误解、侮辱而产生的虚伪和冷漠。

教师需要学习"联结"的认知模式,激活"联结"的思想,教授学生从概念、观念及自我的整体认知,学会系统、循环、辩证逻辑、全息原则,通过各种价值讨论,学会精神的自主,并从不同的领域、文化和知识中汲取影响,建立复杂性的思想,克服认知与生活中的混乱、困难和无力。

---

[1] [法]埃德加·莫兰.教育为人生:变革教育宣言[M].刘敏,译.北京:北京师范大学出版社,2022:63.

学会学习，学会联通，学会超越线性因果关系，

四、发展性评价：正向激励儿童养成诚实品格

当下，学校对儿童品德发展与培育的实践创新层出不穷，也在评价方面做出很多努力，但对于德育评价方式并没有十分有效的探索。目前，在学校中对儿童的道德评价主要通过譬如扣分等惩罚为主的规训与教化方式进行的，这种方式使儿童自身的想法、经验、表达难以在师生关系之间、在班级与学校之中得以自然地呈现。实践证明：儿童的认知、行为与情感在得到正向的积极反馈后，更利于学生形成与保持优秀的习惯与追求，更利于儿童抱有荣誉感地开心地学习、交往与生活。相反，通过负向的评价方式往往造成儿童为了规避风险、逃避惩罚、避免犯错等选择不诚实，或者故意为了赢得老师、家长、学校的表扬而选择不诚实。所以，对于学校德育评价方式，需要紧紧围绕当下儿童的生活，探索适合其主体需求并又促进其行为养成、品德发展的多元评价形式，尽可能地去结合学校实际，在充分了解孩子的基础之上，研制学生品德发展的表现性指标，在真实的生活中从利于其品德成长的角度进行整体评价。

发展性评价强调把人的价值放回到评价的核心位置，把促进人的全面发展与个性发展作为评价的主要功能，实现价值主体与目标主体的统一，注重充分发挥诊断、调节、反馈、激励的作用，达到促进发展的目标，它强调运用多元评价，实现内容、形式、主体、反馈的多元化[1]。发展性教育理念和发展性目标评价模式[2]告诉我们两个方面的内容：一是学生发展评价结果是评价主体的一种价值判断，这种判断结果会因为不同评价主体价值观的不同而有所差别，因此，不能盲目根据一次或少数几次评价结果就给学生发展下结论；二是我们不要把注意力放在根据评价结果排名次、分档次上，而是要分析学生成长过程中存在的问题，及时加以解决，

---

① 吕啸、余胜泉、谭霓.基于发展性评价理念的网络教学平台学习评价系统设计 [J].电化教育研究.2011（2）：74.

② 吴钢.现代教育评价教程 [M].第 2 版.北京：北京大学出版社，2015：20.

使学生得以更好地发展。发展性评价就是针对学生评价存在的诸种问题而出现的人本评价方式。

发展性评价关注四个方面的内容[1]：第一，多维度的评价内容设计。内容包含学生的知识、不同层次的技能、学习方法、情感态度等。也就是说，内容的多维度不仅关注学生的行为表现，更关注学生的心理构建过程；不仅关注学习结果，更关注学习过程。第二，多元化的评价形式。通过多种途径了解学生的学习情况，既包括学习结果，又包括学习过程；不仅采用量化的测验，更关注情境化的任务执行与完成、成果展示、行为观察等等。第三，多方位的评价主体。除家长、教师外，同伴与学习者自己都可以成为评价的主体，参与互评与自评。学生自评是一种很好的自我认知反思过程，而参与对同伴等他人进行评价却是一起学习、反思自己以及锻炼评价能力的过程。第四，多样化的评价结果与反馈。评价结果若促进学生发展，必须用过多样化的反馈形式让学生了解并接受，因此，成绩、等级、评语、问卷、书信、日志、等都可以作为评价与反馈的形式，并且这不仅仅是评价的方式，也是教会学生学会评价的契机。基于发展性评价理念的诚实教育具体如下：

（一）评价观念：简单的"说教""批评"转向积极"对话""引导"

正如研究表明：大多数孩子会说谎，都是为了避免丢脸和受到惩罚，而不是为了操弄别人。过于强烈地惩罚这些规避的行为，会让孩子陷入不诚实的怪圈。如果孩子认为自己的性格总是会被攻击，他们很快就会建立一种保护性盔甲，用谎言来面对周遭环境。孩子生活在说谎就会受到重罚的威胁下，只会成为更高端的骗子。[2]而在实际生活中，恰恰家庭与学校教育十分严格，过于关注孩子学习成绩，主要采取批评教育为主，导致小学生通过说谎逃避惩罚。

[1] 吴钢.现代教育评价教程［M］.第2版.北京：北京大学出版社，2015：100-105.
[2] 伊安·莱斯礼.不说谎，我们活不下去！［M］.杨语芸，译.台北：漫游者文化出版社，2012：52-53.

在家庭与学校教育中，我们习以为常地以"管好孩子""为孩子好"的观念为主导，时常以"说教""批评"甚至"惩罚"为主的方式对孩子进行正式与非正式的评价，其不知这些评价观念不仅不能提高孩子的学习成绩，也不利于孩子养成良好的行为习惯，更不利于孩子建立积极的自我概念，更为重要的是，一味地进行负面评价，让孩子在面临生活中真实问题时不敢说、不会说，更不具备判断与解决问题的能力，品德行为习惯也很难养成。因此，首先从评价观念上要进行更新与转变，从简单的"说教""批评"转向积极"对话""引导"，也让孩子从小就习得正向的评价观念。

（二）评价方式：注重结果的单一评价转向关注过程的多元评价

学生诚实发展与行为受家庭氛围、学校班级氛围、家长与教师对其学习品德的高期待、榜样等因素影响。从内在因素看，学生受其道德认知能力、情感类型、个性特征影响紧密。也就是说，对孩子的评价注定不能只采用单一的方式，只注重结果评价，但是在家庭与学校教育中，往往仍然基本以结果为导向，简单评价孩子优秀与否，特别是以学习成绩为单一的评价尺度。

由于学校与家庭都很关心孩子的成绩这种单一的结果评价，让孩子渐渐也对自己的评判聚焦到学习成绩上，因而在学习与交往过程中过于关注成绩，即成就动机过强，导致在竞争中习惯于采用一些抄袭、隐瞒、作弊、举报、不信任等与诚实相反的行为。因此，学校教育方式必须由注重单一的结果评价转向关注过程的发展性评价。紧紧围绕当下儿童的生活，探索适合其主体需求并又促进其行为养成、品德发展的多元评价形式，尽可能地去结合学校实际，在充分了解孩子的基础之上，研制学生品德发展的表现性指标，在真实的生活中从利于其品德成长的角度进行整体评价。

（三）评价策略：注重计分的终极评价转向关注道德成长的发展性评价

从家庭与学校教育中，各种评价策略的最终目的是实现对孩子进行管理与教育两个方面功能，根据学生诚实道德发展及行为表现、影响其

139

诚实发展的主要因素等，从教育取向出发，注重发展性标准思考，营造激励性的积极评价氛围与环境更为重要，而这需要家庭和学校协同合作，共同转向关注孩子道德成长的发展性评价。譬如，学校可以与家庭一起为孩子建立"诚实美德档案"。小学生的道德认知水平主要还处在他律阶段，导致其对诚实行为的评价往往受到父母、教师、同伴及其他人的影响比较大，自己对诚实行为的评价仍然比较模糊。学生成长档案袋[①]的研究思路是，所有的道德行为养成都不是任何人的一厢情愿，需要家庭学校、社会多位一体的协同促进、认可、监督，一致性评价孩子的诚实道德行为。基于发展性评价理念对学生诚实道德教育实证分析，以期提醒、引导、支持学校与家庭共同注意到多维度对孩子进行多元教育评价，学会基于孩子真实生活，协同培养其道德品格与完整人格。

综上所述，学校诚实教育与整个道德教育一样，需要采取恰当的策略和原则。这些策略与教育原则中，包含着几种重要的教育观念：榜样（家长、教师、同伴的示范力量）、对话（讨论、疏导、辩论）、实践（体验、参与）、评价。这些建议与策略是基于对儿童的诚实品质或品格形成与养成的教育关怀。诺丁斯认为："从关怀的观点出发，道德教育有四个重要的要素：榜样、对话、实践和肯定。"[②] 这里需要再强调一点，诚实教育任重而道远，使儿童养成诚实的品质或品格，需要相互作用的多种条件，所以上述各种原则与建议，需相互结合使用。既要关注显性的教育，更关注教育的隐性方面；既关注学校课内的教育，更关注课堂之外的学生生活世界；既关注教之"学"，更关注教之"育"；既关注教育者的工作技术层面，更关注教育者的实践教育机智。只有当各个方面之间有无数接触点时，才能取得良好的诚实教育效果，也才能实现诚实教育的进步。更相信，从整个社会情境系统中进行思考，学校诚实教育的改变也能够带来进步的社会变迁。

---

① ［美］波帕姆.促进教学的课堂评价［M］.国家基础教育课程改革"促进教师发展与学生成长的评价研究"项目组，译.北京：中国轻工业出版社，2003：155.

② ［美］内尔·诺丁斯.教育哲学［M］.许立新，译.北京：北京师范大学出版社，2008：238.

第三节　社会道德生活与诚实教育系统建构

当今社会，需要时时处处强化促使人们诚实地生活，并通过多维的社会激励或惩罚，促进人们在社会生活中既能够和谐自处，也能够拥有和谐、信任的人际关系。"一个健康、公平的社会，肯定是每一个公民有独立的人格，有独立的思考。只有在那时，我们的社会才变得特别有秩序，也特别有力量。"① 让每一个人拥有诚实价值与品格，需要整体道德培养达成，更需要整个社会去培养。使其拥有生活在充满诚实的社会之中，做诚实的人，遵守诚实生活的原则，持续建构诚实生活。

一、内部制裁力与外部制裁力：社会诚实教育与社会治理

当今社会的诚实教育是体现了现代社会特征的道德要求，是在市场经济文明和政治法制文明的过程中逐步形成的规制产物。诚实的缺失在一定程度上会增加交易成本，造成社会资源的极大浪费，会动摇市场经济运行的基础，影响市场经济运行的质量。② 因此，社会诚实教育需要适应计划经济到市场经济的转变，实现传统型向现代性的超越。

如何构建社会诚实教育呢？目前社会各界关注的焦点不同，譬如说舆论关注的焦点是制度建设；经济学界关注的焦点是建设经济上的信用制度，也就是健全金融、会计、审计制度和各种中介组织的制度建设；政府关注的是建立对企业、个人信用记录和监督的制度；学术界关注的是建立各种考核和监管制度。这些无疑都是必要的，也抓住了关键所在。

在目前的社会状况下，制度建设不足已经成为制约社会发展的瓶颈，主要体现在两个方面：一是制度供给不足，或者说制度短缺；二是制度执行失范。诚实领域也存在着同样的问题，一方面人们对于诚实的道德有时无规可循，而另一方面背信行为得不到有效的遏止。于是，形成了诚实领

① 李希贵.重新定义学校［M］.北京：中国人民大学出版社，2017：20.
② 陈宏平.道德的时代张力：中国入世的伦理对应［M］.桂林：广西师范大学出版社，2004：123.

域的"格雷欣法则"——"劣币驱逐良币""欺诈者受益，诚信者吃亏"，成本与利益出现明显的不对称现象，"好人"越来越少、"恶人"恣意横行，结果是诚实本身也会沦为一种口头上说说而不需要践行的假道学。

从伦理学角度看，制度建设一方面就是使行为越来越明确；合乎规则的行为与违背规则的行为之间的界限越来越明确，另一方面就是建立有效的外在的道德制裁机制，使得诚实道德产生约束力。[①] 道德的约束力从何而来？这是一个伦理学史上颇有争议的问题，一般强调两个原则："自律"和"他律"。道义论强调要靠人们内心的德性和良知，近代功利主义伦理学则突出地强调外在制裁的作用。而较多的学者强调"内在的良知"和"外在的制裁"的有机统一，比如集功利主义思想之大成的 J.S. 穆勒就清醒地认识到外在制裁力的不足，从而吸收了道义论的合理因素，强调把外在制裁和内在制裁结合起来，才能构成道德制裁力和约束力。

所谓内在制裁力，主要是道德良心。也就是说，要培育一种道德感，把德行看作做人的根本去追求，要用一种道德理想引导自己的言行；同时要建立一种出自内心的制裁机制，当不合乎道德的行为和思绪产生时，会感到不安和羞愧，从而检点和约束自己的言行，纠正那些不合道德的思绪和行为。[②] "内在制裁力"的培育要求加强诚实道德教育。不断提高职业道德素质。2001 年 10 月 24 日，中共中央公布了《公民道德建设实施纲要》，根据我们现阶段的实际道德状况，指出了加强公民道德建设的必要性和迫切性。该纲要对我们社会现阶段的基本道德规范做了深刻而全面概括，这就是"爱国守法、明礼诚信、团结友善、勤俭自强、敬业奉献"。同时该纲要也指出了"不讲信用、欺骗欺诈成为社会公害"的严重问题，并明确提出了社会主义职业道德的主要规范，即爱岗敬业、诚实守信、办事公道、服务群众、奉献社会。加强道德教育，有利于培养诚实守信的意

---

① 陈宏平.道德的时代张力：中国入世的伦理对应［M］.桂林：广西师范大学出版社，2004：123.

② 赵修义.内外并重，构建现代诚信［N］.文汇报，2002-03-15.

识，重塑诚实守信的美德，从而形成"诚信为荣、失信为耻"的社会风气，提高整个社会的诚信文明水平。

而所谓的外在制裁力，主要强调用法律的、行政的、经济的、舆论的手段遏制欺诈和不诚实行为，主要目的就是：使人们从其行为的后果当中，感到道德规则所带来的痛苦，而且要使不道德者有足够的痛苦，即惩治和谴责所带来的痛苦要大于所获得的利益和快乐。"外在制裁力"依赖于法律的、经济的、行政的、舆论的手段。加强对欺诈等不诚实行为的监督与惩治。防止欺骗行为的发生，矫正信息的不对称性。加强信息的弱势方面，提升信息弱势方获得信息的能力，降低他们获得信息的成本。提高欺诈行为的成本，使违规者受到损失。同时加大加强赔偿责任。

变了味的海鲜 [1]

（旁白）某水产市场是当地主要的干海味集散地之一，其中以虾米、鱼干的销量最大。记者和调查人员在市场发现，有的摊点销售的虾米颜色很红。

记者：这虾为什么是红的啊？

老板：红肉虾，就像人的皮肤一样，有黑的、有白的。这是商业秘密，不能说，无可奉告。（旁白）这种红虾里到底有什么商业秘密，记者决定到红肉虾的生产加工地进行实地调查。

记者：加的是什么东西？

工人：红色的。

记者：加这个东西干什么？

工人：好看。

（旁白）在灶台上，记者找到了盛装粉末的瓶子。

工人：这是胭脂红，要放一点。

记者：这虾怎么那么黑，还有臭味啊？

老板：这是质量差的虾，懂吗？质量好的挑出来了，这是死的，懂吗？

---

[1] 引自网络：http://sports.eastday.com/eastday/2004qsy/node27144/node27166/userobject1ai683297.html。

记者：这是死虾？

老板：是的，这些虾首先要进行漂白。

（旁白）经过工业双氧水三四个小时的浸泡后，这些发黑的虾米果然变成了白色。老板说，这样的虾米颜色不好看，在市场上卖不上价钱，还要进一步加工。老板又拿出一种红色的粉末，倒进盆里。

记者：你放的是什么东西？

老板：花红粉。

（旁白）两个小时后，工人又取出池子上的白色瓶子，从里面取出一种白色的颗粒状的东西倒进盆子里。

记者：放什么东西呢？

老板：敌百虫。浸泡了就没有虫子。

记者：你一个月能生产多少吨鱼干？

老板：一个月有三五吨。

（略）

其实类似于这样的食品质量安全问题比比皆是。专家建议对于这种事情一是要把落后的传统加工生产工艺和设备用现代化的技术进行改造，再一个就是把分散的农户通过一个龙头公司来把他们集中结合起来，这样既保证了分散农户的经济利益和他们销售的后顾之忧，又能发挥公司现代化管理的先进作用，以及对整个生产过程的监控作用。但是这些比较人性的建议未必能使品质得到彻底改变。对于这些为了赢得利益而无视他人生命的行为，必须依赖于法律的、经济的、行政的、舆论的手段。加强对欺诈等不诚实行为进行监督与惩治。例如让媒体曝光、大力度的经济罚款等，从而使违反的成本和风险大大提高，就像高压线一样，一碰必死。

二、诚实的社会文化环境营造：协力完成开明自由的社会机制

社会现实生活中的种种不诚实现象，让我们不得不思考诚实并不应该仅仅是道德规则，它应该是人的社会义务。若要营造一个开明自由的社会机制，学校、家庭、社会的协同至关重要。

一个人的文化和亚文化背景也有可能决定他会对说谎与诚实之类的行为采取什么态度。所谓亚文化，是指相同职业、种族、社会阶层、秘密团体成员以及年龄相近的伙伴间形成传统模式的价值观、道德标准和行为准则。同伴的压力和期待同伴接受自己的愿望，会使青少年对同伴群体（亚文化群）的看法尤为敏感。

研究表明，在少年帮派亚文化群中，不难发现成员们特别关注六大问题：烦恼、坚韧、机敏、刺激、运气和自主。这里所谓的"机敏"特指成功欺骗他人的能力，这种看法大肆推崇通过耍聪明蒙骗他人的行为，把谎言被人识破视为无能的羞辱。结果导致这些青少年对帮派外对象的欺骗行为会得到进一步强化。

如果整个社会具有一种诚实道德氛围，使得诚实成为一种习惯，在诚实教育中理性与习惯的矛盾也就自然能够得到解决。因为，只有在一种诚实的道德氛围之中，才能满足儿童的"社会性需要"。如威尔逊认为，学生的社会性需要的满足是道德教育的社会基础。这些需要包括：一个安全的以团体同一性为根据的结构；个人同一性的需要，即感到自信、成功、有用和被需要；与成人密切的个人交往的需要；对父母和坚定、明确规定的权威的需要；疏通攻击行为的需要；合作参与的需要。[1] 养成诚实习惯的社会环境是满足儿童社会性需要的必要条件。

除了建立社会诚实道德文化体系、道德教育体系外，从社会学的角度完善制度、健全社会诚实规范体系至关重要。发展说实话的社会常模，发展共享的询问方式，在法律、民主、自由表述的权利等机制上进步。从诚信的社会基础入手，明晰市场经济中的产权制度；加强法制建设，完善社会法律规范，强化社会诚信监督体系；健全失信惩罚机制，为社会诚信提供支持和保障，完善诚信监测机制，为社会诚信提供衡量标准等。以上都需要进行系统地思考。

---

① ［英］约翰·威尔逊.道德教育新论［M］.蒋一之，译.杭州：浙江教育出版社，2003：238.

第五章　案例：基于生活的学校诚实教育主题实施

> 以诚感人者，人亦诚以应。
>
> ——程颐

本章导读：

诚信作为社会主义核心价值观的内容，是社会中每个人应拥有的必备品格，是学校教育的追求、方向、目标、责任与使命，也是学校德育的基本内容。基于儿童与青少年价值观养成的基本规律，培育其拥有诚实守信的价值观，需要系统的支持。

本章主要通过呈现有关中小学生"诚实""守信"价值观的主题班会，为广大一线中小学班主任开展主题教育提供实践范例与参考。

其中，关于"诚实""守信"的主题班会，需要"价值澄清"的方法。教育者与受教育者同时学会"不做判断的评论"，促进学会反思"自己的惯常做法"，解构在复杂社会生活中人关于"诚实、守信"的困惑、矛盾与挣扎，通过"诚实现象""诚实事实""诚实概念""诚实价值"的讨论与思考，学会珍视自己的诚实价值观，发现与坚定有意义的和令人满意的、充满真诚、信任、道德的生活方式。

通过"诚实""守信"的主题班会，审慎和全面思考自己的价值观及整个社会的价值问题。

这一系列主题班会特别关注"以日常生活为中心"，把注意力集中在代表自己珍视的"诚实""守信"价值；关注"对生活现实的认可"，接受儿童与青少年的立场，相互之间开诚布公，不急着做出价值判断地理解受教育者；关注"真诚鼓励进一步思考"，鼓励儿童与青少年更加珍视"诚实"道德品格，并整合在日常行为之中；关注"真心培养个人能力"，儿童与青少年学会价值判断，在对话、讨论、教育过程中，发现"诚实"价值对生活的意义，并珍视其价值与行动，过完善的道德生活。

第一节　小学生诚实教育主题班会课设计与实施

为了客观全面了解信息社会背景下小学生诚实品质发展规律，明确小学生诚实教育过程中存在的问题，提升诚实教育的效果，笔者曾选取江苏省南京市的鼓楼区、浦口区、高淳区三区共六所小学进行问卷调查，以二年级、四年级、六年级的学生为调查对象，共向 1345 位学生发放调查问卷，回收问卷为 1345 份，回收率为 100%，有效问卷为 1345 份，有效率为 100%，属于有效问卷。问卷问题设计包括小学生对诚实的认知与情感，家庭中父母、学校教师对自己的评价方式、评价重点与教育风格，学习及同伴交往中成人的榜样评价力量几个维度，问卷运用 SPSS18.0 软件进行统计分析。

一、小学生诚实品质调查结果与分析[①]

（一）从小学生诚实认知与情感角度看，小学生内心崇信诚实，有不诚实行为之后感到羞愧

儿童从一出生开始，其主要监护人都希望自己的孩子成为好孩子，从孩子懂事开始就教育其要诚实，不许说谎、欺骗。无论是家庭主要监护人，还是学校教育都非常强调教育孩子要诚实，但现实中人们总是非常主观地认为诚实教育效果差，混淆很多认识。我们习惯于无意识地存在一种假设：通过教育可以让不诚实的孩子变得诚实，改变其不诚实的认知、态度及行为。实际上，儿童早期及小学阶段，内心非常崇拜诚实，

---

① 李亚娟.发展性评价视域下小学生诚实教育实证思考［J］.当代教育科学,2017(10):92.

如果偶尔有不诚实的行为，他们会感到非常羞愧。本次调查结果显示，小学生内心重拜诚实品质，对于内心是否崇拜诚实这一问题，回答内心"非常崇拜"的小学生有效百分比为71.3%，回答"有时会崇拜"的小学生有效百分比为19%，累计百分比为90.3%。（表5-1）

表5-1　问题"内心是否崇拜诚实"的调查结果表

回答		频率 / 份	百分比 /%	有效百分比 /%	累积百分比 /%
有效	非常崇拜	937	69.7	71.3	71.3
	有时会	250	18.6	19.0	90.3
	说不好	92	6.8	7.0	97.3
	没有	36	2.7	2.7	100.0
缺失	系统	30	2.2	—	—

对"欺骗别人是否感到羞愧"这一问题，回答"会"的小学生有效百分比85.5%，回答"有时会"的小学生有效百分比为8.8%，累计比例94.3%。（表5-2）

表5-2　问题"欺骗别人是否感到羞愧"的调查结果表

回答		频率 / 份	百分比 /%	有效百分比 /%	累积百分比 /%
有效	会	1124	83.6	85.5	85.5
	有时会	116	8.6	8.8	94.3
	说不好	52	3.9	4.0	98.3
	没有	23	1.7	1.7	100.0
缺失	系统	30	2.2	—	—

（二）从小学生的家庭与学校教育氛围看，家庭与学校教育严格，过于关注孩子的学习成绩，以批评教育为主，导致小学生通过说谎逃避惩罚

大多数孩子会说谎，都是为了避免丢脸和受到惩罚，而不是为了欺骗别人。过于强烈地惩罚这些规避行为，会让孩子陷入不诚实的怪圈。如果孩子认为自己的性格总是会被攻击，他们很快就会建立一种保护性盔甲，用谎言来面对周遭环境。孩子生活在说谎就会受到重罚的威胁下，

只会成为更高端的骗子。① 本次调查中，对"父母是否批评自己"这一问题，回答"不批评"的小学生有效百分比为 3.3%，回答"有时批评"的小学生有效百分比为 45%，回答"经常批评"的小学生有效百分比为 34.3%，回答"经常批评且很严厉"的小学生有效百分比为 17.4%。（表 5-3）这表明在家庭教育过程中父母仍然是以批评教育为主。

表 5-3　问题"父母是否批评自己"的调查结果表

	回答	频率 / 份	百分比 /%	有效百分比 /%	累积百分比 /%
有效	不批评	43	3.2	3.3	3.3
	有时批评	592	44.0	45.0	48.3
	经常批评	451	33.5	34.3	82.6
	经常批评且很严厉	229	17.0	17.4	100.0
缺失	系统	30	2.2	—	—

对"父母最关心自己什么"这一问题，回答父母最关心"考试成绩"的小学生占 52.1%，回答"思想品德"的小学生占 35.4%。回答父母关心"师生关系""是否得到表扬"等这些高度影响孩子认知与行为的小学生分别只占 8.1% 和 4.4%。（表 5-4）

表 5-4　问题"父母最关心自己什么"的调查结果表

	回答	频率 / 份	百分比 /%	有效百分比 /%	累积百分比 /%
有效	思想品德	466	34.6	35.4	35.4
	师生关系	106	7.9	8.1	43.5
	是否得到表扬	58	4.3	4.4	47.9
	考试成绩	685	50.9	52.1	100.0
缺失	系统	30	2.2	—	—

对"做错事因怕而说谎"这一问题，回答"经常"的小学生占 4.0%，回答"有时"的小学生占 37.8%，同时因为规避评价而选择"记不清"的小学生占比 13.1%，累计比例为 50.9%，也就是说已有超过半数的小学生会因为害怕、想躲避惩罚等而发生不诚实行为。（表 5-5）

---

① 伊安·莱斯礼 . 不说谎，我们活不下去！［M］. 杨语芸，译 . 台北：漫游者文化出版社，2012：52-53.

表 5-5　问题"做错事因怕而说谎"的调查结果表

回答		频率／份	百分比／%	有效百分比／%	累积百分比／%
有效	经常	52	3.9	4.0	4.0
	有时	445	33.1	33.8	37.8
	记不清	172	12.8	13.1	50.9
	从没	646	48.0	49.1	100.0
缺失	系统	30	2.2	—	—

（三）从小学生重要他人的榜样作用看，小学生的重要他人父母、教师言行一致的榜样作用非常好

调查结果显示，在小学生心里，自己的父母、老师基本是言行一致的。例如，"父母是否能够做到言出必行"这一问题，回答父母"大部分做到"的小学生有效百分比为 49.4%，回答"全部做到"的小学生有效百分比为36.1%，累计百分比为 85.5%，"老师是否能够做到言出必行"这一问题，回答老师"通常能做到"的小学生有效百分比为 77.6%，回答"有时能"的小学生有效百分为 14.9%，累计百分比为 92.5%。（具体见表 5-6、表 5-7）

表 5-6　问题"父母是否能做到言出必行"的调查结果表

回答		频率／份	百分比／%	有效百分比／%	累积百分比／%
有效	从来没有	18	1.3	1.4	1.4
	很少	172	12.8	13.1	14.5
	大部分	650	48.3	49.4	63.9
	全部做到	475	35.3	36.1	100.0
缺失	系统	30	2.2	—	—

表 5-7　问题"老师是否能够做到言出必行"的调查结果表

回答		频率／份	百分比／%	有效百分比／%	累积百分比／%
有效	通常能	1020	75.8	77.6	77.6
	有时能	196	14.6	14.9	92.5
	很少能	67	5.0	5.1	97.6
	从不能	32	2.4	2.4	100.0
缺失	系统	30	2.2	—	—

（四）从小学生践行诚实行为看，在日常生活中，小学生践行诚实行为比较普遍，但在有成就动机的情况下依然会有不诚实行为

道德行为亦称伦理行为，指在一定的道德意识支配下表现出来的有利或有害于他人和社会的行为，泛指具有道德评价意义的各种举动和行为，包括道德行为和不道德行为。小学生的诚实行为属于道德行为。调查结果显示，在日常生活中，小学生践行诚实行为比较普遍，如"弄坏别人的东西之后怎么办"，回答"主动告知并道歉"的小学生有94.9%。（表5-8）

表5-8 问题"弄坏别人的东西之后怎么办"的调查结果表

	回答	频率/份	百分比/%	有效百分比/%	累积百分比/%
有效	主动告知并道歉	1248	92.8	94.9	94.9
	追问时告知	46	3.4	3.5	98.4
	假装不知道	9	0.7	0.7	99.1
	找理由推脱责任	12	0.9	0.9	100.0
缺失	系统	30	2.2	—	—

如"老师误判了卷子之后怎么办"这一问题，回答"主动找老师改过来"的小学生比例达88.9%。（表5-9）

表5-9 问题"老师误判了卷子之后怎么办"的调查结果表

	回答	频率/份	百分比/%	有效百分比/%	累积百分比/%
有效	悄悄涂改答案	29	2.2	2.2	2.2
	不是自己错不改	35	2.6	2.7	4.9
	等别人发现再改	82	6.1	6.2	11.1
	主动找老师改过来	1169	86.9	88.9	100.0
缺失	系统	30	2.2	—	—

但是，在生活中，小学生在受其成就动机影响时，会存在不诚实行为。如"班级同学是否抄袭作业"这一问题，回答"有时会"的小学生累计百分比为50.2%，超过半数。（表5-10）

151

表 5-10　问题"班级同学是否抄袭作业"的调查结果表

回答		频率／份	百分比／%	有效百分比／%	累积百分比／%
有效	经常会	142	10.6	10.8	10.8
	有时会	518	38.5	39.4	50.2
	从来不会	410	30.5	31.2	81.4
	说不清楚	245	18.2	18.6	100.0
缺失	系统	30	2.2	—	—

同时，调查发现，小学生对别人的不诚实行为，会有不同的反应和选择不同的方式，如"同学考试抄袭"问题，有 41.6% 的小学生选择"适时和他讲道理"进行劝说；有 43.2% 的小学生选择"举报"，直接告诉老师；还有 14.1% 的小学生用一种"事不关己"的态度，还有 1.1% 的小学生由于自己也进行抄袭，所以对别人抄袭没有反应。（表 5-11）

表 5-11　问题"同学考试抄袭"的调查结果表

回答		频率／份	百分比／%	有效百分比／%	累积百分比／%
有效	举报	568	42.2	43.2	43.2
	不管	186	13.8	14.1	57.3
	自己也抄不吃亏	14	1.0	1.1	58.4
	适时和他讲道理	547	40.7	41.6	100.0
缺失	系统	30	2.2	—	—

另外，"知道同学犯错"一题，选择"主动告诉老师"的小学生有 58.5%，选择"老师问的时候如实说出"的小学生有 30.8%。（表 5-12）

表 5-12　问题"知道同学犯错"的调查结果表

回答		频率／份	百分比／%	有效百分比／%	累积百分比／%
有效	主动告诉老师	769	57.2	58.5	58.5
	老师问如实说出	405	30.1	30.8	89.3
	略去重要情节	70	5.2	5.3	94.6
	推脱不知道	71	5.3	5.4	100.0
缺失	系统	30	2.2	—	—

（五）从道德评价看，小学生对诚实行为的评价仍然处于模糊水平

小学生的道德认知水平主要还处在他律阶段，导致其对诚实行为的评价往往受到父母、教师、同伴及其他人的影响比较大，自己对诚实行为的评价仍然比较模糊，并不十分清晰。调查发现，小学生对诚实行为的评价并不十分清楚，如"老实人是否吃亏"，认为"有时候觉得"的小学生有效百分比为23.9%，认为"说不好"小学生有效百分比为18.2%，累计百分比为42.1%。（表5-13）

表5-13 问题"老实人是否吃亏"的调查结果表

回答		频率/份	百分比/%	有效百分比/%	累积百分比/%
有效	是的	126	9.4	9.6	9.6
	有时觉得	314	23.3	23.9	33.5
	说不好	239	17.8	18.1	51.6
	不会	636	47.3	48.4	100.0
缺失	系统	30	2.2	—	—

在信息社会背景下，小学生的诚实发展，特别是他们对诚实的认知需要教育引导。调查研究已经表明，小学生内心崇尚诚实。那么，无论学校还是家庭，都需要围绕小学生真实的学习、生活、交往情境，对他们进行诚实价值理解、判断、推理、选择等方面的教育与引导。譬如，学校可以充分运用品德课、活动课、班会课等集体与非集体教育方式，结合小学生诚实道德的认知进行持续正面的引导教育。家庭可以围绕生活中的两难情境，引导孩子对诚实这一价值的认识、判断、推理，并能够通过具体的事件让孩子体会到诚实的正向价值。

二、小学生诚实教育主题班会课案例

学校诚实教育实践的角度而言，具体的、专门的诚实主题教育实施至关重要，本节列举了五节小学生诚实主题班会课，供广大一线班主任学习与讨论。

案例 1：做诚实的孩子 ①

活动背景：

二年级学生对外部控制的依赖性逐渐减少，但是内部的自控能力又尚未发展起来，还不能有效地调节和控制自己的日常行为。他们比较贪玩，所以经常忘记做应该做的事，耽误了学习。他们为了避免被指责，有时会说谎话。他们经常说：作业完成了，可以玩了吧！或者说：今天没有作业。经常有家长反映，孩子学会说谎了，十分担心。所以，如何引导二年级学生形成"诚实"价值观，是班主任工作的重要内容。

活动对象：

小学二年级学生。

活动目标：

1. 认知目标：通过观看视频、表演等形式让学生懂得诚实的重要性，了解说谎话的危害性和对健康的影响。

2. 情感目标：在活动中让学生感受诚实的魅力，乐于做诚实的孩子。

3. 行为目标：通过情境辨析、动手实践让学生学会反思自己的行为，能够用诚实的方式解决生活中的问题。

活动准备：

1. 课件。

2. 给每个孩子分发"诚实叶"。

活动过程：

活动一：情境导入，揭示课题

1. 小朋友，今天我们先来看段视频。（播放视频 1：老师改错了试卷）

2. 发生了什么事？你遇到过同样的事情吗？你是怎么做的？

师：你做得对，这就叫——诚实。（板书课题：诚实）

3. 可是这个小朋友有些犹豫，因为考试之前还发生了一些事情。你们看。（播放视频 2：爸爸妈妈的考前动员）

---

① 南京市中小学优质主题班会课评选获奖案例。

4.面对着妈妈的奖励和爸爸的惩罚，如果你是这个孩子，你会怎么做呢？（小组讨论）

预设一：对，你们做得很好，都知道要做——诚实的孩子。（补充课题）

预设二：（引导另一种可能）害怕爸爸打吗？听说奶奶给的礼物是你想要了好久的呀。想不想要？那你会怎么做呢？（可能为了奖励或者不受惩罚而说谎）

5.你说过谎吗？当时的心情怎么样？

看来说谎的滋味也不好受，会给我们带来心理负担。那诚实和不诚实都是有利有弊的，我们应该怎样抉择呢？

小结：其实，我们心里有这种矛盾是正常的。在我们的心中都住着一个天使和一个恶魔，就看谁能战胜谁。所以我们小朋友一定要把握好诚实的标杆，要知道好成绩一定要通过自己的努力来获得。

【设计意图】以看视频的形式激发学生的学习兴趣，以身边的事激发孩子说真话，在畅所欲言中让学生们坦然面对心中的矛盾，说出自己的感受，同时揭示本课诚实的主旋律。

活动二：听故事，明道理

1.古时候，还发生过这样一件事情。我们一起来看。（播放视频：《手捧空花盆的孩子》）

2.国王最后选择了谁来继承王位？为什么呢？

3.从这个故事里，你明白了什么？

小结：小到个人，大到国家，我们都要遵守诚实的法则。在这个故事里，孩子因为诚实而继承了王位。看来，诚实能给我们带来成功。（板书：成功）

【设计意图】诚实能给我们带来什么？本环节通过观看《手捧空花盆的孩子》，从第一个层面揭示诚实的重要性——诚实能给我们带来成功。

活动三：联系实际，情境讨论

1.现在我们都知道要做诚实的孩子，那么遇到这样的情况，你会怎

么做？（小组讨论）

（1）小明正在玩电脑，可是妈妈只允许玩半小时，时间到了。面对这么好玩的游戏，你会怎么做？

（2）被校园的巡警发现随地乱扔纸屑，班级因此被扣分了，是应该诚实地和老师说，还是隐瞒事实呢？

2.对话交流。

（1）发生什么事了？你会怎么做？

师：可是你好久都没玩过这个游戏了，而且刚刚考完试，心里特别想玩，怎么办？

演一演：大家都知道怎么做了。当妈妈回来后，小明主动向妈妈说明了事情的经过，妈妈会怎样说呢？下面请一个同学当妈妈，一个同学当孩子，你们自己试试看。

（2）这件事情可有点麻烦了，什么事啊？你又会怎么做？

师：班级要被扣分，这不是你一个人的事情了，还关系到整个集体的荣誉。不怕其他同学怪你吗？不怕老师批评吗？

如果别人对你不诚实，你会有什么感受？（不信任）

那你会怎样和老师说？

后期采访：当你说出了这些心里话后，心情怎么样？我想请一个小朋友当小记者，来采访一下他。

总结：对，这就是诚实给我们带来的快乐。（板书：快乐）

【设计意图】通过情境设定，让学生设身处地地感受生活中的诚信，学会运用诚信解决实际问题，拉近课堂与生活的距离。从反面出发，联系自身体会不诚实的后果，从第二个层面揭示诚实的重要性——诚实能给我们带来快乐。

活动四：辩证看待诚实

1.诚实的好处可真多，我们是不是对每个人都要诚实呢？

2.（出示图：陌生人窃门）在这样的情况下，我们还应该诚实吗？为什么?

3.你觉得在什么时候,我们可以说一些"善意的、机智的谎言"呢?

小结:在不同的场合,面对不同的人,诚实也有特殊的含义,需要小朋友们用智慧来判断。

【设计意图】辩证地看待诚实,更贴近真实的生活,让诚实的主题更加立体,让学生明白诚实也要分清场合、对象。

活动五:培育诚实树

1.通过这节课的学习,谁来谈谈自己有哪些收获?

2.你们的收获真不少,老师真为你们自豪!相信诚实的种子已经在你们心中生根、发芽,今后的你们在生活中会怎样做呢?下面就让我们一起来培育这棵诚实树吧!来看看游戏规则。

3.出示游戏规则:在组长处领取诚实叶,并在上面写上诚实宣言;音乐起,游戏开始,音乐停,游戏结束,停笔抬头;依次上台大声朗读自己的诚实宣言,并将纸条贴在诚实树上;学生按照要求进行游戏。

【设计意图】学生自己写、自己做的过程能够促进他们在学习中反思,在反思中提升。从认知到情感,再从情感到行为,这种仪式感会让孩子对诚实有更深的感受。

活动总结:

同学们一起来看,刚才还光秃秃的诚实树,现在一下子变得枝繁叶茂了。从你们的发言中老师看到了你们对自己的要求和信心。诚实能让我们收获成功,让我们感受快乐,更会让我们充满自信。(板书:自信)

(机动环节:快速问答)

小朋友,现在你已经向诚实树作出了自己的承诺,那么你真的能做到吗?下面进入快速问答时间,告诉我你内心最真实的想法。

我会这样做:

1.室里只有我一个人,发现同桌上有 50 元钱。

2.买东西时，出门发现多找钱了。

3.不小心打碎了家中的花瓶。

4.和我最要好的朋友踢坏了班级的门。

5.昨天因为看动画片作业写得很不认真，面对老师的询问，我会……

你们都是最诚实的孩子，愿这棵诚实的小树在你们的世界里开花、结果。你们可要说到做到，言行一致哦。最后让我们大声说出我们的承诺——做诚实的孩子。

【设计意图】从第三个层面揭示诚实的重要性——诚实能给我们带来自信。最后的快速问答旨在提醒学生们信守承诺，践行自己的诚实宣言。

活动反思：

诚实对于我们每一个人来说都是一个难以抉择的话题，那么对于二年级的学生来说了解诚实的重要性必不可少，更为重要的是如何把握好诚实的准绳，作出内心的选择。在本次班会课中，我采用多种学习方式让学生体验感受、交流、反思。辩证地看待诚实，让学生学会反思：诚实不是毫无条件的，而我们究竟应该怎样做呢？培育诚实树的环节是本课的高潮，是孩子对之前心理、行为的一个判定。孩子们非常喜欢这个游戏，当他们勇敢地走上讲台宣读自己的诚信宣言时，我在他们的眼中看到了自信的力量。在活动中，我特别注重孩子的接受能力和反映情况，适时地调整教学方法和手段。小组交流的学习形式有利于培养学生自主探究的学习能力，他们在交流中感悟，在行动中收获，这样师生互动、生生互动的过程让学生真正明白了：我要做一个诚实的孩子。

（执教者：南京市长江路小学　董雪姣）

案例2：诚实，人生的财富 [①]

活动背景：

诚实守信是社会的基本道德规范，是社会进步发展的需要，是我们基础教育应承担的主要德育任务之一。从学生个人的人格发展角度来说，

---

① 南京市中小学优质主题班会课评选获奖案例。

诚实更是一个人的做人之本，是一切教育力量得以作用的基础。

《小学生日常行为规范》《小学生守则》都强调诚实守信，言行一致，答应他人的事要做到，做不到时要表示歉意，借他人钱要及时归还。不说谎，不骗人，不弄虚作假，知错就改。诚实、勇敢、不说谎话。少先队作风也要求：诚实、勇敢、活泼、团结。"社会主义核心价值观"中也提到了"诚信"。

但在社会中不讲诚信的现象还是比比皆是：人们买东西时担心是伪劣产品；路上有老人摔倒，无人敢去问津，担心被诬陷……父母有时甚至会给予孩子不正确的示范，告诉孩子别人不诚实，自己讲诚信会吃亏的事。有些父母和孩子之间也不能坦诚相待，做不到言而有信。这都是我们在教育学生要"诚实"时的绊脚石。学生开始疑惑：当别人对我不诚实时，我是不是还要坚持诚实地对待他人？诚实会不会让自己吃亏？这些问题都值得集体讨论。

设计理念：

孔子曰："民无信不立。"孟子道："诚者，天之道也；思诚者，人之道也。"可见，诚实是一个人健康成长的基石，诚信是人一生的幸福。只有诚实的人才会爱生活、爱家乡、爱祖国、爱社会、爱我们生活的这个世界，才能使人形成质朴健全的人性，才能使社会永驻真爱。

本次班会活动旨在通过课前搜索，真情体验，真切感受，广告点睛，激发学生的情感，丰富情感积淀，把诚实付诸实践。

活动对象：

小学三年级学生。

活动目的：

1. 通过情境体验和阅读有关诚实的故事，感受诚实的重要性。

2. 通过辩论和对生活经历的讨论，学生说出自己对诚实的看法，从而对诚实有更客观全面的了解。

3. 主题班会中的各个环节，意在提高学生的团队合作精神和集体荣

159

誉感。

4.用仪式感强化学生对诚实的认识，学会如何做一个诚实的人，让诚实永远伴随身边。

活动准备：1.财富卡片；2.花瓣形便利贴；3.班会PPT。

活动过程：

（一）"财富"体验引出主题

课前发给每位学生6张卡片，分别是"健康""金钱""智慧""诚实""美貌""荣誉"。

创设情境：教师与学生做一个闯关游戏，能够获得最终胜利的同学将会获得老师的神秘奖励。

每位同学都拿到了6张卡片，它们是你们的所有财富，你们将利用这些财富卡片帮助自己闯关，在做选择时只能听从自己内心的声音，也不可干扰他人选择。你们的选择没有对和错之分，只是不同的人生选择而已。（配轻音乐）

伴随着柔和的音乐，想象现在的你已经长大、成年，你拥有自己梦寐以求的生活，你用自己的努力获得了人生的财富，这些财富就在你的手中，它们是：健康、金钱、智慧、诚实、美貌、荣誉。

现在，你要带着你的财富翻越一座高山，翻过高山，你就能获得最终的胜利。可是，路途艰险，你的行囊太重，需要丢弃其中一项"财富"，你才能继续前行，仔细思考，你将丢弃谁？以保证接下来的路途能够顺利进行，不说话，只和自己的内心对话。（把丢弃的那张财富卡片撕碎，它已经不复存在。）

你带着自己的五张财富卡继续前进，在你面前是一条无法跨越的河流，河面上有一位撑船的摆渡人，你需要拿出你剩下的财富中的一项作为交换，让摆渡人帮助你过河。自己选择，丢弃谁，把丢弃的那张财富卡片撕碎，它已经不复存在。

教师在活动中创设不同的情境，直到活动的最后，每位学生手中只

160

剩下一张财富卡。教师采访学生手中剩下的是哪张财富卡？为什么会留下这张？从而引出"诚实到底是不是人生最重要的财富？"这个话题。

（二）人生财富大辩论

1.根据学生保留的财富卡片情况，把学生分成两组进行简单的辩论会。

正方观点：诚实是人生最重要的财富。

反方观点：诚实不是人生最重要的财富。

2.在学生辩论热烈的时候教师试时中断，出示有关诚实的故事，让学生阅读思考。

（三）诚实故事讨论

1.出示有关诚实的小故事，让学生自己阅读思考，分享阅读后对于"诚实"重要性的认识。

故事一：曾子的妻子到市场上去，她的儿子要跟着一起去，一边走，一边哭。妈妈对他说："你回去，等我回来以后，杀猪给你吃。"妻子从市场回来了，曾子要捉猪来杀，他的妻子拦住他说："那不过是跟小孩子说着玩的。"曾子说："决不可以跟小孩子说着玩。小孩本来不懂事，要照父母的样子学，听父母的教导。现在你骗他，就是教孩子骗人。做妈妈的骗孩子，孩子就不相信妈妈的话了，这是不可能把孩子教好的。"于是曾子把猪杀了。

故事二：李嘉诚在创业初期，资金极为有限，一次，一个外商希望大量订货，但他提出需要有富裕的厂商替李嘉诚做担保。李嘉诚努力了好几天，仍无着落，但他并没有捏造事实，或是含糊其词，而是一切据实以告。那位外商被他的诚信深深感动，对他十分信赖，说："从阁下言谈之中看出，你是一位诚实的君子。不必让其他厂商作保了，现在我们就签约吧。"虽然这是个好机会，但李嘉诚感动之余还是说："先生，蒙你如此信任，我不胜荣幸。但我还是不能和你签约，因为我资金真的有限。"外商听了，更加佩服他的为人，不但与之签约，还预付了货款。这笔生意使李嘉诚赚了一笔可观的钱，为以后的发展奠定了基础。由此，李嘉诚也悟出了"坦诚第一，以诚待人"的原则，并以此获得了巨大的成功。

故事三：18世纪英国的一位有钱绅士，一天深夜，他走在回家的路上，被一个蓬头垢面、衣衫褴褛的小男孩拦住了。"先生，请您买一包火柴吧！"小男孩说道。"我不买。"绅士回答说，并躲开男孩儿继续走。"先生，请您买一包吧，我今天还什么东西也没有吃呢！"小男孩追上来说。绅士看到躲不开男孩儿，便说："可是我没有零钱呀！""先生，你先拿了火柴，我去给你换零钱。"说完男孩拿着绅士给的一个英镑快步跑走了，绅士等了很久，男孩仍然没有回来，绅士无奈地回家了。

晚上，绅士正在自己的办公室工作，仆人说来了一个男孩要求见绅士。于是男孩被叫了进来，这个男孩比卖火柴的男孩矮了一些，穿得更破烂。"先生，对不起了，我的哥哥让我给您把零钱送来了""你的哥哥呢？"绅士道。"我的哥哥在换完零钱回来找你的路上被马车撞成重伤了，在家躺着呢！"绅士深深地被小男孩的诚信所感动。"走！我们去看你的哥哥！"绅士去了小男孩的家发现，家里只有男孩的继母在照顾受重伤的男孩。男孩一见绅士连忙说："对不起，我没有给您按时把零钱送回去，失信了！"绅士却被男孩的诚信深深打动了。当他了解到两个男孩的亲父母都双亡时，毅然决定把他们生活所需要的一切都承担了起来。

2.学生分享交流自己阅读完故事的感想。

（四）生活经历引争论

1.教师价值追问：

虽然我们都知道"诚实"的重要性，但平时生活中遇到的有些情况真的很让我们纠结，因为有时候"诚实"反而会受到"惩罚"，我们究竟应该怎么办呢？

问题一：早上迟到，老师问原因，如果说自己起床迟了，老师可能会扣自己的常规分，如果编个理由说路上堵车，自己就能免于被扣分。

问题二：语文试卷发下来，看到自己得的是100分，十分兴奋，回家后爸爸妈妈一定会奖励自己。但定睛一看，有一个字写错了，老师没有改出来，到底要不要告诉老师呢？

问题三：数学考试快要交卷了，我有一个选择题没做出来，正巧看到同桌试卷上的这题写着"C"，我要不要填上呢？

2. 4个人为一组，选择其中一个话题进行讨论，发表自己的观点，合理说服不正确的想法。

3. 请小组展示自己讨论的过程，其他学生评议、补充。

（五）诚实倡议从我行

老师给每位学生发放一张花瓣形便利贴，学生在活动后写下自己对诚实的理解和自我行为的目标规范。写好后贴在班级板报上"诚实之花"的位置，让诚实之花在我们的校园、在我们的教室、在我们同学、老师身边绽放。

活动反思：

诚实，是做人处事的基本原则，又是治理国家必须遵守的规范，调节着人与人之间的关系，维系着社会秩序。做人需要诚实，诚实赢得尊重。"无诚则有失，无信则招祸"。诚信是人的一张脸，他写着你的品德和操行。小胜靠智，大胜靠德。通过此次主题班会让学生更加全面客观地认识诚实的重要性，号召每一位学生从自我做起，让"诚实之花"永远绽放在我们的身边。让德育的力量在点滴中生根，生长，惠及每一位少年儿童。

（执教者：南京致远外国语小学　刘燕）

案例3：诚信争卡　做淳真儿童 ①

活动背景：

淳化中心小学每个月都会开展一次淳真儿童的评选活动，评选的最直接方法就是看哪位同学本月获得的淳真卡最多，因此校园中争卡氛围很浓。但是在争卡过程中也出现了一些不和谐的现象，有人捡到淳真卡占为己有，有人用淳真卡换取别人帮自己完成作业，有人用玩具来进行不正当的交易，这些行为让淳真儿童的评选出现了一些质疑之声。针对以上现象，我准备在班级开展一次诚信争卡班会活动，旨在让同学们明白要诚实守

---

① 南京市中小学优质主题班会课评选获奖案例。

163

信，做淳真儿童。

活动对象：

小学四年级学生。

活动目标：

1. 通过本次活动，让学生了解什么是诚信。

2. 知道诚信的重要性，明白诚信才能带来长久的快乐，真正的地位，才能赢得竞争。

3. 感受他人诚信的事例，发现身边诚信的人，引导学生争做讲诚信的人。

4. 通过情景剧的表演、交流，践行诚信，教育学生诚信争卡。

活动准备：

教师准备：

1. 通过调查问卷，了解班级中学生在争卡时发生的一些不好现象，并进行筛选，从中选取三个典型事例，和班委商讨班会活动方案。

2. 视频《社会主义核心价值观之歌》。

学生准备：

故事《诚信漂流记》；搜集诚信名言；寻找身边讲诚信的人；表演情景剧《争卡风波》；学唱《社会主义核心价值观之歌》。

活动形式：

听故事、读名言、辩一辩、夸一夸、情景剧、唱一唱。

活动流程：

（一）讲故事，认识诚信

1. 师生交流应该如何获得校园淳真卡。

学生回答：课堂举手积极，作业完成认真，爱劳动，乐于助人……

2. 教师小结，只要你们在德、智、体、美、劳的任何一个方面，表现得优秀，都可以获得淳真卡的奖励。但是得卡必须凭借自己的真本事，一定要诚信争卡。

【设计意图】师生对话交流，明白获卡的途径可以有很多种，但一定要凭借自己的真正实力，从而引出今天的班会主题——诚信。

3.提问：什么是诚信？（学生回答：拾金不昧、说到做到、不掺假、如实汇报……）

4.听故事《诚信漂流记》：

话说"诚信"被那个"聪明"的年轻人扔到水里后，他拼命地游着，最后来到了一个小岛上。"诚信"就躺在沙滩上休息，心里计划着等待哪位路过的朋友允许他搭船，救他一命。

突然，"诚信"听到远处传来一阵阵欢乐轻松的音乐。他于是马上站起来，向着音乐传来的方向望去，他看见一只小船正向这边驶来。船上有面小旗，上面写着"快乐"二字，原来是"快乐"的船。"诚信"忙喊道："快乐快乐，我是诚信，你带我回岸可以吗？""快乐"一听，笑着对"诚信"说："不行不行，我一有了诚信就不快乐了，你看这社会上有多少人因为说实话而不快乐，对不起，我无能为力。"说罢，"快乐"走了。

过了一会儿，"地位"又来了，"诚信"忙喊道："地位地位，我是诚信，我想搭你的船回家，可以吗？""地位"忙把船划远了，回头对"诚信"说："不行不行，诚信可不能搭我的船，我的地位来之不易啊！有了你这个诚信，我岂不倒霉了，甚至连地位也难以保住啊！""诚信"很失望地看着"地位"远去的背影，眼里充满了不解和疑惑，他又接着等。

随着一阵有节奏的却不和谐的声音传来，"竞争"乘着小船来了，"诚信"喊道："竞争竞争，我能不能搭你的小船？""竞争"问道："你是谁，你能给我们多少好处？""诚信"不想说，怕说了又没人理，但"诚信"毕竟诚信，他说："我是诚信……""你是诚信啊，你这不存心给我们添麻烦吗？如今竞争这么激烈，我们'不正当竞争，怎么敢要诚信？"言罢，扬长而去。

正当"诚信"感到近乎绝望的时候，一个慈祥的声音从远处传来——"孩子，上船吧！"一位白发苍苍的老者在船上掌着舵道："我是时间老人。""那

165

您为什么要救我呢？"老人微笑着说："只有时间才知道诚信有多么重要！"在回去的路上，时间老人指着因翻船而落水的"快乐""地位""竞争"，意味深长地说道："没有诚信，快乐不长久，地位是虚假的，竞争也是失败的。"

5. 听完故事后，学生谈感想。（只有诚信才能获得长久的快乐……）

6. 提问：请你们联系自己的生活和学习，想一想，做一个诚实守信的人给你带来了什么？

【设计意图】通过声情并茂地讲故事，将学生引入故事情节中，听后谈感想，明白诚信的重要性。

7. 分享关于诚信的名人名言。

（二）辩一辩，珍视诚信

1. 讲关于凡卡的故事。

很晚了，一位老人饭后在公园散步，他看到凡卡一个人蹲在公园小屋子的门前，很好奇，就问："凡卡，这么晚了，你为什么不回家？"凡卡回答："今天下午，我跟几个大孩子做打仗游戏，他们分给我的任务是看守弹药库，我向他们保证完成任务，绝不离开岗位。所以我就一直站在这儿看守着。"老人说："大孩子们都已回家了，你也快回家吧！"凡卡摇摇头说："没有军官的命令，我宁愿饿肚子也不离开岗位。"

2. 小组之间讨论：凡卡应不应该离开呢？

3. 请同学们说出自己的看法。（应该回家……/不应该回家……）

4. 教师小结：无论同学们是否支持凡卡回家，都不能算是错误的答案。凡卡选择回家，我们也能够理解，毕竟已经很晚了，一个小孩子独自在外面确实很不安全，而且家人肯定会很担心的。如果凡卡选择不回家，那就更值得我们敬佩了，小小年纪就如此讲诚信了。

5. 讲故事的结局。

老人只好找到一位军官，凡卡在那位军官的命令下，愉快地回家了。老人感动地说："凡卡小小年纪就对自己的话这么负责，他长大了一定是个正直的人！"

6.夸一夸，在你们身边的像凡卡一样诚实守信的人。（学生回答的同时进行淳真卡的发放）

【设计意图】先谈谈凡卡是否应该回家，引起孩子情感上的冲突，这是一种两难的抉择，通过辩论，学生感受到讲诚信是难能可贵的品质。再来夸一夸自己身边讲诚信的人，并及时对他们发放淳真卡进行奖励，在班级中树立一个榜样，引导学生争做讲诚信的人。

（三）情景剧，践行诚信

表演情景剧《争卡风波》。

场景一：捡到卡占为己有。（学生上台表演）

"咦，这儿有张淳真卡，是谁丢的？"小红在地上发现了一张淳真卡，接着说："哇！还是银卡，卡上没有写名字。"接着小声说道："我已经得到4张银卡了，如果这张归我，就凑齐5张了，5张就可以换一张金卡了。"

1.提问：你赞同小红的做法吗？如果是你，你会怎么做？

2.学生发表自己的观点。

3.抉择。（学生将此剧后续表演完）

小红将脚重重跺下，说道："不！我不能这么做！如果我把卡占为己有，那丢卡的人会着急的。我刚才的想法不仅伤害到了同学，还侮辱了我自己的人格，让自己失去诚信。更重要的是让淳真卡失去了它的价值。我要用自己的能力去获得淳真卡，不应该有任何的欺骗与伤害。"

场景二：用卡换取别人帮自己写作业。（学生上台进行表演）

小冉在扎耳挠腮，有一题不会写。组长过来催交作业："小冉，写好了没？交作业了。"小冉抬头回了句："快了快了，别催了。"组长刚走，小云路过，小冉抓住小云问："小云这题你会写吗？"小云回答："会。"小冉接着说："你帮我写，我给你一张淳真卡，怎么样？"

1.提问：如果你是其中的一位，你会怎么做？

2.学生发表自己的观点。

3. 抉择。（学生将此剧后续表演完）

小云坚决地摇摇头说："不行不行，坚决不行，你这是欺骗，不会写，我可以教你。而且这样的来的淳真卡，我也不会要的，你也要珍惜自己的淳真卡。"小冉说道："对不起，我知道错了，我只是太着急了，这道题我想了很久也做不出来。""来，我来教你吧。"

场景三：用玩具换取淳真卡。

小文从家带来一个玩具正在玩着，抬头向走来的小臣打招呼："嗨，小臣。"小臣羡慕地说："哇，小文，你这个变形金刚可真漂亮，借我玩玩吧！"小文眼珠一转，说："借你玩可以，不过你得给我一张淳真卡！""这……"小臣迟疑了。

1. 提问：你觉得小文的做法对吗？如果你是其中的一位，你会怎么做？

2. 学生发表自己的观点。

3. 抉择。（学生将此剧后续表演完）

小臣摇摇头说："我的淳真卡是我凭实力获得的，希望你也凭自己的实力去夺卡。"小文惭愧地低下头说："我知道了，我的玩具借给你玩，放心，不用你给淳真卡。"

【设计意图】这三个情景剧，反映的就是本节班会课要解决的三种现象，也是在争卡过程中出现的一些问题。通过学生的表演，将全体学生带入具体情境中，思考自己在遇到这一情况时，会怎么做，并通过交流规劝其他人，同时也告诫自己应当诚信争卡。

（四）齐声唱，做淳真儿童

齐唱《社会主义核心价值观之歌》。（播放视频）

总结：只有诚信争卡，才是真正的淳真儿童。俗话说：小赢靠智慧，大赢靠品德。我相信你们能够做到诚实做人，诚信做事，善待他人，快乐自己。也希望越来越多的良好品质在我们每一个人心中生根、发芽、开花。

活动延伸：

下个月将再次进行淳真儿童的评选，学生自己每日完成淳真卡的统计情况，每周一张表格，了解自己在哪个方面表现尤为突出，是否为诚信获得。

【设计意图】诚信争卡，不在一朝一夕，需要在日常生活和学习中一直坚持下去，因此，每月都进行淳真儿童的评比，旨在引导大家诚信争卡。

（执教者：南京市高淳区淳化中心小学 汤家英）

案例4：诚开一扇门 信种一片春[1]

活动背景：

小学生对诚信的认识容易受同伴和成人的影响。在多年班主任工作中，通过对五年级学生的生活行为观察及不完全调查发现：学生往往因看到很多不诚信却能获取利益的事例，而受到维特效应的影响，对诚信问题产生片面的行为冲突。如我班学生时常会因为逃避责罚而选择说谎；为免于订正的辛苦而选择抄作业；为赢得体面的成绩而选择作弊。因此，作为学生的重要他人，班主任有必要和班委协商，召开本次主题班会进行集体教育和引导。明礼为先，诚信为本，是做人的重要原则。《教育部关于培育和践行社会主义核心价值观进一步加强中小学德育工作的意见》中明确指出，要引导学生养成诚实守信的行为习惯。

活动目标：

1.明辨是非，发现身边的"美"与"丑"，明白诚信的意义。

2.意识到不诚信行为给自己和他人造成的困扰，并为其感到不安和愧疚。

3.树立诚信自信，积极面对，用实际行动践行和坚守诚信。

活动对象：

小学五年级的学生。

---

[1] 南京市中小学优质主题班会课评选获奖案例。

活动准备：

1. 教师准备：①召开班委会，商讨制定班会的具体实施方案；②游戏卡片、游戏音乐、制作PPT、录制视频；③印制诚信调查问卷。

2. 学生准备：①完成诚信调查问卷；②彩笔；③寻找身边的诚信故事。

活动过程：

（一）游戏体验，认识诚信

活动：涂色游戏。（背景音乐《魔女宅急便》）

游戏规则：在规定时间内，闭着眼睛给花朵涂色，比一比谁涂得又快又均匀。

小组讨论：谁涂的花朵最漂亮？

引导：遵守规则、信守承诺，涂得虽不均匀，但却是最美的诚信之花。

小结：原本以为游戏不必当真，为了赢得比赛，耍点"小聪明"也无伤大雅。但是破坏游戏规则就是打破诚信守则，将他人陷入了不公平的竞争环境，容易引起不必要的冲突。

【设计意图】导入游戏，让学生在游戏体验中感知诚信的意义，明白一旦打破诚信守则，最终丢失的是自己的信用和尊严。

（二）调查反思，感悟诚信

1. 汇报：学生汇报诚信调查表统计结果，列举班级不诚信现象，如说谎、抄作业、考试作弊等。

集体分析产生以上不诚信现象的原因。

讨论：说谎、抄作业、作弊的不诚信行为到底要不要得？这些生活中的不诚信给我们自己或身边人造成了什么困扰？

小组分享：这些行为虽然能够让自己暂时免于责罚或获取些许利益，但是不诚信最终让我们失去了知识、友谊、信任……

2. 播放视频：《当我在路上捡到……》（视频内容：捡钱包归还失主，捡到文具占为己有。）

提问：这是诚信的体现吗？

点评：记得刘备曾经教导他的儿子"勿以善小而不为，勿以恶小而为之。"其实，人们的道德修养就是从这一点一滴逐渐培养起来的。也许生活中的某些不诚信会给我们带来一些短暂的"实惠"，但投机取巧，破坏诚信准绳，终究失去别人的尊重。

【设计意图】通过调查和讨论，学生能够体会到"诚信"无处不在，意识到"诚信"要从小处落实。

（三）榜样激励，品味诚信

交流：学生自由发言，为身边的诚信人点赞。

采访：诚信人身上有什么值得点赞之处？

被别人点赞，你有什么感想？

集体归纳：诚信人无须做惊天壮举，细微处就能彰显诚信本质，赢得尊重。诚信也从来都不是一句口号，它需要我们从点滴做起。

【设计意图】德育遵循贴近学生、贴近生活、贴近实际需要的原则。从生活中寻找榜样，示范引领，帮助学生树立诚信自信。

（四）行动考验，坚守诚信

1.活动：诚信列车员大考验。

呈现：道德情境判断。

（1）作业没完成，向老师撒谎。

（2）考试没做好复习工作，遇到难题也不作弊。

（3）捡到直尺，找不到失主，就送到失物招领处。

学生判断并说明原因。

2.情景剧表演

内容：好朋友小希作业没有完成，早上到校后找小明借作业抄，并声称"不借给我抄，就跟你绝交！"

提问：如果你是小明，你会怎么处理？

引导：生活中时常会出现这样的两难问题。请你做导演，小组讨论并演一演。

集体归纳：诚信的体现形式多样，特殊情况下，我们不必墨守成规。从真诚出发，绝不会丢失信任与尊重。

【设计意图】通过创设情境，让学生在真实情境中体验诚信的力量，在行动中践行诚信。

总结：从道德层面看，诚信是一根准绳，我们时刻敬畏着。但是生活却好像在故意考验我们，让我们面对着各种"不诚信"的诱惑。我们需要提高自律，放眼未来，建立自己的诚信品格，做守信之人。

活动拓展：

组内讨论班级诚信公约初稿，待下节班会课讨论完善，作为我班践行诚信的准则。

（执教者：南京市月华路小学　张琪）

案例 5：抱诚守信　众善之源 [①]

活动背景：

诚实守信是中华民族的传统美德，更是一个人安身立命之本。几千年来，"一诺千金"的佳话广为流传。但在现实生活中却存在不诚实者占便宜、老实人吃亏的现象，这令一些家长在孩子的教育方向上出现偏差，再加上家庭教育的功利性，使得家庭教育中的诚信教育缺失。

在学校教育中，学生在与老师、同学、伙伴甚至家长的交往过程中，存在着一些不同程度的欺骗等失信行为，如不加以纠正，将影响其一生。

我班六年级学生存在的诚信问题主要表现在以下两个方面：一是学习方面，具体表现为抄袭或拖延做作业、考试作弊；二是日常行为方面，具体表现为撒谎、迟到、有诺未践。结合以上情况，本次班会的目的就在于用活动让学生理解诚信的意义，明白诚信的重要性，懂得怎样做一个诚信的人。

---

① 南京市中小学优质主题班会课评选获奖案例。

活动目标：

1. 理解什么是诚实守信，懂得诚实守信是中华民族的传统美德，也是我们每个少年儿童立身做人的基本道德准则。

2. 懂得诚实守信的重要性，诚实守信是我们少年儿童自己的一份责任，从小事做起，用诚信立学，用诚信立行。

3. 树立诚信的榜样，学会做一个诚实守信的人，勇于做诚信的使者。

活动对象：

小学六年级学生。

活动准备：

1. 全班范围内召开会议，宣布活动主题，商讨活动方案，确定主持人。

2. 制定活动大纲，撰写活动方案和主持稿。

3. 布置调查报告任务：设计调查问卷并发放至全年级，调查分析六年级学生诚信现状。

4. 排练情景剧。

5. 制作活动课件。

活动形式：

调查报告、情景剧、讨论、辩论。

活动过程：

（一）情景再现，导入话题

1. 情景 AB 剧《捡到十元钱》

（两个情景剧选取的是同样的一个场景：两位学生课间休息时分别在其他同学的座位旁捡到了 10 元钱，一位学生主动寻找失主，另一位选择占为己有。）

2. 讨论：你对这两位同学的行为有什么看法？

（1）学生自由发言，表达自己对两种行为的看法。

（2）主持人小结：这实际上是一个关于诚信的问题。

【设计意图】用两组情景剧来对比，直观地表现出两种行为，强化学生是非观的同时，引出活动的主题，并引起学生思考行为背后的道德内涵。

（二）调查报告，了解现状

1. 诚信自测。

出示一组自测题，请学生自测诚信度。

过渡：经过自测，相信大家对自己的诚信度已经有了一定的了解，关于诚信，有一个小组的成员在会前开展了一次调查，接下来请他们给我们汇报一下调查情况。

2. 调查小组汇报调查情况。

（需要汇报调查的目的、对象、方法、过程、结果与分析等情况。）

3. 主持人小结。

根据调查小组的调查报告和实际观察，我们发现存在的诚信问题主要表现在以下两个方面：一是学习方面，具体表现为抄袭或拖延作业、考试作弊；二是日常行为方面，具体表现为撒谎、迟到、有诺未践。

【设计意图】通过自测与调查报告的形式让学生了解自己和群体的诚信现状，为下一个环节做好准备和铺垫。

（三）诊断原因，指导行为

出示PPT：呈现学生存在的诚信问题。

1. 分组讨论：请各组选择其中一个问题讨论，为什么我们会出现不诚信的行为？

2. 各组讨论并记录讨论的结果。

3. 全班交流。

汇总并出示：

（1）抄袭或拖延作业、考试作弊

原因：作业困难，无法独立完成；时间安排不合理；贪玩；畏难、学习能力……

（2）撒谎

原因：没有正确认识犯错误的正面价值；缺乏承担责任的勇气。

（3）迟到

原因：时间安排不合理；没有责任意识；没有考虑到突发情况……

（4）有诺未践

原因：轻易许诺，对承诺不够重视；高估自己，没有考虑是否有能力实现诺言……

4.交流：找到了原因，我们应该怎么做呢？学生自由发言。

5.小结：这些对不诚信行为原因的分析大致可以分成主观原因（自身原因）和客观原因（外部原因）两方面。这就提醒我们，要实现诚信行为，我们既需要有正确的认识、坚定的意志，又需要有对行为正确的判断，看自己是否能够完成，不能轻易地许诺，一旦许下诺言，就一定要尽力完成。

【设计意图】这个环节旨在对不诚信行为背后的原因做出分析和诊断，帮助学生厘清形成不诚信行为的因素，并指导学生怎样才能实现诚信行为。

（四）榜样引领，激励前行

1.古今中外，有许多关于诚信的故事，如《曾子杀猪》《画地为牢》《一诺千金》《华盛顿与樱桃树的故事》……这些故事广为流传，可见，诚信这种美德无论何时何地都是受到人们赞扬和称颂的。

2.说说身边的诚信小故事。

学生自由发言。（校内、校外皆可）

3.小结：希望这样的诚信故事越来越多地发生在我们周围，发生在我们身上。

【设计意图】榜样激励一直都是一种很好的指导学生行为的方法，从别人的故事到自己的故事实际上是激励学生从学习榜样到成为榜样的过程。

（五）诚信 VS 善意的谎言

1.有人说，诚信就意味着要绝对诚实，但在生活中还存在善意的谎言，请在小组里自由发表自己的看法。

2.学生自由辩论。

3.小组代表发言。

4.小结：善意的谎言其动机并非为了欺骗，而是减少伤害或者是一种权宜之计，所以，在特定的情况下，善意的谎言可以取代真相。

【设计意图】本环节旨在对诚信进行一个特定角度的辨析，引导学生要学会从动机出发，正确看待诚信和善意的谎言之间的关系，防止学生片面理解诚信。

（六）活动总结与延伸

诚信，是做人的根本，了解诚信、学会诚信，你才能够拥有这种美德，你的世界才会无限大，生活无限好；拥有诚信，你就会永远美丽，让诚信扎根在我们的心灵，让我们心中时刻装着它。在今后的学习生活中，希望同学们时时处处做到诚实守信，让诚信成为你们生活的导航灯，成长路上的好伙伴。

1.关于诚信，你还有哪些思考？请以小组为单位，设计一份诚信公约。

2.请你就今天活动所得设计两条关于诚信的个性口号，并把它推荐给其他班级的同学和老师，做一个诚信使者。

【设计意图】这是活动的最后一个环节，除了对本次活动进行总结之外，还需要鼓励学生知行合一，在了解了诚信的内涵和要点之后，还需要实际体验诚信的行为，通过做诚信使者这样的活动，继续内化关于诚信的要素，在活动中不断提升对诚信的认识。

附表：小学生诚信调查问卷

年级：   性别：

1.与同学有约，你会（   ）。

A.视情况而定

176

B. 去早一点，不好意思让人等

C. 如果是好朋友，晚去一会也行

2. 放学后，你会尽快回家吗？（　　　）

A. 谢绝一切活动，匆匆忙忙回家

B. 先在外面玩一会，然后回家

C. 如果有意外的事情，赶快打电话通知父母，免得让他们担心

3. 借朋友的东西忘了还，过了很久才想起来，你会（　　　）。

A. 选择合适的机会还给他

B. 干脆不还了

C. 赶快把东西还给他并表示歉意

4. 在文具店买文具时，差一元钱，店主让你下次买时还给他，你（　　　）。

A. 一定记在心上，下次还上

B. 先答应下来，但是决不会还给他

C. 如果下次被他认出来，就还他，如果他忘了，就不还他

5. 对于作业，你的态度是（　　　）。

A. 认真做好每天的作业

B. 能完成，只要不被老师批评就行

C. 能偷懒就偷懒，能抄到最好

6. 对于考试，你的态度是（　　　）。

A. 从不作弊，考前认真复习

B. 从不作弊，但考得怎样无所谓

C. 千方百计作弊

7. 是否抄袭作业？（　　　）

A. 坚决不抄作业

B. 自己不抄，但给人家抄

C. 经常抄袭作业

（执教者：南京市岱山实验小学　朱玲）

第二节　中学生诚实教育主题班会课设计与实施

从学校诚实教育实践的角度而言，具体的、专门的诚实主题教育实施至关重要，本节列举了七节中学诚实主题班会课，供广大一线班主任学习与讨论。

案例6：诚信杂货铺——柿子一箩筐[①]

活动背景：

国家层面：在"社会主义核心价值观"体系中，"诚信"被列为其中之一；《中共中央国务院关于进一步加强和改进未成年人思想道德建设的若干意见》中强调实践育人，以体验教育促进学生发展。《国家中长期教育改革和发展规划纲要》（2010—2012）中指出：把培养学生创新精神和实践能力作为素质教育的重点和核心。

初中生层面：进入青春期，学生与父母、老师交流减少，不愿去分享；对未来没有清晰的规划，心理承受能力不强；面对未知事物总会采取逃避态度。

班级层面：初一学生刚刚迈入中学，适应了中学的环境，但是同学之间的相处还不是特别融洽；交流的缺乏，易让学生沉浸在自己的世界里，心理素质不稳定，对他人表现出轻易相信或者轻易不相信，还不会以责任来面对学习生活。

活动对象：

初一年级学生。

活动目标：

认知目标：让学生通过诚信实践，认识到自己的重要性；以全新的角色融入集体。

情感目标：激发学生潜能，发现成长规律，带着信用前行，更加放松；在信任别人的同时给别人以信任。体验讲信用与责任的含义。

[①] 南京市中小学优质主题班会课评选获奖案例。

行为目标：通过诚信杂货铺的践行，学生体验信用的魅力，促进生生、师生之间的沟通与交流。

活动准备：

教师准备：学生心理状态调查分析，班级讨论施行"诚信杂货铺"计划，店铺管理员的选派，负责收集商品，陈列橱窗，明码标价。制作货架，陈列物品，每天专员上货，专员统计钱数与货品数量；记录学生群体和个体行为；由班级的成功推广至全校，班级同学按同样的步骤记录自己的负责项目。

学生准备：每个小组设定出卖商品类别，自定主题，自行设计，自行准备材料；每组设立一名观察员，每天记录个体和小组行为；准备马克笔和小白板，小凳子，黑板，卡片【正面：组别名称、日期；反面：愿景（真诚的你，也会打动真诚的我）】。

活动过程：

（一）暖场导入

教师：秋风起，烟波荡，心儿如同果园里的柿子随着同伴的信任摇晃。还记得那天我们摘了柿子，全班分享，突然天下起了雨，先是小雨渐渐（手指触碰发出的细微的声音），进而中雨沥沥不停（拍大腿），逐渐地变成了大雨（在草坪上跺脚），听声音沉闷，却那么有力。最后，狂风大作，暴雨倾盆（热烈鼓掌）。你看那么大的雨，那么大的风，都没有吹散枝头的红灯笼，它们一个挨着一个，都因为彼此之间无私的信任。

【设计意图】暖场游戏，让学生放松心情，能够绽放自我，进入状态。

（二）表演呈现与情境还原

前段时间，我们班开了一个杂货铺，有卖铅笔的，有卖橡皮的，有我们常用的签字笔，还有胶带，等等。我没规定大家卖什么，可是大家都不约而同地选择符合我们要求的物品，很感谢大家，我们每个人都讲了信用。

后来，我们发挥了自己的特色，我们亲自动手采摘果园里的柿子，我们将柿子捂熟，从怀中奉献出去，放在了我们的杂货铺中，在全校推广。半个月过去了，我们班的每一笔订单都是完好的交易，我想，经过这样一个过程，有欢乐，也有不易。

六个小组同学讨论，用自己的表演形式展现你在观察诚信杂货铺的实施过程中所见到的一些场景。表演结束后，组长提炼一个关键词，用语言阐释本组的看法，讲述这个表演衍发的后续故事，分享感悟。

情境设置：

（买东西的角色）

1. 独自一个人时，在物品陈列（柿子）面前，徘徊许久，不知该选择哪一个。

2. 想偷偷拿走一个柿子，但是又不敢，让他纠结的到底是什么呢？

3. 周围人多的时候，大家在选择是说的话，和做的动作，是否统一。

4. 想找零钱的时候，没有人看着，会不会多拿。

（卖东西角色）

1. 第一次参与这个活动心里是怎么想的？

2. 你最希望怎样的情景发生？

3. 这样的担心发生了吗？

4. 柿子的数量和品质有变化吗？

学生活动：小组分享讨论呈现主题，学生观察员分享心得。

教师活动：记录观察员说出的关键词。

学生观察员的观察点有以下几个方面：团队合作；半个月行为变化；售卖的物品种类异同；付出与收获。

教师观察员的观察点有以下几个方面：部分同学由不信任变得信任；从开始的不敢放太多东西，到后来敢于进行陈列的变化；周围朋友的影响；也许当周围的同学都做到信任彼此之时，心中的那份疑虑才会削减，对他人的真诚，也是收获信用的方式。

同学还原情境之后，分别说出他的体验。

从情境中总结出诚信的构建来源。

1. 他人对你的肯定。

2. 自我良心。

3. 环境的影响。

【设计意图】还原情境，分享感悟，在剖析问题的同时，加深自我约束力；在表演优秀做法时，心理上向善的内驱力也会影响学生今后的行为习惯。

（三）信力鼓励，收获幸福

教师发言：同学们，诚信其实是一个很大的话题，回顾我们曾经经历过的岁月，很多人都知道要讲诚信，人无信不立。可是每每事情发生自己身上的时候，还是会产生一些动摇。刚才大家说得很真诚。我想，我们这样一个诚信杂货铺的成功，有他人的影响，有自身的约束，也有整个班级的贡献。

教师活动：示范帮同学捏捏肩，便捏边说："某某同学，我来帮你捏捏肩，感谢你的真诚，我们的诚信杂货铺才越来越好。感谢你讲信用，我们依然以诚心相待。"

学生活动：学生跟随老师一起做动作，播放背景音乐。

活动提示：教师的动作示范可以稍微夸张一些，消除与学生之间的隔阂，借此打开学生的心扉，让他们在接下来的活动中放开手脚。

分发便利贴，每个人在纸上写上对对方的评价，以关键词形式呈现。贴在他的后背。

随即参访几位同学，你认为同学对你的评价，会写哪些词。

预设：善良、真诚、度量大、乐于助人、漂亮／可爱等。

学生活动：当某个小组为他人点赞时，组员在小白板上写一个关键词即可。

教师发言：收获这么多的赞，你最没有想到的是哪个评价，为什么？你最认可的是哪一个？

学生活动：自由分享。讲出同学之间讲信力、讲信用的事件。

学生从生活出发，从身边的小事出发，讲完事例之后，带动对同学的评价。

教师总结：人生是一条走不完的路，很长，有些人把一生走了几千年，到现在仍然为人们所敬仰；有些人走得很快、很匆忙，却忘记了原本的初心。只有内心坦荡，路才会坚实，走的才会踏实。我们应该对周围影响我们的朋友说一声"谢谢"，应该学会感恩，同时明白诚信的重要性。

【设计意图】成功来源于大家的努力，杂货铺能看出很多东西，看出来行为品质，看出来待人之道，看出来诚信之风，在这背后是每一位参与活动同学彼此之间的信任，每一个人的自我约束和集体的相互监督。鼓励他人的付出，为他人的表现点赞。

（四）信力评分，量化信度

每位同学在白板上，写上你认为自己的信力程度，以星级呈现。满级五颗星，依次递减。

【设计意图】了解学生经过活动之后的心理状态，量化每个人心理的信力预期。

（五）信力升级，总结提升

教师：也许在进行这样一个活动之时，同学们心理都会有疑问，我们真的仅仅是买东西吗？相信到了今天，大家的疑惑都已经解开，在这过程中大家的表现很赞，老师想给我们同学们一点小奖品，作为我们的信力奖励。老师会把你们的信力升级，储蓄在我们的诚信银行中，一学期后，我们再来看看，大家的信任账单还有多少。

凉爽的秋风如约而至，果实也如约而至。我相信，我们的信用枝头也会如约开满鲜花。让我们储蓄诚信，为诚信买单。

（执教者：紫东实验学校　葛盛）

案例 7：读经典，守诚信 ①

活动背景：

国家及社会层面：华夏文明，贯穿古今，绵延数千年。历史长河中，无数经典涌现，流传至今，熠熠生辉。随意撷取，都有着可学、可仿、可效的极高的教育价值。读经典、诵经典，成为国家的号召和希望。在《中共中央国务院关于进一步加强和改进未成年人思想道德建设的若干意见》的文件中，也将诚信作为未成年人思想道德建设的重要内容。

学生层面：初中学生心智不成熟，容易受到社会不良思想的侵蚀。而初中学生思想道德品质、文化素养水平直接关系到国家和民族的未来，提高初中学生的思想道德素质，也是精神文明建设一项重要任务。以"诵读经典，做有道德的人"为途径进行思想道德教育，以"读"育人、以经典育德，十分重要且必要。

班情分析：

诚信，是社会主义核心价值观对个人层面的要求，是社会对生存于其中的社会人的要求，也是学校对全体学生的要求。守诚立信的教育，应成为班级德育常抓不懈、反复强调的内容。借着国家"诵读经典，做有道德人"的教育契机强化诚信意识、践行诚信意识的时机，开展读诚信故事、悟诚信道理的相关班会活动，具有教育意义。

活动目标：

1. 认知目标：明确诚信的意义；掌握在日常学习和生活中守诚信之法。

2. 情感目标：在经典故事的交流中感受诚信的价值，从经典故事中体会诚信对个人、对职业、对社会、对国家的重要性；思想上重视诚信意识的养成并树立成为重信守诺的社会人的信心。

3. 行为目标：将诚信作为个人基本道德要求遵守，行动上践行诚信。

活动方法：

讨论法、体验法、案例法。

---

① 南京市中小学优质主题班会课评选获奖案例。

设计思路：

以案例《巴黎宣言》介绍班会背景，引入班会主题；以"诚信对对碰"明确对诚信含义的理解；以"诚信上上签"理解诚信的重要性，体会诚信的价值；以"诚信速速行"掌握在日常学习生活践行诚信的方法。

活动准备：

1. 物质准备：班会课所需视频资料的准备；班会课课件的制作；分组。

2. 环境准备：黑板报及班级文化展示更换为以《中国经典诚信故事》为主题的内容。

3. 师生准备：学期开始即布置学生阅读《中国经典诚信故事》；课前给予学生一些故事范围，要求进行精读并结合自身思考感受。

活动对象：

初中二年级学生。

活动过程：

（一）情境导入：案例《巴黎宣言》

案例内容：1988年，75位诺贝尔奖获得者在巴黎集会，发表联合宣言："人类如果要在21世纪生存下去，就必须回首2500年前，去孔子那里汲取智慧。"

教师结合案例引入班会开展背景介绍——诵读经典，做有道德的人。并在介绍班会背景的基础上，介绍本学期的经典诵读书目《中国经典诚信故事》，引入本次班会课的主题：诚信。

【设计意图】导课案例有代表性有针对性，容易引发学生对诵读经典这一要求的理解和共鸣；导课案例主题明确，易于引入班会课主题。

（二）诚信对对碰

教师与学生对话：诚信意义的讨论交流。

教师组织学生开展小组讨论：读了《中国经典诚信故事》后，你对于什么是诚信有了更多的认识和理解吗？要求学生用一些词语、句子将自己对诚信的理解写在卡纸上。学生进行小组讨论分享，以小组为单位轮流发表观点，并将组内讨论结果贴于翻纸板上。

教师综合学生的讨论结果，分享对诚信的理解：诚信，是日常行为的诚实和正式交流的信用，即待人处事真诚、老实、讲信誉，言必信、行必果，一言九鼎，一诺千金。

【设计意图】明确诚信的意义。

（三）诚信上上签

交流分享《中国经典诚信故事》的阅读感受。

教师将书中故事以关键词的形式做成签，学生以小组为单位，每组随意抽取一枚签并根据抽到的签上的关键词，以"抽签"+"故事简述"+"读故事感受"+"结合自身谈感受"的回答方式做班级交流共享。如立木为信、烽火戏诸侯、一诺千金，这些书中的经典故事名称都可作为关键词；以故事主人公为关键词亦可。

【设计意图】以抽签的方式作为交流的形式，易调动学生的参与积极性和参与热情；从说、谈、听中理解诚信的重要性、体会诚信的价值。

（四）诚信速速行

讨论交流在日常学习生活中和社会中践行诚信的方法。

教师给每小组下发事先印好的表格。组织学生以小组为单位讨论在日常学习生活怎样去坚守诚信、做到诚信。

学生开展小组讨论，写出方法。之后以小组为单位进行分享交流。并在聆听他组交流时将自己小组未写到的做法补充在后。

【设计意图】明确自己应该如何做一个诚信的人和努力方向。

总结：

诚信是一种道德，是一种规范，是一种制度，是一种资产。一个国家不能缺乏信用制度，一个社会不能缺乏信用体系，一个单位不能忽视信用管理，一个人不能放任信用养成。读经典，仿古人立信，理应成为自己的长期行动！

（执教者：南京航空航天大学附属初级中学 陈小军）

185

案例 8：人无信不立 [①]

活动背景：

国家层面："诚信"是社会主义核心价值观的重要组成部分，《中共中央关于全面推进依法治国若干重大问题的决定》指出，加强社会诚信建设，健全公民和组织守法信用记录，完善守法诚信褒奖机制和违法失信行为惩戒机制，使尊法守法成为全体人民共同追求和自觉行动。

学生层面：初中生进入了世界观、人生观、价值观的形成时期，面对形形色色的社会思潮和社会现象，对诚信的认识会出现迷茫、模糊、困惑，急需从个人、家庭、社会等多个层面强调诚信的重要意义，帮助学生将诚信要求内化于心、外化于行。

班级层面：授课对象为初三学生，在学生中树立诚信的要求，有利于形成良好的班级风气，有利于强化积极的价值导向，推动智育与德育的协调发展，增强班级的向心力、凝聚力、创造力，帮助学生度过快节奏、高强度的学习阶段。

活动对象：

初中三年级学生。

活动目标：

知识目标：了解诚信的内涵，认识诚信的基本要求是对人守信，对事负责，感受诚信是每个人立足于社会的通行证；了解诚信两难的基本含义及其在现实生活中的体验。

能力目标：培养学生观察、分析能力，为人处世与社会生活的能力以及明辨是非的能力，引导学生践约守信，诚实做人；引导学生学会理解并深度剖析诚信两难的社会现状。

素质目标：增强对他人、对社会的责任感，树立正确的为人处世态度和守信为荣、失信可耻的道德观念，大力弘扬中华诚实守信美德。

---

① 南京市中小学优质主题班会课评选获奖案例。

活动准备：

教师准备：将学生分组，每组一块白板。

学生准备：关于诚信的名言警句、现金20元、方便面数包、饼干数包、面包数袋。

活动流程：

（一）创设情境，暖场导入

教师提问：请大家围成内外两圈，面对面坐好。同学们一定看过中医，大家了解中医如何初诊病人吗？

学生：望闻问切！

教师：今天我们来模拟心理医生，请大家找一个你面前的同学，通过察言观色，倾听心情，询问心事，把握心理，初步诊断身边伙伴近期的心理状态。

学生活动：外圈同学先对内圈同学进行"望闻问切"，然后内圈同学向右移动三个位置，并对外圈同学面对面"望闻问切"，评价对方的心理状态。

【设计意图】放松学生的课前紧张心情，鼓励学生耐心分析他人心理，并为下一步诊断病患埋下伏笔。

（二）诊治病患，提升认识

教师：同学们诊断病患时有模有样的，大家都很有心理医生的潜质！下面我们一起来诊断这一位特殊的病患，先来看看他/她的病例吧！

姓名：吴诚信

性别：男亦可，女亦可

年龄：生于20世纪60年代或70年代

职业：待定

确诊方法：中西结合

1. 望诊

脸色：无甚大碍，就是不会脸红。即使是"落井下石"后，也是脸不变色。

187

眼睛：眼珠缺乏灵活性，只能侧视或者向"钱"看，目光狡黠。鼻子：鼻头上翘，鼻孔变大，嗅觉间歇性失灵，只能闻官气、贵气，而不能闻民气、贫气。舌头：发生变质、发音不准确，舌间形状有变为弹簧的趋势，说"撒谎"发音清晰，说"真话"则发音含糊，吐字不清。

2. 把脉

脉搏沉、快、促、紧、滑、涩……典型的吹牛皮后心悸、早搏导致的心脏衰竭的先兆。

3. 透视

肝肺呈现出暗色，甚至变黑；脊椎有弯曲迹象，病情表现为直不起腰。

4. 血样采集

患者血色呈暗红色。血色分子结构多种多样，有"才"、有"貌"、有"钱"、有"思"，其中前三者居多，唯独缺"信"，"诚"细胞和血小板几乎没有。

5. 基因鉴定

经过精密仪器测试，患者的基因已经发生异变。已不能显示系何族子孙，"信、义、忠"结构已被破坏。虽然基因测试确定不出系何族，但其行动都具有浓厚的封建小农意识，表现为见了五斗米就折腰（当然，脊椎已查明有问题），钩心斗角，尔虞我诈，挖人墙脚，落井下石。

学生活动：几名同学大声阅读病例内容，小组讨论诊断结果，并给出治疗方法和建议。

（学生关注治疗方法和建议主要有以下几个方面：立即换血，注入大量"人文"氧气，替换体内有害健康的"拜金主义"二氧化碳；立即注射"补充诚信"针剂，坚持服用"洗心革面"药物；每天扪心自问，良心是否还在；阅读大量文章，唤醒诚信意识。）

【设计意图】分析缺乏诚信的各种表征及其影响，激发学生"治愈疾病"的积极性，思考"治疗吴诚信"的有效办法。

（三）如何理解个人诚信

教师提问："吴诚信"这个人给我们什么启示？

学生回答：做人必须要讲诚信，丧失诚信的人会被大家所唾弃、所厌恶。

学生活动：各小组在白板上写下关于诚信的名言警句。

1.言必行，行必果；2.人背信，则名不达；3.君子一言，驷马难追；4.内不欺己、外不欺人；5.诚信为人之本；6.人无信不立。

学生活动：对诚信名言进行大声朗读。

教师展示"曾子杀猪"的故事：

曾子是孔子的学生。有一次，曾子的妻子准备去赶集，由于孩子哭闹不已，曾子的妻子许诺孩子回来后杀猪给他吃。曾子妻从集市上回来后，曾子便捉猪来杀，妻子阻止说："我不过是跟孩子闹着玩的。"曾子说："和孩子是不可说着玩的。小孩子不懂事，凡事跟着父母学，听父母的教导。现在你哄骗他，就是教孩子骗人啊。"于是曾子把猪杀了。

教师提问：大家谈一谈，个人诚实守信都有什么特点？

学生发言：说的和做的保持一致；不能违背自己的誓言；不能欺骗别人。

教师总结：从古今中外的名人名言中可以看出，对诚信都有明确的要求，可以说诚信是做人最起码的要求。

【设计意图】通过古今中外名言警句的搜寻、诵读，在学生心目中确立诚实守信的原则，坚定学生对城市守信原则的决心与信心。

（四）食品安全风波

情景剧：由学生扮演的"商人"正在兜售方便面、饼干、蛋糕等各类美味的食品，正在大家购买商品、付钱消费的时候，另一拨学生扮演的"食品安全监管人员"上台，在进行了认真"检查"之后，宣布这些方便面、饼干、蛋糕是假冒伪劣商品，并进行了"封存"。

教师：同学们，这些商人兜售假冒伪劣食品的行为，是一种什么行为？有没有讲诚信？

学生：他们欺骗了消费者，以次充好、以假乱真，是不诚信的行为。

教师：大家在电视上、报纸上，有没有看到其他这样不诚信的行为？

学生活动：展开小组讨论，大约三分钟左右，观察员进行分享。

教师活动：在白板上写下学生讨论内容，并做简单总结。

（学生讨论的内容涉及方方面面，如假冒伪劣商品、虚假广告宣传、消费敲诈勒索等等，都是学生耳闻目睹的身边事，在讨论中，引导学生提升对不诚信行为的辨别力。）

教师活动：请学生讲出这些不诚信行为的危害。

学生活动：展开在小组讨论，大约三分钟左右，观察员进行分享。

教师活动：在白板上写下学生讨论内容，并做简单总结。

（学生总结的内容既有感性认识，也有理性认识，特别是结合自己的亲身经历，分析了不诚信行为的社会危害，也对社会诚信体系建设有了初步认识。）

总结：不诚信的行为对社会危害巨大，作为社会的公民，我们不仅仅应当自己带头诚实守信，更应当影响、督促、促进身边人诚实守信，现在，大家已经有了个人的诚信记录，这是自己的一张诚信"身份证"，越来越多的信息比如交通违法、银行贷款的情况，都会被纳入个人诚信记录，让我们共同努力，维护好诚实守信的良好环境。

【设计意图】帮助学生正确认识社会上的种种不诚信现象，引导学生通过自身的行为，为社会诚信体系建设贡献自己的力量。

（五）妈妈，你没病！

排演情景剧：一位由学生扮演的"医生"告诉一群由学生扮演的"家属"：你妈妈得了很重的病，一定要做好心理准备。这时，由另一位学生扮演的"妈妈"上台询问病情，由学生扮演的"儿子"安慰"妈妈"：妈妈，你的病不严重，现在已经有了一种特效药，你的病很快就能痊愈啦。

教师：这位儿子的话是不讲诚信吗？

学生：很多学生指出，这位儿子的话不是不讲诚信，而是为了安慰母亲。

教师：对了，我们生活中有很多这样的情况，这些"白色谎言"不仅没有伤害人，反而是保护人、帮助人。

（首先引出"白色谎言"的概念，让学生在理解诚信的同时，既让学生能够诚实守信，又让学生理解"白色谎言"，增强学生辩证思维能力，提升学生对诚信的多层次理解。）

教师展示故事《最后的叶子》。

琼西在寒冷的十一月患上了严重的肺炎，并且其病情越来越重。作为画家的她，将生命的希望寄托在窗外最后一片藤叶上，以为藤叶落下之时，就是她生命结束之时。于是，她失去了活下去的勇气和信念。作为她的朋友，苏很伤心，便将琼西的想法告诉了老画家贝尔曼，这个老画家是个脾气火爆、爱取笑人的酒鬼，终日与酒为伴。画了近四十年的画，一事无成，每天都说要创作出一幅惊世之作，却始终只是空谈。但是他对这两位年青的画家却是照顾有加。他听到了此事后，便骂了一通，但仍无计可施。

然而令人惊奇的事发生了：尽管屋外的风刮得那样厉害，而锯齿形的叶子边缘已经枯萎发黄，但它仍然长在高高的藤枝上。琼西看到最后一片叶子仍然挂在树上，叶子经过凛冽的寒风依然可以存留下来，自己为什么不能？于是又重拾生的信念，顽强地活了下来。可是故事并不是到此就结束了，真相才刚刚打开：原来是年过六旬的贝尔曼，在一个风雨交加的夜晚，为了画上最后一片藤叶，因着凉，染上了肺炎。在他生命的最后时刻，他终于完成了令人震撼的杰作。

教师提问："白色谎言"有什么特征呢？

学生活动：展开在小组讨论，大约三分钟左右，观察员进行分享。

教师活动：在白板上写下学生讨论内容，并做简单总结。

（主要是帮助别人树立生活的信心、保持乐观的心态、树立奋斗的勇气。）

教师发言："白色谎言"不能滥用，我们可以说出"白色谎言"，但应当出于帮助别人的目的，否则就有可能变成了真正的欺骗。

【设计意图】通过分析"白色谎言",帮助学生正确认识生活中善意的、无害的"欺骗",初步让学生体会到动机和行为的关系,引导学生提升对道德的深层次认识。

（六）汉斯骗药

展示"汉斯骗药"的故事:

有个妇女患了癌症,生命垂危。医生认为只有本城的一个药剂师新研制的药能治好她。配制这种药的成本为200元,但销售价却要2000元。病妇的丈夫汉斯到处借钱,可最终只凑得了1000元。汉斯恳求药剂师,他妻子快要死了,能否将药便宜点卖给他,或者允许他赊账。药剂师不仅没答应,还说:"我研制这种药,就是为了赚钱。"汉斯别无他法,凑齐了1000元的假币,从药剂师那里骗到了药。

教师提问:

1.汉斯应该骗药吗?为什么?

2.他骗药是对的还是错的?为什么?

3.汉斯有责任或义务去骗药吗?为什么?

学生活动:展开讨论,大约三分钟左右,观察员进行记录。

有的同学认为汉斯骗药是错的,大部分同学认为汉斯骗药是对的,但又认为他违反了诚实守信的原则。

（把学生引入"道德两难"的困境中,不把诚实守信简单化、死板化,而是和生活结合在一起,引导学生辩证思考诚实守信原则的应用。）

教师活动:引导学生剖析"汉斯骗药"的故事。

首先对药剂师的行为进行剖析,药剂师唯利是图的行为,本身就是错的;其次对汉斯的动机进行剖析,汉斯是为了救妻子,他的动机是正当的、合理的;再次对汉斯的行为进行评价,汉斯欺骗了药剂师,他的行为是不当的、违法的;最后对汉斯的动机与行为进行比较,将"挽救生命"与"欺骗"比较,显然"挽救生命"更应当受到尊重,汉斯的行为总体上是值得肯定的。

（通过让学生对动机、行为的分析,引导学生探索诚信背后的道德准则和社会价值,让学生在面对疑难和困惑的时候,更加坚定、更加清醒。)

教师总结:"汉斯骗药"的故事为我们展现了为什么要诚实守信,因为社会的运行,需要每个人遵守自己做出的承诺,只有这样,社会才会正常运转,但这并不意味着我们必须死守教条、一成不变,在生活中,我们应当把道德准则与具体情况结合起来,让诚实守信更好地在心中扎根。

【设计意图】帮助学生理解"道德两难"行为,引导学生在两难中做出正确的抉择,正确应对诚实守信中遇到的疑难和困惑,提升学生的道德鉴别力和道德判断力。

总结与反思:

在日常过程中怎样做到诚实守信?学生畅所欲言,自由表达诚实守信的看法:

学生 A:我觉得,诚实守信并不遥远,其实就在我们生活的点点滴滴中,比如,骑共享单车的时候,要爱护单车、及时付款;在销售商品的时候,要货真价实、不卖假货,这些都是诚实守信。

学生 C:我觉得,现在大家都要重视诚实守信,不诚实守信,不仅损害了他人利益,有可能计入我们的诚信记录,对我们自己也是一个危害。

学生 F:是啊,诚实守信需要大家来维护,对身边不诚实、不守信的行为,我们要大胆地说"不",不能像"吴诚信"那样。

学生 Q:诚实守信不是一个教条,"白色谎言"没有错,关键在于能够帮助别人树立信心、乐观前进。

诚实守信,关键是要有行动,在生活中一点一滴地实践。

(执教者:南京市紫东实验学校　朱晓敏)

案例 9:诚信,得失间的智慧 [①]

活动背景:

国家层面:党的十八大以来,中央高度重视培育和践行社会主义核心价值观。中共中央办公厅颁发的《关于培育和践行社会主义核心价值观

[①] 南京市中小学优质主题班会课评选获奖案例。

的意见》指出："诚信，是社会主义核心价值观之一，是公民个人层面的价值准则。"江苏省委教育工委、省教育厅下发的《全省教育系统培育和践行社会主义核心价值观的实施意见》也提出要"大力加强诚信教育活动，深入推进诚信教育""引导学生深刻领悟社会主义核心价值观对国家繁荣富强和个人成长成才的重要意义"。

高中生层面：高中生对"诚信"的理解比较表面，在实际特殊情境下，尤其是在两难情境下，对"诚信"问题会产生一些认知偏差。

班级层面：授课对象是高二理科班学生，男生多，女生少。他们思维活跃，自我意识强烈，喜欢钻校规班规的空子，却常常自鸣得意，觉得耍小聪明是一件有趣并令人得意的事情。

活动对象：

高中二年级学生。

活动目标：

认知目标：让学生通过讨论，从得失的角度理解"诚信"的内涵。

情感目标：在价值冲突中识别观点，树立正确的为人处世态度和守信为荣、失信可耻的道德观念。

行为目标：提高学生对"诚信"的感悟能力，引导学生用诚信观进行价值判断和价值选择，增强明辨是非的能力，把诚信观内化为信念、外化为行为。

活动准备：

1.教师准备：拟写情景剧剧本，名为《校服事件》，提前组织3位学生进行排演，时长4—5分钟；印发《诚信之歌》，准备好配乐。

2.学生准备：在黑板上写"诚信"二字，需要美工；3位学生排演情景剧《校服事件》；在教室黑板报留出一块版面，上面画上一棵绿色的大树，树干写上"诚信智慧树"5个字；每位同学准备绿树叶状的便签条和黑笔。

活动过程：

（一）暖场游戏，场景体验

学生活动：两两一组，进行"口是心非"游戏。游戏规则是：每两个同学为一组，相对而立，其中一位同学向另一位同学提问 5 个关于日常学习生活的问题，这些问题只能用"是"或者"不是"来回答。需要特别注意的是，回答的同学用摇头或点头来表示正确答案，嘴里却要说出错误的答案。

【设计意图】利用游戏导入，让学生切身体会说谎话的心理感受，引出"诚信"的主题。

教师：口是心非，真是一件很辛苦、很困难的事。不仅要精神高度集中，而且还要承受巨大的心理压力。长期下去，我们会失去他人的信任，更可能会引发一系列的心理问题。因此，我们要诚信做人，心口如一。

（二）情景剧表演

学生活动：三位同学表演情景剧《校服事件》。

情景剧故事梗概：

一天上午，全班同学照例在走廊集合，准备去操场做广播操。正在这时，小明忽然从身边路过的校学生会干部们的谈话中得知，今天要突击检查校服，没穿校服的同学会被记录名字，所在班级也将被扣文明分。小明的校服因为前一天洗得晚，又遇上了阴雨天，没有干透，所以小明今天就没有穿校服。想到会给班级抹黑，小明灵机一动，假装肚子疼，一溜烟躲进了厕所，等到广播操结束了才回到教室。坐在座位上，想到自己的"壮举"，小明得意万分。

【设计意图】创设"诚信"与"集体主义"的两难情境，为后续的讨论做准备。

（三）讨论分享

教师：如果你是小明，你会怎么做？请简述理由。

学生：自由阐发自己的观点。

195

教师：通过刚才同学们的讨论，我们发现这是一个两难的问题。如果小明正常去做广播操，因为没穿校服，班级势必会被扣分，影响了班级的荣誉；如果按照情景剧里小明躲进厕所的做法，这显然也是一个不诚信的行为。这一得一失，真的很难取舍。那么，为什么小明这么轻易就选择了不诚信呢？请从"得失"的角度谈谈你的看法。

教师：在黑板上"诚信"二字旁写下"得失"二字。

学生：组成四人一小组，讨论问题，选一名代表进行发言。

教师：不诚信的"得"是显性的，眼前的，很有吸引力。"失"是隐性的，长远的，不容易看到、想到。而人往往是急功近利、趋利避害的，所以更容易选择不诚信。这就是人性的弱点。在"校服事件"中，"得"非常明显，就是维护了班级荣誉。但仔细分析后，我们不难发现，我们失去的也许更多。

首先，这样的行为使小明形成"不诚信得利"的意识，并强化他今后的不诚信行为，其他同学会对该同学产生不信任感；其次，其他同学受到"不诚信得利"意识的负面影响，会引发他们今后的不诚信行为；最后，如果班级同学无意中向他班的朋友透露或炫耀，会对班级荣誉和班级形象造成更大的损害，暂时的"荣誉"掩盖了班级行为规范问题，难以保证以后不扣更多的分。可以说"不诚信"班风给班集体建设埋下了隐患。

【设计意图】问题式环节，能够引发学生之间观念的碰撞，暴露问题，便于引导。

（四）拟写寄语

教师：不久，这件事情被班主任知道了，请你根据刚才的讨论，以班主任的身份写一句对全班同学的"诚信寄语"。

学生：拟写寄语，相互交流，并依次将寄语纸条黏贴在教室后黑板报的"诚信智慧树"上。

教师：这样的寄语，是给全班的，也是给自己的。如果我们每个人都能拥有诚信的品格，诚信的智慧，那么我们就能拥有一棵诚信的参天大树。

【设计意图】巩固与加强"诚信"班风的建设。

（五）歌唱诚信

班主任寄语："诚信不易，需要有得失间的智慧；诚信难得，需要有吃亏的勇气；诚信无价，需要有坚守的毅力。"

学生活动：全班起立，配乐朗诵《诚信之歌》：

诚信是一条小河／日夜流淌在你我的心窝／诚信是一枚甘果／帮你我融化生活的冷漠／诚信是一座金桥／用真诚连接你和我／诚信是一把利剑／帮你我把美好的事业开拓

诚信是一首无语的歌／传唱在世界的每一个角落／千百年来人们一直这样传说／诚信的太阳永不落／今天如果你这样问我／为什么人们都笑成了花朵／我一定会这样告诉你／淳朴的人们因诚信而洒脱

【设计意图】活动总结升华，助力学生成长。

活动反思：

高二的学生本应知道诚信的意义，可为何还出现种种不诚信的行为呢？归根结底，是我们教育者习惯把价值观直接传递给学生，学生也习惯于顺着老师的教育意图说一些"应该说"的话。但事实上，学生并不认同。这在一定程度上就造成了学生的"知行脱节"。北宋理学家程颢曾指出："知而不能行，只是知得浅。"道德，需要道德主体的理性思考和生活体验，才能认同并践行。

因此，本次班会是一次让学生自己说话、说自己想说的话的班会。它建立在校园生活中常见又极易被忽视的两难情境中，以"得"与"失"为切入点，能够准确而快速地暴露学生对诚信的认知偏差，有很强的针对性和启发性，也有较强的实践价值。同时，还让同学认识了自我，认识了人性。所以，这是一次很接地气又意义深远的班会。

当然，价值观念不可能一次成型，班会结束后，还是有个别同学坚持小明的做法是正确的，不属于不诚信。我想教育之路真的是任重而道远。

（执教者：南京市人民中学　高媛）

197

案例 10：诚信，一份双赢的合同 [①]

设计背景：

诚信是中华民族的传统美德，是社会主义精神文明的重要组成部分，也是学校各种规章中对学生的基本要求。

中小学阶段是学生道德观念形成的重要阶段，也是对学生进行诚信教育的大好时机，学校作为育人的重要场所，肩负着神圣的使命，教育得当与否，至关重要。从总体上看，大部分中小学生能够按照诚信标准要求自己，待人以诚，言行一致，但在少数学生身上的有一些不诚信行为。不完成作业，考试作弊，失约，说谎，不诚实，上学迟到，欺骗他人，拾到东西不上交，借东西不退，放假不按时回家，做错事不告诉家长，抄袭同学的作业，答应老师的事做不到，等等。针对这些情况，诚信主题的班会课应运而生。

活动目标：

1. 懂得诚实守信是中华民族的传统美德，现代社会更需要诚实守信。

2. 反对虚假和不守信用的行为，反省自己不诚实不守信的行为，做一个诚信的公民。

3. 培养良好的诚信品质，在校园里做到诚信待人，诚信做事。

活动准备：

教师准备：和班委一起商量活动方案；准备课件《诚信，一份双赢的合同》；收集时下社会上有关于诚信的案例；将学生分成不同的小组，并分配每组学生的任务。

学生准备：自行推荐参加诚信辩论《讲诚信到底吃亏不吃亏》；收集诚信的成语和故事，并思考故事带来的影响；回忆自己身上的诚信事件，并思考影响；收集"彭宇案"的经过，并分析其造成社会恶劣影响的原因。

活动形式：

演讲、讨论、辩论等。

---

① 南京市中小学优质主题班会课评选获奖案例。

活动对象：

高中二年级学生。

活动过程：

（一）什么是诚信？

1.导入诚信：PPT展示作文《赤兔马之死》。

提问与讨论：文章中的赤兔马为什么追随关羽而去？我们今天的班会主题是什么呢？在作文题目中为什么这个主角把诚信抛弃了？如果是你，你抛弃哪一个品质？

小组分享，集体归纳：赤兔马看中关羽的忠肝义胆，为人诚信。诚信这个品质对于人来说也许没有眼前的现实利益，所以容易被人们抛弃。

2.认识诚信：

教师出示：诚信的定义——即诚实，守信用。

3.阅读故事，感悟诚信

（1）学生分享收集的诚信小故事《曾子杀猪》。

引导：曾子为什么最终为了一句话而杀了一头猪呢？他是在为孩子树立好的榜样，给孩子诚信的品质打下基础。

（2）学生讲述两则故事《立木为信》《烽火戏诸侯》。

提问与讨论：《立木为信》与《烽火戏诸侯》的对比事例说明了什么？

集体归纳：一个"立木取信"，一诺千金；一个帝王无信，戏玩"狼来了"的游戏。结果前者变法成功，国强势壮；后者自取其辱，身死国亡。可见，"信"对一个国家的兴衰存亡起着非常重要的作用。中国自古就有"民惟邦本，本固邦宁""得民心者得天下，失民心者失天下"的明训，还有"水可载舟亦可覆舟"之说，唐代魏征把诚信说成是"国之大纲"，可见"诚信"之重要。

【设计意图】通过讨论，让学生明白诚信的定义，知道诚信是中华民族的优良传统。通过阅读诚信故事，对比了解不管是从个人方面，还是国家层面，诚信对于我们来说都是一个非常重要的品质，通过对比，

199

更能看到诚信对于个人和国家的重要性。

（二）如果世界失去诚信……

1. 出示诚信报告

内容：近日，中国社会科学院社会学研究所发布的《社会心态蓝皮书》指出，中国人与人之间的不信任程度在进一步扩大，社会总体信任程度的平均得分为 59.7 分，进入到"不信任"水平。专家对此提出，社会诚信已经到了警戒线，由此导致社会冲突增加，中国正在面临一场前所未有的诚信危机……

提问与讨论：当今社会出现了哪些诚信危机呢？

2. 迟来的真相真的有用吗？——彭宇案

（1）进行彭宇案的调查，调查学生在情感上更倾向哪一个。

（2）请学生为大家介绍彭宇案的经过，并分析彭宇案造成如此恶劣社会效应的原因。

（3）在了解彭宇案的详情后，再次调查学生的情感倾向。

3. 展示：播放"2016 年 3.15 晚会曝光名单"。

提问：看到这些无良商家的行为，你的感受是什么？他们为什么要这样做？

小组讨论并分享：无良商家的行为让人痛心，他们主要是出于利益的目的！

【设计意图】通过案例，让学生在实际体验生活中不诚信的案例，让学生明白诚信的可贵，并思考诚信问题的来源。

（三）诚信之辩

引导：为什么无良商家屡禁不止，为什么商者能抛弃他的立业之根——诚信？归根到底都源自两个字"利益"。那么我们今天的辩题来了，讲诚信到底吃亏不吃亏呢？

小组辩论：讲诚信到底吃亏不吃亏呢？

观点一：讲诚信不吃亏。

观点二：讲诚信吃亏。

集体归纳：我相信刚才两组同学的精彩辩论一定给大家留下了深刻的印象。的确，在当今社会中，不讲诚信的现象还屡有发生。但我们知道诚信是做人之本、兴业之本。社会呼唤诚信，人们需要诚信。那些不讲诚信的人，他可能会得到眼前的利益，但他们的行为会遭到道德的谴责、法律的制裁，最后的成功将会属于那些拥有诚信的人们。

【设计意图】了解诚信和利益之间的关系，通过辩论，让学生更深刻地理解不讲诚信所获得的利益只是短时的。

（四）诚信之从我做起

1.诚信故事大分享：说说看，你对待别人（老师、同学、家人等）在哪些方面做到了诚信？这有好处吗？哪些方面没做到？会有什么后果吗？

小组讨论并分享：同学之间、学生和家长之间、学生和老师之间都存在诚信的问题。

2.为什么在校学生会出现诚信问题呢？集体讨论并总结原因。

3.一起制定高二（15）班的诚信约定，每个小组针对学校生活不同方面制定诚信之约。

【设计意图】将诚信问题回到学生身上，分析学生为什么会出现诚信问题，并如何解决这些问题。比较贴近学生的生活，容易被学生接受。

总结：诚信是一切美德的基石。伟大的教育家孔子就说过："人而无信，不知其可也，大车无，小车无，其何以行之哉。"诚信教育任重而道远，我们必须站在历史的高度，以战略的眼光，来充分认识新时期学校诚信教育工作的重要性，扎扎实实开展学校诚信教育，为全面提高青少年学生基本道德素质做出应有的贡献。

活动拓展：

将诚信之约整理后制作成卡片发给每位学生，并请学生每人写一篇周记《我和诚信之约》。

（执教者：南京市天印高级中学　贾亮亮）

案例 11：因为真实，所以美丽 ①

活动背景：

国家层面：社会主义核心价值观含有对"诚信"的要求。

高中生层面：高中生思辨性增强，高中阶段是人生观的形成期，学生易受外界影响，需要有正确人生观的引导；处于青春叛逆期，不愿听父母老师的，不愿去分享。

班级层面：高三学生考试多，作业多且难度高，家长、老师和学生求分心切，很多学生学习压力大，成绩达不到自己的理想状态，不能接受真实的自己，让自己生活在"造假分、装勤奋"的状态中。部分学生在学习上得不到成就感，就自暴自弃，在恋爱中在游戏中或其他地方寻找成就感。

活动对象：

高中三年级学生。

活动目标：

认知目标：让学生了解"诚信"的内涵。真诚待人，真实待己。

情感目标：激发学生潜能，在努力中得到成就感。

行为目标：通过自测诚信值，了解真实的自己，接受不完美的自己，学做真人。

活动准备：

1. 教师准备：

（1）了解罗杰斯的人本主义理论：人的天性中有善的部分，人是可以被信任的，人的最深层次里"潜伏着极其积极的方向"，只要后天环境适当，就会自然地成长。人天性渴望尊严和自我实现。

（2）学生心理状态调查分析。了解学生为了提升分数，会有一些恶性竞争存在，或戴上假面具安慰自己哄骗别人，或干脆自暴自弃，做一些离经叛道的事，获得"成就感"。

2. 学生准备：准备笔和白纸，收集诚信故事，收集诚信名言。观察

① 南京市中小学优质主题班会课评选获奖案例。

同学中呈现的诚信以及不诚信的表现。

活动过程：

（一）趣味导入

老师：诚信分值最高 10 分，最低 0 分。你给自己多少分？

学生：同学给自己打分，基本都是 9 分或 10 分，分值普遍较高。

【设计意图】测试一下学生对诚信的理解及了解自己的程度。

（二）理解诚信的内涵

学生活动：表演情景剧。

情景一：有两个同学在对数学题答案，其中一位把昨天不会做的题借同学本子直接抄了一下。

情景二：有一个同学在抄写语文课文，抄完写上大大的"自默完成"，打了个大大的 100 分（脸上露出得意的神色）。

情景三：两位同学大声谈论着昨晚玩游戏到几点才睡，之后各自背过身说"哈！他以为是真的！"并露出奸笑。

情景四：有人门口放哨，一声"老师来了"，学生停止了所有动作，装作很专注读书的样子。

学生活动：研读思考。

明确：诚，真实；信，确实，讲信用，言而有信。"诚信"即"真"，跟"假"反义，即做事做人求真不做假。

学生活动：讨论与分享日常生活中不诚信行为。

1. 考试作弊。

2. 上课讲话被老师找去，刚写完检查并向老师保证过，过了没多长时间又违纪，把自己的保证抛到脑后了。

3. 答应与朋友外出，不想去就找个借口拒绝了。

4. 跟家长要手机说是查题目，却在偷偷玩游戏。

5. 在家长老师面前假装勤奋学习，其实思想在开小差。

（略）

总结：日常生活中经常存在"假""装"的行为。

【设计意图】把同学带入熟悉的生活场景中，了解有哪些不诚信的行为。

（三）探究失信的不良行为（"假""装"）背后的心理原因

学生活动：

想得高分被人羡慕，所以作弊了；想让别人觉得自己聪明，所以白天在同学面前装得不认真学习的样子，回家学到很晚才睡；想让老师觉得我是好学生，所以装得很勤奋……结果呢？作弊逮到被处分。假装不认真，成绩和身体都受了影响。假勤奋，考试老师发现了真相，结果不仅没得到自己想要的别人眼中的"尊严""优秀"，反而失去的更多，变得自卑。

老师：了解并接纳真实的自己，然后真正地去努力，获得成长和自我实现。这也是诚信的体现。

学生：拿出笔和纸，再次为自己的诚信值打分。这次分数明显低了。

学生：同座间交流一下对诚信的理解。发现明显比一开始更深了一层。

在老师和学生交流中，学生悟到失信行为背后的积极方面：想要高分，想要优秀，想别人尊重自己。

老师小结：著名心理学家罗杰斯认为，人性是善的，人渴望被尊重，渴望自我实现，人内心的最深层次潜伏着极其积极的方向。但需要让人"变回自己""从面具后面走出来"，接纳真实的自己。

【设计意图】了解学生心理状态。

（四）相互点赞：怎样做到诚信？

学生活动：组内分享，每组派一名代表在全班分享，写下关键词。

故事归纳：

1.借李彤一块小橡皮，跟她说不用还了，可第二天李彤坚决还，而且还了一大块。（有借必还）

2.德育处经常有同学送捡到的钱物。（拾金不昧）

3. 孟同学对老师布置的作业很认真地完成。（真心做事）

4. 老师不在教室里督促，吴同学依然很专注地学习。（学习不装）

5. 王同学成绩考砸了也能接纳结果，不找借口（接受真实的自己）

（略）

老师总结：我个人认为诚信即真心待人，真诚做事。不戴假面具，接受不完美的自己，通过努力，得到成长，得到尊严，得到自我实现。即为人做事要真、不装、不假。那你认为呢？

【设计意图】分享故事，分享感悟，内心成长。

（五）总结升华，助学生成长

学生活动：用一句话概括诚信，并写在白纸上，然后在全班进行分享。

定下诚信约定：诚信是一份独自完成的作业；诚信是对朋友秘密的守口如瓶；诚信是不自欺欺人的学习；诚信是一杯不掺水的牛奶。

（略）

在歌曲《花火》（梁咏琪）中结尾。

【设计意图】观察生活，学会概括，促进成长。

活动反思：

我们通过班会课，目的想让孩子感悟到生命本来就不是完美的，要接纳真实的自己，要通过踏踏实实的努力去获得快乐，获得尊严，赢得成就感，才是正确的方式。高尔基说过：假如你随时随地带上你的诚信，你的生活将会轻松愉快。让孩子卸下假面具，回到真我，然后才能真诚待人，真心待己。孩子才能健康快乐地成长。

（执教者：南京市玄武高级中学　唐爱萍）

案例12：诚信——你的第二张身份证

活动背景：

国家及社会层面：社会主义核心价值观将"诚信"列为每个国人应当具备的基本道德要求，足见"诚信"对个人、对集体、对社会、对国家的重要性。但是，随着经济的高速发展，在追求效率和发展的道路上，

"利益"越来越成为人们疯狂追求的事物；而诚信，则逐渐沦为了与现在这个社会格格不入的字眼。坚守"诚"还是放弃"信"，这一自古以来已成定论的答案，在当下，成了让人思考和纠结的难题。

学生层面：学生道德认知易受社会不良思想的影响；看问题容易钻牛角尖，容易有负面情绪；自我约束能力较弱，本身不太能意识到诚信对己对国之重要性，同时也不太能够要求自己做一个诚信之人。

活动目标：

通过本次主题班会，让学生从普通人的故事中感受诚信的力量，在讨论中明确诚信的意义，在亲身调查中体会诚信的价值，在交流中落实坚守诚信的方法；认识上理解诚信、思想上重视诚信、行动上践行诚信，真正将诚信作为个人基本道德要求去遵守。

设计思路：

由明—悟—思—存四个环节串联起整节主题班会，前一环节是后一环节开展的前提，完成学生从知到行、从感受到落实的转换。

1. 选取普通人的故事引入诚信，让学生感受到诚信就在身边。

2. 调查身边人的诚信（不诚信）的故事，要有说服力。

3. 诚信身份证的设计起到渲染气氛、加强学生诚信意识的作用，同时有可持续使用的价值。

活动准备：

全班分成 6 个小组；借用翻纸板，上面要预先写好两张标题；卡纸及签字笔若干；准备好视频资料和课件；打印好班会课所需文本资料；学生以小组为单位进行课前调查准备。

活动对象：

高职三年级或四年级学生。

活动过程：

（一）情境创设，引起对话讨论

教师组织学生观看视频《山城棒棒》。视频内容：

山城重庆的普通挑夫（棒棒）挑了一担贵重行李后却与货主走散。为了履行承诺，挑夫一连几天都在与货主相遇的路口等，期间有人说他笨、说他傻、说他应该将行李卖掉供自己生活，但是挑夫为了坚守诚信底线，一直等到货主找来的那一天才坦然离开。

师生讨论：你如何评价山城棒棒的行为？他身上有怎样闪光的品质？——引入本次主题班会的主题：诚信。

【设计意图】温暖而又感人的视频澄净了班会的氛围，让学生初感诚信之美、守信之荣，自然进入讨论。

（二）明诚信之意

教师组织学生开展小组讨论：什么是诚信？要求学生用一些词语、句子将自己对诚信的理解写在卡纸上。

学生进行小组讨论分享，以小组为单位轮流发表观点，并将组内讨论结果贴于翻纸板上。

教师综合学生的讨论结果，统一对诚信的理解：诚信，是日常行为的诚实和正式交流的信用，即待人处事真诚、老实、讲信誉、言必信、行必果，一言九鼎，一诺千金。

【设计意图】明确诚信的意义。

（三）悟诚信之价

学生以小组为单位进行课前的调查交流。从学校、家庭、社会三个维度进行调查。全班6个小组，其中3个小组分别调查自己身边的同学、亲友亲历的或听说的社会中守诚信的故事；其余3个小组分别调查自己身边的同学、自己亲友亲历的或听说的社会中违背诚信的故事。每组陈述两个故事（不同维度），陈述过后要重点说明守诚信和违背诚信的不同结果。

教师一边听学生说调查故事，一边用简略的语句概括出每一个故事的结局，并贴在翻纸板上。翻纸板分两列，一列事先写好标题"诚信的回报"，另一列写标题"不诚信之失"。

教师在学生陈述的基础上结合翻纸板，整理出自己的观点：诚信，是每个人的第二张身份证，重要性不言而喻。诚信者，能守住当下、筑起未来；而不诚信者，也许会暂时获利，但终会被人指责、得不偿失。

【设计意图】从调查、汇报、聆听中理解诚信的重要性、体会诚信的价值。

（四）思守信之法

教师给每小组下发事先印好的表格（如下）。组织学生以小组为单位讨论在日常学习生活中以及将来在职场中可以怎样去坚守诚信、做到诚信。

日常学习生活中守诚信之法	职场中守诚信之法

学生开展小组讨论，写出方法。之后以小组为单位进行分享交流，并在聆听他组交流时将自己小组未写到的做法补充在后。

【设计意图】明确自己应该如何做一个诚信的人和努力的方向。

（五）存我的"第二张身份证"

教师给每个学生下发诚信身份证（如下）。要求学生填写自己的诚信身份证并郑重签名。之后教师收齐，并告诉学生在接下来的学习生活中以及实习中，如果做了诚信、守诺之事，会逐一记录在个人诚信身份证上，累积到毕业前，谁的诚信记录最多，毕业前可获得表彰。

我的诚信身份证
诚信身份证号（完整学号）：
我会努力做一个诚信的人！
签名：
真不错，你做到了：

学生填写诚信身份证并签名。

【设计意图】促使学生积极思考如何对自己负责，情感上树立起对自己负责的愿望和信心，行动上努力做对自己负责的人。

总结与反思

播放视频：公益广告《诚信，让生活充满阳光》。

诚信，就是重信守诺；诚信，重在平日；诚信，对当下生活、对未来职场都有帮助。

（执教者：南京金陵中等专业学校 黄欢）

案例 13：做一个诚实的人 [①]

活动背景：

1. 诚实应是新时代的价值、伦理与信仰。

当今时代，诚实作为一种良好的道德品质，已是考察国民素养的一个重要因素，它对个体与群体来说都具有非常重要的价值。

但随着市场经济的发展，人们面临的诚实与信任危机却愈加严峻。在政治、经济、文化、医疗卫生、公共生活领域都存在诚实的缺失。

人们如何面对多元的、种种相互冲突的道德价值追求？如何面对现时代特有的精神生活秩序与道德？传统的诚实道德价值品质是否像人们担心的那样已彻底地被颠覆？在当今社会中，人们的精神气质与道德心态变化又将导致什么样的道德结果？对于不同年龄阶段的人，如何在日常生活中饱有诚实道德价值追求？诚实道德教育如何能够使那些具有普适性的传统美德不被遗忘和丢失？

2. 青少年价值观教育。

AP 班的学生都将走向世界各个国家继续学习深造，AP 班的家长需要在日常生活中与孩子一起践行诚实品德。作为国际人才，AP 班的学生需要理解诚实为何是良好的道德品质，对个体、群体来说诚实为何价值重大。围绕诚实这一核心价值观进行正面的集体教育引导至关重要。

[①] 南京市第一中学 AP 班学生与家长主题教育课程。

活动目标：

1.明确并坚定诚实教育目的：培养儿童的诚实品质（或品格）与诚实道德人格。

2.凸显显性课程与隐性课程结合的诚实教育。

3.培养中学生认识理解诚实，在生活、学习与交往中学会做诚实的人。

活动对象：

高二年级 AP 班学生及家长。

设计思路：

本次班会的总体线索是"四个一"，由现象到本质、由形式到内涵、由认知到行为、由教育到做人层层关联。可以让中学生通过对与诚实有关的情境做出认识、理解、判断与推理，培养他们怀揣着对自己、对他人、对集体、对社会的诚实、正直、公正、真理、真诚、勇敢、信任等情感与价值，学做一个诚实的人。

第一部分是"一个现象的讨论"。由对现实问题的分析判断开始，创设情境，假如你是事件主人公你该如何做的思考。

第二部分是"品味一封信"。引领学生走进国际视野，理解诚实教育不仅仅是道德品质教育，也是法律伦理教育，是人在社会生活中生存的必须。

第三部分是"探秘一个学校"。引领学生探寻哈佛大学的校训"追求真理"，认识教育作为培养人追求与走向幸福的美好价值，体会教育的真、善、美追求。

第四部分是"一个故事的多重解读"。以多种形式讲述故事《被拆掉两次的亭子》，启发学生回忆自己有关诚实两难的情境，并记录学生的真实经历。

活动过程：

（一）一个现象的讨论

1.创设情境。

班主任：各位同学，大家好！非常开心能够和大家一起分享与交流"诚实"这个话题。你是否经历过要对爸爸、妈妈、朋友、老师说实话的内心挣扎？你为自己的诚实行为而自豪过吗？你认为你自己是诚实的人吗？你能够在一些两难情境中正确地处理问题吗？你想做一个诚实的人吗？你对不诚实的人如何看待？（提示：班主任通过创设情境引发学生回想自己的内心经历，唤起学生对此问题的讨论的愿望。）

2.一个现象：学校教育中的不诚实。

（1）忽悠哈佛——赴美留学申请诚信问题调查[1]。

2012年秋季开学，美国一所"常春藤"大学大二学生唐哲惊讶地发现，和他一起入学的一位中国留学生神秘地消失了。这位留学生来自中国西北，因为接近满分的SAT成绩、"漂亮得近乎完美"的履历被这所大学录取，他成为家乡的明星，受到当地报纸热烈追捧。

然而，在他入学之后，却呈现出与漂亮的履历截然相反的表现：一半以上学科成绩不及格，其中包括作为基础课的数学——而他的履历上写着，他曾是国家级数学竞赛冠军的获得者。"基础数学是一个即使成绩平平的美国学生也能过的学科。"唐哲告诉南方周末记者。

学校随即对他展开了调查。在国家级数学竞赛的网站中，他们找不到他的名字。学校专程派人前往他所在的高中、当地教育局了解情况，但得到的回应均是"不提供成绩""不予置评"。招生办的工作人员只好打开档案，对他进行了重新面试。

最终，这位留学生被"劝退"回中国。

（2）哈佛大学发生空前集体作弊事件[2]。

据哈佛大学校报报道，部分足球、棒球及冰球校队成员可能也同样牵涉其中。该报表示，涉嫌作弊的是有279名学生的"国会入门"本科班级。

哈佛大学校方透露，按严格规定，去年的春季学期期末应该在家独立完

---

① 引自《南方周末》相关报道。
② 引自相关媒体报道。

成期末考卷。哈佛大学的一名政治本科课程导师在批阅考试答案时，发现许多学生的答案雷同，该答案容许学生拿回家作答。其中有125名哈佛大学学生可能分成了小组完成答卷，然后相互抄袭。

哈佛大学称，这次春季学期期末考作弊，是"学术上的不诚实——从不适当的合作到彻头彻尾的抄袭"。

3.现象讨论：你们怎么看学校教育中存在的不诚实现象？

（1）交流与讨论。

（2）表达与分享。

（3）教师的总结与价值澄清。

①社会道德失落的鉴别。在政治经济学中，有一个著名的现象叫"逐底竞争"，形容在竞争激烈的环境下，为了寻找最高回报率，竞争参与者以牺牲道德、触犯法则的代价，换取更大利益。在我们的社会生活中"做什么样的事""做什么样的人"哪个更重要？"做诚实的人"与做"成功"的事哪个更重要？

②我们如何认识诚实？诚实不仅包含对他人、对团体、对社会的诚实，同时也包括对自己诚实，它是一种从真实性、可信赖性，以及从正直、坦率、勇敢中剥离出来的通过教育而形成的一种内心力量与自信。根据你的经历思考你自己的认识。

（二）品味一封信

1.如何对待不诚实的讨论。

根据我们对不诚实现象的讨论与总结，我们先看看哈佛大学是如何处理集体作弊的，我们来共同读一读来自哈里斯院长的信函内容。

我今天写这封信给你们是因为学校里发生了一件非常令人不安的、有关学术诚信的事件。这件事牵涉到相当一部分的学生，我必须提醒你们每一个人关于维护学术诚信的基本责任和重申学校有关学术诚信的具体管理准则。

学校的校报 *Harvard Gazette* 对此事已有报道，今年春季班的部分学生在完成一份家庭开卷考试的答卷时可能存在违规的"合作"，甚至直接抄袭的违背学术诚信的严重错误行为。学校的事务管理委员会已就此事展开调查。今年夏季，校管理委员会对这个班的每一份答卷进行了仔细的分析和调查，发现这个班的250多个学生中几乎近一半的人分别以不同人数的小组形式，集体完成答卷或共享答案。

校管理委员会已经和那些答卷有问题的学生进行了接触。如果你还没有被询问，则你的答卷不在被调查范围内。

在接下来的几周内，校事务管理委员会将会和每一个答卷有问题的学生谈话，了解事实真相，确认是否有违规行为。目前委员会还没有就此事做出结论。

虽然学校还没有对此事做出正式结论，但我们认为这个事件所牵涉的一些问题的严重性质需要引起全体师生的警惕和重视，有必要在全校的师生中开展一轮新的有关学术诚信的广泛讨论。作为第一步，我要求你们今天就把学校的《学生守则》中关于"作业合作须知"以及其他和学术诚信相关的条例仔细地学习一遍。如果有不明白的地方，请咨询你们的任课老师。

同样的，文理学院教工委员会的院长迈克·史密斯已经要求所有的教职员工仔细审查他们的教案，明确每一门课有关"合作作业"的规定，和学生们一起讨论"学术诚信"的意义，并一起努力贯彻执行。

我同时必须强调，仅仅了解和完善规则是远远不够的，我们必须共同努力建设一个诚信的文化、氛围、和社区，必须让每一个人明白，诚信是所有学习和发现的基础和根本。没有诚信，我们不可能取得任何有价值和意义的真正的成就。

因此，我们除了采取一系列的行政措施以外，还要利用哈佛独特的校园宿舍管理系统，和各校区和宿舍区的管理人员一起在全校区内开展一系列的有关学术诚信的对话。

如史密斯院长强调的，哈佛大学关于学术诚信的问题是极其严肃和认真的，因为学术诚信是我们教育的根本和宗旨。我们不可能，也永远不会姑息

213

容忍学术造假。我本人和史密斯院长、福斯特校长以及伊吾琳哈蒙斯院长一起，呼吁并希望我们作为哈佛人，能够以今天的事件为鉴，孕育一个学术真实和诚信的文化，用诚信来对待我们做的每一件事。

讨论问题：你们怎么看校长的这封信？

2. 处理不诚实行为的视野连线：美国大学如何处分学术造假的学生？

在美国，学术不诚实是学生受到纪律处分的最主要原因。处理方式有如下分级：

警告（Admonish）：对学生的行为发出警告并给予关注，如果再犯很有可能给予处分。

留校察看（Probation）：在特定时间段内对学生严密观察，如果一旦有同样纪律问题出现将严肃处分。

要求离开校园（Withdraw）：纪律问题严重，要求学生中止学业，离开学校至少一年到两年，通过打工等方式反思在学校期间的纪律问题，之后才能申请再次入学。

强制退学（Dismiss）：最严重的纪律处分。纪律委员会提请大学的教职员工决定，开除一个学生，除非特殊情况，以后不得返回校园。各个高校对学生资料造假处罚又有具体规定。

哈佛大学的《学生手册》中有对"入学申请材料"的纪律处分的要求：大部分入学申请材料中的不完整、不诚实信息在录取过程中被发现，学生会被直接拒绝；少数情况下学生在入学后，才发现申请材料不诚信问题；这种情况下，学生的入学资格会被吊销，任何已经完成的课程或学分将会被取消，学生会被强制退学；如果在学生毕业后，才发现当年申请材料的不诚信问题，则入学资格、学分和已经获得的学位证书将全部被吊销。

在哥伦比亚大学，申请材料造假属于学术不诚信，被发现学术不诚信的学生，将受到学校的纪律处分。

达特茅斯大学的《学生手册》第94页中规定：如果在学生被大学录取后，发现申请材料中有虚假信息或虚假陈述，原有的录取资格会被吊销。如果在学生取得学位后才发现申请材料作假，学位会被吊销。[1]

（三）一所学校的探秘

1.师生再次回味前面的讨论，共同分析哈佛大学教育中深藏着什么秘密。哈佛大学先后培养了多位总统和数十位诺贝尔奖获得者，以及数以百计的世界级财富精英。这些杰出的人物，曾经对美国和世界产生了巨大的影响，而且还在继续产生深远的影响。哈佛靠什么打造了这些巨人？他们的教育中有什么深藏未露的秘密？

2.班级分组讨论并交流。

（四）一个故事的多重解读

教师呈现故事《被拆掉两次的亭子》：

墨西哥总统福克斯以诚实守信的品德而受到国人的尊重，他一生做人的原则就是两个字：诚实。正是这样的人格品质，使他从一个普通的推销员成为一个国家的总统。一次，福克斯受邀到一所大学演讲，一个学生问他："政坛历来充满欺诈，在你从政的经历中有没有撒过谎？"

福克斯说："不，从来没有。"大学生在下面窃窃私语，有的还轻声笑出来，因为每一个政客都会这样表白。他们总是发誓，说自己从来没有撒过谎。

福克斯并不气恼，他对大学生说："孩子们，在这个社会上，也许我很难证明自己是个诚实的人，但是你们应该相信，这个世界上还有诚实，它永远都在我们的周围。

我想讲一个故事，也许你们听过就忘了，但是这个故事对我却很有意义。

——有一位父亲是一个农场主。有一天，他觉得园中的那座亭子已经太破旧了，就安排工人们准备将它拆掉。他的儿子对拆亭子这件事很感兴趣，于是对父亲说："爸爸，我想看看你们怎么拆掉这座亭子，等我从寄宿学校回来再拆好吗？"父亲答应了。可是，等孩子走后，工人们很快就把亭子拆掉了。孩子放假回来后，发现旧亭子已经不见了。他闷闷不乐地对父亲说："爸爸，你对我撒谎了。"父亲惊异地看着孩子。孩子继续说："你说过的，

---

[1] 综合美国各高校官方网站资料整理。

那座旧亭子要等我回来再拆。"父亲说："孩子，爸爸错了，我应该兑现自己的诺言。"这位父亲重新找来工人，让他们按照旧亭子的模样在原来的地方再造成一座亭子。亭子造好后，他将孩子叫来，然后对工人们说："现在，请你们把它拆掉。"

福克斯说，我认识这位父亲，他并不富有，但是他却在孩子面前实现了自己的承诺。学生们听后问道："请问这位父亲叫什么名字？我们希望认识他。"福克斯说："他已经过世了，但是他的儿子还活着。""那么，他的孩子在哪里？他应该是一位诚实的人。"福克斯平静地说：

"他的孩子现在就站在这里，就是我，墨西哥总统福克斯。"福克斯接着说："我想告诉大家的是，我愿意像父亲对我一样对待这个国家，对待这个国家的每一个人。"台下掌声雷动。

我们看出：将一座亭子拆建两次，绝不仅仅为了满足一个孩子的愿望，更是为了满足一个成人自我完善的道德要求。在社会生活中，失信会增大交际成本，会使许多简单的事变得艰难甚至不可能。所以，一个希望得到社会尊重和支持的人，是不愿意牺牲诚信原则的。

在园子里重新拆掉一座亭子，就在孩子的心里重建了一座亭子，这座亭子就是一个信念——对诚信的信念。

教师的价值澄清：同学们！诚实是什么？我们可以做到诚实吗？我们内心有诚实的信念吗？如果有，我们坚守，如果暂时还没有坚定，请在生活中学会诚实，践行诚实。因为我们属于自己，属于家人，也属于社会和国家。我们的成长就如在奥兹国历险，需要找到稻草人的智慧、铁皮人的心和狮子的勇气。

反思与拓展：

曾几次为学校国际班开设了诚实主题班会课，让我自己重新理解中学生，重新反思中学生的诚实教育。曾经，我们对诚实的理解多注重"何时说真话，何时可以有'善意的谎言'"等的分析，当我们把诚实作为一种良好的道德品质来看待，假设学生需要诚实，所以学校与家长对学

216

生的诚实教育多停留在"应该诚实"这个价值认知层面上，往往忽略了诚实作为学生成长与做人必需的功课和作为一种生活与交往的智慧。

为培养拥有国际视野和中国情怀的新时代中学生，诚实教育不能只停留在"应该"的层面上，而应教会作为国际社会公民的学生如何去践行。因此，整堂课以开放式的讨论为主，教师价值澄清为辅。教师首先以叙事的方式陈述现象、凝练的语言指导讨论，在现象讨论与故事阐释中开始，然后在故事中回味，进而在故事中结束，这种引导方式教会中学生在讨论中思考、在思考中判断、在判断中行动、在行动中检视自己的认识与情感。诚实教育主题课程设计应采用显性与隐性课程相结合的形式，借助实际生活中的具体场景，不断地锻炼学生的道德判断与推理能力及在实际生活中处理问题的能力，让学生保有道德智慧，发自内心地诚实做人。

（执教者：南京市教育科学研究所　李亚娟）

参考文献

［1］埃里克·尤斯拉纳.信任的道德基础［M］.张敦敏,译.北京:中国社会科学出版社,2006.

［2］埃文斯.解读情感［M］.石林.译.北京:外语教学与研究出版社,2007.

［3］埃德加·莫兰.教育为人生:变革教育宣言［M］.刘敏,译.北京:北京师范大学出版社,2022.

［4］安德烈·孔特–斯蓬维尔.人类的18种美德［M］.吴岳添,译.北京:中央编译出版社,2006.

［5］柏拉图.理想国［M］.郭斌和,张竹明,译.北京:商务印书馆,2002.

［6］鲍曼.生活在碎片之中——论后现代道德［M］.郁见兴,等,译.上海:学林出版社,2002.

［7］彼得·什托姆普卡.信任:一种社会学理论［M］.程胜利,译.北京:中华书局,2005.

［8］彼得斯.道德发展与道德教育［M］.邬冬星,译.杭州:浙江教育出版社,2003.

［9］查尔斯·福特.说谎:你所不知道打一切［M］.高卓,等,译,北京:新华出版社,2001.

［10］陈宏平.道德的时代张力:中国入世的伦理对应［M］.桂林:广西师范大学出版社,2004.

［11］丹尼尔·科顿姆.教育为何是无用的［M］.仇蓓玲,卫鑫,译.南京:

江苏人民出版社，2005.

［12］丹瑞欧·康波斯塔.道德哲学与社会伦理［M］.李磊，刘玮，译，
哈尔滨：黑龙江人民出版社，2004.

［13］戴维·迈尔斯.社会心理学［M］.侯玉波，乐国安，张智勇，等，
译.北京：北京人民邮电出版社，2016.

［14］德纳.享用道德：对价值的自然渴望［M］.朱小安，译，北京：
北京出版社，2002.

［15］董焱.信息文化论——数字化生存状态冷思考［M］.北京：北京
图书馆出版社，2003.

［16］杜威.道德教育原理［M］.王承绪，等，译.杭州：浙江教育出版社，
2003.

［17］杜威.民主主义教育［M］.王承绪，译.北京：人民教育出版社，
1990.

［18］杜威.我们怎样思维·经验与教育［M］.姜文闵，译.北京：人民
教育出版社，2004.

［19］杜威.哲学的改造［M］.许崇清，译.北京：商务印书馆，2004.

［20］方向东.中庸［M］.南京：凤凰出版社，2006.

［21］费希特.论学者的使命［M］.梁志学，沈真，译.北京：商务印书馆，
2005.

［22］高德胜.道德教育的时代遭遇［M］.北京：教育科学出版社，
2008.

［23］高德胜.知性德育及其超越——现代德育困境研究［M］.北京：
教育科学出版社，2003.

［24］格特·比斯塔.重新发现教学［M］.赵康，译.北京：北京师范大
学出版社，2021.

［25］郭本禹.道德认知发展与道德教育——科尔伯格的理论与实践［M］.
福州：福建教育出版社，1999.

［26］海德格尔．存在与时间［M］．陈嘉映，等，译．北京：三联书店，2002.

［27］何怀宏．良心论［M］．北京：北京大学出版社，2009.

［28］何怀宏．良心论——传统良知的社会转化［M］．上海：三联书店，1994.

［29］黑尔格．精神现象学［M］．贺麟，王玖兴，译．北京：商务印书馆，2002.

［30］黑尔格．精神哲学——哲学全书·第三部分［M］．杨祖陶，译，北京：人民出版社，2006.

［31］罗伯特·霍尔、［美］约翰·戴维斯，道德教育的理论与实践［M］．陆有铨，魏贤超，译．杭州：浙江教育出版社，2003.

［32］金生鈜．德性与教化［M］．北京：湖南大学出版社，2003.

［33］金生鈜．规训与教化［M］．北京：教育科学出版社，2004.

［34］卡西尔．人论［M］．甘阳，译，上海：上海译文出版社，2004.

［35］康德．道德形而上学原理［M］．苗力田，译，上海：上海人民出版社，1986.

［36］郑保华．康德文集［M］．北京：改革出版社，1997.

［37］科尔伯格．道德发展心理学——道德阶段的本质与确证［M］．上海：华东师范大学出版社，2004.

［38］科尔伯格．道德教育的哲学［M］．魏贤超，柯森，等译．杭州：浙江教育出版社，2003.

［39］克里夫·贝克．学会过美好生活——人的价值世界［M］．北京：中央编译出版社，1997.

［40］刘易斯·科塞．社会冲突的功能［M］．孙立平，等，译．北京：华夏出版社，1989.

［41］夸美纽斯．大教学论［M］．傅任敢，译．人民教育出版社，1957.

［42］拉德克利特．休谟［M］．胡自信，译．北京：中华书局，2002.

［43］拉瑞·P·纳希.道德领域中的教育［M］.刘春琼，解光夫，译.
哈尔滨：黑龙江人民出版社，2002.

［44］拉思斯.价值与教学［M］.谭松贤，译.杭州：浙江教育出版社，
2003.

［45］莱昂内尔·特里林.诚与真［M］.刘佳林，译.南京：江苏教育出
版社，2006.

［46］李伯黍.品德心理学研究［M］.上海：华东化工学院，1992.

［47］李希贵.重新定义学校［M］.北京：中国人民大学出版社，2017.

［48］里奇，戴卫提斯.道德发展的理论［M］.姜飞月，译.哈尔滨：黑
龙江人民出版社，2002.

［49］利科纳.培养品格——让孩子呈现最好的一面［M］.施李华，译，
北京：线装书局 中国社会科学出版社，2005.

［50］梁金霞，黄祖辉.道德教育全球视域［M］.广州：华南理工大学
出版社，2007.

［51］梁允胜.美丽的德育在课堂——中学阶段欣赏型德育教学模式研究
［M］.合肥：安徽教育出版社，2006.

［52］刘守旗.网络社会的儿童道德教育［M］.南京：江苏教育出版社，
2004.

［53］刘晓东.儿童精神哲学［M］.南京：南京师范大学出版社，1999.

［54］卢梭.爱弥儿［M］.李平沤，译，北京：商务印书馆，1978.

［55］鲁洁.道德教育的当代论域［M］.北京：人民出版社，2005.

［56］鲁洁.德育新论［M］.南京：江苏教育出版社，1994.

［57］罗尔斯.正义论［M］.何怀宏，等，译.北京：中国社会科学出版社，
1988.

［58］罗素.走向幸福［M］.王雨，陈基发，编译，北京：中国社会出版社，
1997.

［59］马克辛·格林.释放想象：教育艺术与社会变革［M］.郭芳，译.

北京：北京师范大学出版社，2017.

［60］马歇尔·麦克卢汉.理解媒介——论人的延伸［M］.何道宽，译.
北京：商务印书馆，2000.

［61］麦金太尔.追寻美德［M］.宋继杰，译.南京：译林出版社，2003.

［62］曼纽尔·卡斯特.网络社会的崛起［M］.社会科学文献出版社，
2001.

［63］蒙田.蒙田随笔全集［M］.陆秉慧，等，译.南京：译林出版社，
1996.

［64］内尔·诺丁斯.幸福与教育［M］.龙宝新，译.北京：教育科学出
版社，2014.

［65］内尔·诺丁斯.教育哲学［M］.许立新，译.北京：北京师范大学
出版社，2008.

［66］尼葛洛庞帝.数字化生存［M］.胡泳，范海燕，译.海口：海南出
版社，1997.

［67］尼克拉斯·卢曼.信任——一个社会复杂性的简化机制［M］.瞿铁鹏，
等，译.上海：上海人民出版社，2005.

［68］帕特丽莎·怀特.公民品德与公共教育［M］.朱红文，译.北京：
教育科学出版社，1998.

［69］皮亚杰.发生认识论原理［M］.王宪细，译.北京：商务印书馆，
1997.

［70］乔纳森·特纳.社会学理论的结构［M］.邱泽奇，等，译.北京：
华夏出版社，2001.

［71］乔治·弗兰克尔.道德的基础——关于道德概念的起源和目的的研
究［M］.王雪梅，译.北京：国际文化出版公司，2007.

［72］塞尔.心灵、语言和社会——实在世界中的哲学［M］.李步楼，译.上
海：上海译文出版社，2001.

［73］佘双好.现代德育课程论［M］.北京：中国社会科学出版社，

2003.

［74］舍勒.伦理学的形式主义与质料的价值伦理学［M］.倪梁康,译.北京:生活·读书·新知三联书店,2003.

［75］舍勒.舍勒选集［M］.刘小枫,选编,上海三联书店,1999.

［76］叔本华.伦理学的两个基本问题［M］.任立,孟庆时,译.北京:商务印书馆,2006.

［77］斯宾诺莎.伦理学［M］.贺麟,译.北京:商务印书馆,2006.

［78］斯迈尔斯.品格的力量［M］.王正斌,秦传安,译.北京:北京图书出版社,1999.

［79］斯滕伯格,威廉姆斯.教育心理学［M］.张厚粲,译.北京:中国轻工业出版社,2003.

［80］苏霍姆林斯基.帕夫雷什中学［M］.赵玮,等,译.北京:教育科学出版社,1983.

［81］孙彩平.中国儿童道德发展报告(2017)［M］.福州:福建教育出版社,2018.

［82］孙彩平,周亚文,司马合强.中国儿童道德发展报告2020［M］.北京:科学出版社,2022.

［83］檀传宝.学校道德教育原理［M］.北京:教育科学出版社,2003.

［84］唐凯麟,龙兴海.个体道德论［M］.北京:中国青年出版社,1993.

［85］滕守尧.文化的边缘［M］.北京:作家出版社,1997.

［86］涂尔干.道德教育［M］.陈光今,等,译.上海:上海人民出版社,2006.

［87］王义高,祖晶.苏霍姆林斯基选集［M］.第5卷.北京:教育科学出版社,2001.

［88］威尔逊.道德教育新论［M］.蒋一之,译.杭州:浙江教育出版社,2003.

［89］威廉 M.雷诺兹，朱莉 A.韦伯.课程理论新突破——课程研究航线的解构与重构［M］.张文军，译.杭州：浙江教育出版社，2008.

［90］文德尔班.哲学史教程［M］.罗达仁，译.北京：商务印书馆，1996.

［91］吴钢.现代教育评价教程（第二版）［M］.北京：北京大学出版社，2015.

［92］休谟.道德原则研究［M］.曾晓平，译.北京：商务印书馆，2006.

［93］休谟.人性论［M］.关文运，译.北京：商务印书馆，2006.

［94］薛晓阳.希望德育论［M］.北京：人民教育出版社，2003.

［95］亚当·斯密.道德情操论［M］.蒋自强，等，译.北京：商务印书馆，2006.

［96］雅克·蒂洛，基思·克拉斯曼.伦理学与生活［M］.程立显，刘建，等，译.北京：世界图书出版公司，2008.

［97］亚里士多德.尼各马可伦理学［M］.廖申白，译注.北京：商务印书馆，2003.

［98］伊曼努尔·康德.论教育学［M］.赵鹏，等，译.上海：上海人民出版社，2005.

［99］伊安·莱斯礼.不说谎，我们活不下去！［M］.杨语芸，译.台北：漫游者文化出版社，2012.

［100］愈效锋.谎言测谎与反测谎［M］.沈阳：辽宁人民出版社，1991.

［101］张馨萌，李亚娟，耿振美.江苏省儿童道德发展报告：10 到 18岁［M］.南京：南京师范大学出版社，2019.

［102］张之沧.后现代理念与社会［M］.南京：南京师范大学出版社，2005.

［103］郑也夫，彭泗清.中国社会中的信任［M］.北京：中国诚实出版社，2003.

［104］朱小蔓，梅仲苏.儿童情感发展与教育［M］.南京：江苏教育出版社，

1998.

［105］朱小蔓.道德教育论丛［M］.南京：南京师范大学出版社，2000.

［106］朱小蔓.教育的问题与挑战［M］.南京：南京师范大学出版社，
1999.

［107］朱小蔓.情感德育论［M］.北京：人民教育出版社，2005.

［108］朱小蔓.情感教育论纲［M］.南京：南京出版社，1993.

［109］左藤学.课程与教师［M］.钟启泉，译.北京：教育科学出版社，
2003.

［110］左藤学.学习的快乐——走向对话［M］.钟启泉，译.北京：教
育科学出版社，2004.

后　记

　　《和谐的古典舞——诚实教育与美好生活》今天终于完稿了，它是在我的博士学位论文《儿童诚实与诚实教育论》基础上修订而成的。这本书算是我的另一个"孩子"，与我的双胞胎女儿一样历经近 16 年的成长，不敢说它已经成熟，但的确是在不断长大和发展着。

　　《和谐的古典舞——诚实教育与美好生活》能够出版，我要非常感谢对本书倾注心血的老师、亲人和朋友。

　　感谢我的博士导师朱小蔓教授！先生引领我走上学术舞台，致力于情感与道德教育研究，她以极大的宽容包容我对"诚实"的偏爱，以学者的风范给予我挑战自己的信心与力量，以研究者的勤奋鞭策我学会踏实、严谨和坚持不懈。朱老师虽然已经离开四年多了，但她对我的学业和生活上的关怀、帮助、陪伴不曾缺席。

　　感谢我的硕士导师滕守尧、边霞教授！是他们将我带入研究儿童教育的天地，特别是在儿童美育研究与实践过程方面，让我始终抱有儿童教育的基本立场。他们对我极大的信任与鼓励，让我在研究与社会生活中保持坦率、信任、真诚、勇敢，并学会以美的眼光审视周围世界，让我拥有德育的美学观。

　　感谢博士期间曾对本论文做出指导和评阅的专家教授。他们是班华教授、魏贤超教授、刘铁芳教授、赵志毅教授、郭本禹教授、高德胜教授、冯建军教授、刘晓东教授、汪凤炎教授、郭嘉梅老师，感谢他们给予我的指导。

　　感谢南京市教育科学研究所刘大伟所长的指导、支持与帮助。

我在本书写作过程中，参阅了国内外许多学者的相关研究，在诚实教育主题教育实施部分，将南京市中小学班主任执教的优质班会课案例获奖作品也收录在书中，在此一并表示感谢！

最后，感谢一直默默支持我的丈夫，他的爱、执着、勇气与坚毅，是我的榜样；感谢我的双胞胎女儿，她们的诚实、真诚、坦率、勇气、信任，让我深耕教育科研有了日常的实证。我深知能够在欲望化的时代留守书斋，追寻诚与真的生活理想才是弥足珍贵的幸福。在充满温暖、爱、民主、信任的家庭生活环境中，我的诚实信仰践行获得了坚实的情感基础。

《和谐的古典舞——诚实教育与美好生活》是我追求"成为自己"这个人生意义的独特领悟与坚守，也愿同行人一起让自我闪放个性的光芒，崇尚真善美！

2025 年 1 月于南京富丽山庄

南京教育文库

（已出书目）

第一辑　生活·实践教育系列成果（9 种）

序号	书名	作者
1	中小幼教师如何做好教科研	刘大伟
2	思辨性阅读——儿童思维品质的涵育	杨树亚
3	小学数学职初教师的专业发展	王　凌
4	数学课堂成长型思维培养	朱国军　李　冉
5	慢养语文	贾　卉
6	小学数学结构化学习教学指导	吴玉国　孙　谦
7	中小学"校－家－医协同"心育工作路径	王天文　张　燕
8	小数的意义	孙　谦　杨梅芳
9	用字母表示数	吴存明　姜梦莹

第二辑　一线名师示范实践（23 种）

序号	书名	作者	序号	书名	作者
1	小学语文	杨树亚　洪劬颉	13	初中英语	李爱云　尚媛媛
2	小学数学	吴玉国　毛文波	14	初中道德与法治	王存贵　王小叶
3	小学英语	韩佩玲　周春燕	15	初中地理	孙小红　张　静
4	小学道德与法治	唐隽菁　缪　青	16	初中历史	孙　进　王　伟
5	小学科学	冯　毅　成金燕	17	初中美术	张　屹　邵惠敏
6	小学美术	张　屹　张　静	18	初中生物学	岑　芳
7	小学体育与健康	倪晨瑾	19	初中体育与健康	周　云　戴守慧
8	小学信息科技	李有翔　王苏明	20	初中物理	孙留桥　季卫新
9	小学音乐	叶　军　何　伟	21	初中信息科技	高建君　董　苏
10	劳动	刘权华　王洪贵	22	初中化学	董　海　包义才
11	初中语文	王跃平　洪劬颉	23	初中音乐	何　伟　叶　军
12	初中数学	叶旭山　黄秀旺			

第三辑　生活·实践教育系列成果（7种）

序号	书名	作者
1	理趣数学的价值意蕴与实践探索	余　颖
2	适合发展：小学数学智慧教学的理论与实践	王九红
3	简约语文的思与行	金立义
4	小学语文沉浸式教学——以小学古诗文教学为例	唐文国
5	中学语文整本书阅读教学探索	王跃平
6	"一核三式"历史教学法——指向思维的历史教学	卞姗姗
7	和谐的古典舞——诚实教育与美好生活	李亚娟